普通高等院校经济管理类"十四五"应
【市场营销系列】

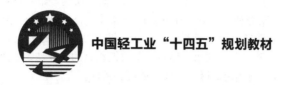

中国轻工业"十四五"规划教材

商务谈判理论与实务

策略、技巧与实训

BUSINESS NEGOTIATION
THEORY AND PRACTICE

主　编　韩薇薇　华　欣
副主编　常青平　黄亚静　赵雅玲　狄琳娜
参　编　徐　娇　黄书雯　张潇寒　张亚楠
　　　　冯嘉茹　单坤月　王以晨　高　瑞

机械工业出版社
CHINA MACHINE PRESS

本书以商务谈判活动过程为线索，以综合掌握谈判理论与实务为目标，以商务谈判理论与实训结合为形式，以谈判模拟训练为重点。上编理论部分包括商务谈判原理、程序、策略、礼仪、案例、思政小栏目等内容；下编实训部分以模拟谈判涉及的不同场景为主题，涵盖了情景模拟、个人反应练习、谈判技巧练习、小组综合展示、中国传统谈判文化体验、贸易合同拟定等内容。

本书突出了理论和实训相结合的特色，商务谈判理论、技巧和实训各部分既相对独立又互为补充。本书注重课内与课外互补，思政教育与专业教育相互渗透，基础学科与应用学科相结合，进一步体现了党的二十大报告中指出的"加强交叉学科建设"的要求，体现了新时期教材的专业性、实用性和科学性特点，为"商务谈判理论讲授＋实训"创造了条件。

本书既可作为高等院校经济管理类专业师生的教材和实训手册，也可作为商务活动从业人员的参考读物和训练手册。

图书在版编目（CIP）数据

商务谈判理论与实务：策略、技巧与实训 / 韩薇薇，华欣主编. —北京：机械工业出版社，2023.11

普通高等院校经济管理类"十四五"应用型精品教材. 市场营销系列
ISBN 978-7-111-74033-9

Ⅰ.①商… Ⅱ.①韩…②华… Ⅲ.①商务谈判－高等学校－教材 Ⅳ.①F715.4

中国国家版本馆 CIP 数据核字（2023）第 191407 号

机械工业出版社（北京市百万庄大街22号　邮政编码100037）
策划编辑：施琳琳　　　　　　责任编辑：施琳琳
责任校对：曹若菲　许婉萍　　责任印制：郜　敏
三河市宏达印刷有限公司印刷
2024年1月第1版第1次印刷
185mm×260mm·17.5印张·390千字
标准书号：ISBN 978-7-111-74033-9
定价：49.00元

电话服务　　　　　　　　　网络服务
客服电话：010-88361066　　机　工　官　网：www.cmpbook.com
　　　　　010-88379833　　机　工　官　博：weibo.com/cmp1952
　　　　　010-68326294　　金　书　网：www.golden-book.com
封底无防伪标均为盗版　　机工教育服务网：www.cmpedu.com

PREFACE 前言

语言不仅是一门艺术，而且是一门技术。良好的语言运用，有助于谈判双方人际关系的建立和巩固，以及双方商务关系的调整和发展。在现代商业社会，商务谈判依然具有强烈的对抗性，但伴随社会经济发展，商务谈判的应用场景呈现多样化，使得这种对抗性表现得更加复杂。因此，对商务谈判本质的了解，特别是对谈判策略和技巧的灵活掌握，显得尤为重要。

本书的编写理念体现了新文科视野下教材建设灵活性、创新性和融合性的特点。首先，本书以现代商务谈判策略、谈判技巧等理论为基础，紧密结合模拟谈判主题进行情景模拟，解决了商务谈判类教材理论内容与实训内容割裂的问题。其次，下编实训设计模式，注重课内与课外互补，基础训练与综合实训相结合，思政教育与专业教育相互渗透，进一步提高了新时期教材的专业性、实用性和科学性。最后，本书纳入了商务谈判中的"知识与技能、过程与方法"，同时把"情感、态度、价值观"融入案例练习，将践行社会主义核心价值观贯穿于教材设计的始终。

在内容上，上编理论部分共计8章，涵盖商务谈判原理、商务谈判程序、商务谈判策略与管理及商务谈判礼仪等内容，在对谈判理论和技巧进行翔实阐述的情况下融入大量案例，尽量淡化枯燥的理论内容，并顺应当前碎片化学习的需求。下编实训部分共设9个不同的谈判模拟主题，涵盖了情景模拟、个人反应练习、谈判技巧练习、小组综合展示、贸易合同拟定等模块。本书内容选择科学新颖、技巧训练目的明确、学生课堂参与方式灵活，能达到寓教于乐的效果，具有前沿性、可操作性和可读性。

除此之外，本书还设计了"思政小栏目"，使思政内容潜移默化地融入教材，将传统的合作共赢思想、中国方案、传统的谈判智慧等"启智润心"元素自然地融入各个环节，起到培养学生文化自信的作用。

本书获批第一批中国轻工业"十四五"规划立项教材。

本书的编写分工如下：韩薇薇编写第12章，韩薇薇、黄书雯、冯嘉茹编写第3章、第4章，韩薇薇、高瑞编写第16章，韩薇薇、华欣编写第17章；华欣、徐娇编写第8章；常青平编写第2章、第5章、第6章、第13章；黄亚静编写第1章、第14章、第15章；赵雅玲编写第9~11章；狄琳娜编写第7章。韩薇薇、华欣完成了全书的统稿和修改，张潇寒、张亚楠、冯嘉茹、单坤月完成了资料的查找和补充工作。黄书雯、高瑞、王以晨等完成校对工作。天津科技大学教务处处长徐娜教授、天津科技大学经济与管理学院王殿华教授对本书提供了宝贵的意见。机械工业出版社为本书出版提供了大力的支持和帮助。

  本书参考并引用了国际、国内相关著作和教材的资料与案例，有的案例来自互联网，有的案例我们进行了整理和改编，特此对相关作者表示感谢。再次对所有为本书付出努力的同志致以诚挚的感谢。

编 者

2023 年 8 月

SUGGESTIONS 教学建议

通过本课程的学习，帮助学生开阔视野，建立热爱社会主义的博大情怀，形成使命担当意识，丰富商务知识，提高谈判能力，形成跨文化意识，训练创新意识，培养良好的品格和正确的人生观与价值观。本书设计商务谈判模拟主题实训，通过结构性创新、谈判模块化设计、谈判场景融入、生动的游戏训练等创新方式，力求突出新颖有趣、谈判技能自然养成的特色，使学生掌握基本理论知识，学会建立良好的开局氛围，制订总体谈判方案，运用各种谈判技巧应对谈判僵局，学会"讨价还价"等基本技能，培养团队合作精神，建立双赢理念。

教学方式方法建议

课堂教学中，应以学生为主体，以教师为主导。建议教师引导学生积极参与课堂教学互动，进行相关的商务谈判情景对话、模拟场景、角色表演、课堂评估等活动，营造生动的课堂气氛。课程框架应由课堂教学、谈判模拟、课后讨论等共同构成，可采用视频作业、现场谈判、多媒体教学手段运用等多种形式进行教学和综合考核，帮助学生将商务知识和商务实践更好地结合，提升学生的谈判素养。

学时分配建议（供参考）如下。

序号	讲课内容	学时
1	第1章 商务谈判概述	2
2	第2章 商务谈判原则与心理要素	2
3	第3章 商务谈判团队与组织	2
4	第4章 商务谈判筹划与准备	2
5	第5章 商务谈判进程	4
6	第6章 商务谈判沟通技巧	2
7	第7章 国际商务谈判礼仪与风格	2
8	第8章 商务谈判签约与合同	2
9	第9章 商务谈判模拟主题1：食品区域代理合作谈判	2

（续）

序号	讲课内容	学时
10	第10章 商务谈判模拟主题2：铁矿石进口谈判	2
11	第11章 商务谈判模拟主题3：格兰仕收购惠而浦股权谈判	2
12	第12章 商务谈判模拟主题4：Texoil公司就出售私人加油站买卖谈判	2
13	第13章 商务谈判模拟主题5：兴盛百货收购刘家村土地僵局化解	2
14	第14章 商务谈判模拟主题6：H乳业公司进驻W超市的入场谈判	2
15	第15章 商务谈判模拟主题7：索赔谈判案例	2
16	第16章 商务谈判模拟主题8：互联网背景下的谈判环境与背景分析	2
17	第17章 商务谈判模拟主题9：中国传统谈判技巧及文化体验	2
总计		36

CONTENTS 目 录

前　言
教学建议

上编　商务谈判理论与策略技巧

第 1 章　商务谈判概述 / 2
导入案例　煤矿的转让谈判 / 2
1.1　商务谈判的含义及特征 / 4
1.2　商务谈判的分类 / 9
思政小栏目　团队精神的优势 / 13

第 2 章　商务谈判原则与心理要素 / 23
导入案例　五个心理策略，助你搞定所有谈判 / 23
2.1　商务谈判的原则 / 24
2.2　商务谈判心理要素 / 26
思政小栏目　"后冬奥"时代，Z 世代志愿者继续绽放 / 39

第 3 章　商务谈判团队与组织 / 44
导入案例　谈判人员素质的重要性 / 44
3.1　商务谈判人员的素质要求 / 44
思政小栏目　"一带一路"视域下的国际商务谈判更应具备灵活应变的能力 / 46
3.2　商务谈判团队人员构成 / 50
3.3　谈判团队成员组织与合作 / 55

第 4 章　商务谈判筹划与准备 / 63
导入案例　苏伊士运河案谈判 / 63
4.1　互联网时代下商务谈判的信息准备 / 64
思政小栏目　一个中国原则不容谈判和磋商 / 71
4.2　谈判的可行性分析与谈判目标 / 71
4.3　谈判方案的制订 / 76

第 5 章　商务谈判进程 / 83
导入案例　谈判僵局下关注共同利益 / 83
5.1　商务谈判开局阶段策略 / 84
5.2　商务谈判报价阶段策略 / 97
5.3　商务谈判磋商阶段策略 / 105
5.4　商务谈判僵局策略 / 116
5.5　商务谈判成交阶段策略 / 121
思政小栏目　医保谈判的背后是人民至上 / 122

第 6 章 商务谈判沟通技巧 / 125

导入案例 一块触屏联通人大代表的活动阵地 / 125

6.1 商务谈判的思维模式及策略 / 126
6.2 商务谈判沟通概述 / 129
6.3 商务谈判语言沟通技巧 / 129
6.4 商务谈判非语言沟通技巧 / 135
6.5 商务谈判线上沟通技巧 / 137

思政小栏目 5G 助力讲好中国故事：连接中外，沟通世界 / 140

第 7 章 国际商务谈判礼仪与风格 / 145

导入案例 谈判的礼仪和氛围 / 145

7.1 国际商务谈判的含义和特征 / 145
7.2 国际商务谈判礼仪的惯例及要求 / 146

思政小栏目 谈判文化之"巴乡清"酒 / 150

7.3 国际商务谈判中各地商人的谈判风格 / 151

思政小栏目 "一带一路"背景下国际茶博会商务谈判语言策略 / 159

第 8 章 商务谈判签约与合同 / 162

导入案例 吃"哑巴亏"的背后 / 162

8.1 商务合同的种类及内容 / 163
8.2 商务合同的审核及签订 / 167
8.3 商务合同的履行 / 170

思政小栏目 公平的营商环境也需要企业遵纪守法 / 173

下编 商务谈判模拟与实训

第 9 章 商务谈判模拟主题 1：食品区域代理合作谈判 / 178

9.1 谈判背景介绍 / 178

思政小栏目 食品供应链企业社会责任 / 178

9.2 谈判双方背景及身份介绍 / 179
9.3 谈判模拟准备：双方角色 SWOT 分析卡填写 / 179
9.4 双方谈判目标设定模拟练习 / 180
9.5 双方谈判中的经销 / 代理选择 / 181
9.6 谈判陷入僵局时的解决方案 / 182
9.7 谈判结果复盘 / 184
9.8 案例谈判合同模拟呈现 / 184

第 10 章 商务谈判模拟主题 2：铁矿石进口谈判 / 187

10.1 谈判背景介绍 / 187

思政小栏目 提升大宗商品期货交易中的定价权，保护国家经济安全 / 188

10.2 谈判双方背景及身份介绍 / 188
10.3 谈判模拟准备：双方角色 SWOT 分析卡填写 / 189
10.4 双方谈判目标设定模拟练习 / 190
10.5 双方谈判中的跨文化沟通 / 191
10.6 谈判陷入僵局时的解决方案 / 193
10.7 谈判结果复盘 / 194
10.8 案例谈判合同模拟呈现 / 194

第11章 商务谈判模拟主题3：格兰仕收购惠而浦股权谈判 / 197

11.1 谈判背景介绍 / 197

思政小栏目 合规经营、尽职调查和提升逆向吸收能力：中国企业逆向跨国并购成功的关键要素 / 198

11.2 谈判双方背景介绍 / 198

11.3 谈判模拟准备：双方角色SWOT分析卡填写 / 199

11.4 双方谈判目标设定模拟练习 / 200

11.5 并购谈判中的目标公司价值评估 / 201

11.6 谈判陷入僵局时的解决方案 / 202

11.7 谈判结果复盘 / 203

11.8 案例谈判合同模拟呈现 / 204

第12章 商务谈判模拟主题4：Texoil公司就出售私人加油站买卖谈判 / 207

12.1 谈判背景介绍 / 207

12.2 谈判双方背景及身份认定 / 207

12.3 谈判模拟准备：双方角色SWOT分析卡填写 / 208

12.4 双方谈判目标设定模拟练习 / 210

12.5 商务谈判中的BATNA选择练习 / 210

12.6 谈判陷入僵局时的解决方案 / 212

思政小栏目 合作共赢：推进多双边关税谈判 / 213

12.7 谈判结果复盘 / 214

第13章 商务谈判模拟主题5：兴盛百货收购刘家村土地僵局化解 / 215

13.1 谈判背景介绍 / 215

13.2 谈判前期筹划 / 216

13.3 谈判目标的确定 / 219

13.4 谈判僵局预设及化解 / 220

13.5 模拟谈判过程 / 221

第14章 商务谈判模拟主题6：H乳业公司进驻W超市的入场谈判 / 223

14.1 谈判背景介绍 / 223

思政小栏目 科技创新的力量 / 225

14.2 谈判场景设置练习 / 225

14.3 撰写谈判方案 / 228

14.4 谈判技巧：如何让步 / 230

14.5 模拟谈判过程 / 230

14.6 谈判合同模拟呈现 / 232

第15章 商务谈判模拟主题7：索赔谈判案例 / 235

15.1 谈判背景介绍 / 235

思政小栏目 企业发展方向：绿色发展 / 236

15.2 谈判场景设置练习 / 237

15.3 索赔谈判知识点链接 / 240

15.4 模拟谈判过程 / 242

15.5 谈判要点总结练习 / 243

15.6 谈判合同模拟呈现 / 243

第16章 商务谈判模拟主题8：互联网背景下的谈判环境与背景分析 / 244

16.1 谈判背景介绍 / 244
16.2 谈判环境分析练习 / 245
16.3 谈判双方优劣势分析 / 248
16.4 互联网背景下商务谈判中的SWOT分析 / 250
16.5 背景材料拓展 / 253

思政小栏目 党的二十大为新一代信息技术产业指明未来发展方向 / 256

第17章 商务谈判模拟主题9：中国传统谈判技巧及文化体验 / 258

17.1 经典案例一：从"合纵抗强"到"连横击弱" / 258
17.2 经典案例二：周恩来的谈判艺术——以抗美援朝战争停战谈判为例 / 262

参考文献 / 268

PART 1 上编
商务谈判理论与策略技巧

第 1 章　商务谈判概述
第 2 章　商务谈判原则与心理要素
第 3 章　商务谈判团队与组织
第 4 章　商务谈判筹划与准备
第 5 章　商务谈判进程
第 6 章　商务谈判沟通技巧
第 7 章　国际商务谈判礼仪与风格
第 8 章　商务谈判签约与合同

第 1 章 CHAPTER1

商务谈判概述

本章要点

- 商务谈判的含义
- 商务谈判的特征
- 商务谈判的分类

导入案例

煤矿的转让谈判

美国的一个煤矿矿主计划将自己的煤矿转让，一家公司对这座煤矿非常感兴趣，双方就煤矿转让的具体问题进行了谈判。在谈判中，双方在很多问题上都达成了一致的意见，但在价格问题上却一直谈不拢。矿主报价 2 400 万美元，高出当地市场平均价格 20%。双方就价格问题谈判过数次，但矿主坚持不肯降价。后来买方了解到矿主之所以转让是因为需要资金进行周转，矿主经营这座煤矿付出了很多心血，把煤矿管理得井井有条，设备也是当地比较先进的。此外，矿主对煤矿和煤矿的工人都有很深的感情，转让煤矿也让矿主沮丧了很长时间。于是在后来的谈判中，买方在之前提出的 2 100 万美元报价的基础上附加了几项其他条件：一是可以一次性付清款项，这比当地煤矿转让通常 4 年内付清款项的条件要优越得多；二是继续聘请矿主担任技术顾问，并继续和现有矿工签订劳务合同。最终双方就煤矿收购达成了协议。

资料来源：徐文，谷泓，陈洁.商务谈判[M].3 版.北京：中国人民大学出版社，2018.

提到谈判，人们的脑海中总是会浮现出这样一种情景：代表不同商业主体的谈判精英在偌大的谈判桌前为达成一致的意见不断地交流、探讨、磋商，气氛严肃而又紧张，似乎只有此情此景才能称为谈判。但事实上，谈判并不仅仅是如此，它在我们的生活中无处不在。我们来看以下几种情景。

情景1：顾客想买一个盘子，问："老板，这个铜盘子多少钱一个？"老板："75元。"顾客："别开玩笑了，它的边已经扁了，我只能出15元。"老板："15元肯定不行。"顾客："好吧，我可以出25元。"老板："这价格差得太远了，您看看盘子上的雕刻，这么漂亮的盘子可是很少见的，50元吧。"顾客："我们双方各让一步，40元我就买了，不行就算了。"

情景2：孩子在商场里要妈妈给自己买玩具。妈妈并不想太迁就孩子，便说："你已经有很多玩具了，如果还想买就需要考试得100分。"孩子觉得100分实在太难了，表示不容易，并说"考80分您就给我买吧"。双方为此经过反复商量，最终达成一致意见：孩子考90分以上妈妈就给孩子买玩具。

情景3：办公室里，小王向主管汇报了这一年来的工作成绩，并提出了加薪15%的想法，他有些担心主管会不同意，毕竟如果能加薪10%他就很满意了。没想到主管很痛快地答应了，但同时提出小王需要多承担一些其他工作，小王很高兴地同意了。

情景4：A公司是某地区一家知名的饮料经销商，B公司则是一家饮料生产厂商，由于该公司刚成立不久且产品上市时间比较短，因此B公司计划和A公司合作，由A公司作为其独家经销商，借助A公司这一销售平台来打开当地市场。双方约定于当月10日在A公司就合作问题进行谈判。

情景5：战国时期，诸侯并起，群雄割据，国与国之间纷争不断。为了抗衡秦国，苏秦先后到燕、赵等国进行谈判，游说各国联合起来，实现合纵抗秦。经过苏秦的游说，齐、楚、燕、韩、赵、魏六国都认同合纵方案，并且签订了盟约。《史记·苏秦列传》写道："苏秦为从约长，并相六国……秦兵不敢窥函谷关十五年。"

资料来源：1. 蒋小华. 商务谈判 [M]. 3版. 重庆：重庆大学出版社，2019.
2. 宫迅伟，罗宏勇，汪浩. 全情景采购谈判技巧 [M]. 北京：机械工业出版社，2020.
3. 其他互联网相关资料。

通过以上几个情景案例，我们发现，大到国家外交事务的交涉，小到平常在市场买菜时的讨价还价，其实都涉及谈判。谈判自古便有，并不是当今社会才有的独特现象，自从人类有了社会交往活动，谈判便是人们调节矛盾冲突、协调各方利益的重要方式。苏秦游说各国合纵抗秦、蔺相如完璧归赵、诸葛亮舌战群儒等历史谈判事件至今仍然脍炙人口。时至今日，谈判更是越来越多地在社会各个领域得到了非常广泛的应用，比如商务企业之间为签订合同而进行的谈判，企业和员工之间为薪资待遇、劳动条件等事项而进行的谈判，国与国之间为政治、军事、外交、经贸合作等问题而进行的谈判，甚至一家人为生活琐事而进行的谈判，等等。谈判和人们的生活密切相关，每个人总是会出于某些原因而与不同的对象进行不同类型的谈判。美国谈判学家赫布·科恩（Herb Cohen）曾说过："你的现实世界是一个巨大的谈判桌，不管你是否愿意，你都是一个参加者。"

1.1 商务谈判的含义及特征

1.1.1 商务谈判的含义

谈判中的"谈"指的是对话、讨论、沟通、交流，通过"谈"来沟通观点，交流信息；而"判"则指的是分辨和评定，也就是借助信息资料等对事件进行解读、评估、推断，并据此采取合理的行动。因此，谈判强调在沟通交流后对分歧观点的评判并得到某种结果。关于谈判，目前并没有一个统一的概念，国内外很多学者从不同角度对谈判进行了定义，有些学者将它表述为一种技能，也有学者认为谈判是一个过程。综合这些观点，谈判可以被理解为各方当事人基于自身的需要及其他各方的要求，彼此之间沟通信息，进行讨论与磋商，致力于协调各方之间的相互关系，最终达成一致协议的过程。简单来说，谈判就是人们为了解决需求上的差异而进行的磋商，是在不确定的情景下追求确定性和均衡性的过程。谈判可以分为狭义的谈判和广义的谈判，二者的区别在于正式程度不同。狭义的谈判指的是在正式、专门场合下安排的谈判活动，也是人们大多时候所说的谈判；而广义的谈判则广泛存在于各种社会机构和人与人的交往中，包括各种形式的"交涉""洽谈""磋商"等。

> **知识链接**
>
> **几个具有代表性的谈判的定义**
>
> - 谈判是使两个或数个角色处于面对面位置上的一项活动。各角色因有分歧而相互对立，但他们彼此又互为依存。他们选择谋求达成协议的实际态度，以便终止分歧，并在他们之间创造、维持、发展某种关系（即使是暂时性的）。——法国谈判学家克里斯托夫·杜邦（Christophe Dupont），《谈判的行为、理论与应用》
> - 谈判的定义最为简单，而涉及的范围最为广泛。每一项寻求满足的愿望和每一项寻求满足的需要，至少都是诱发人们展开谈判过程的潜因。只要人们是为了改变相互之间的关系而交换观点，或是为了某种目的企求取得一致而磋商协议，他们就是在进行谈判。——美国谈判协会创办人杰勒德·I. 尼伦伯格（Gerard I. Nierenberg），《谈判的艺术》
> - 谈判是一种双方致力于说服对方接受自己的要求时所运用的一种交换意见的技能。——美国谈判咨询顾问C. 韦恩·巴洛（C. Wayne Barlow）和格伦·P. 艾森（Glenn P. Eisen），《谈判技巧》
> - 谈判是谈判双方（各方）观点互换、情感互动、利益互惠的人际交往活动。——田志华等，《实用谈判学》
>
> 资料来源：1. 龚荒. 商务谈判与沟通：理论、技巧、案例[M]. 2版. 北京：人民邮电出版社，2018.
> 2. 冯炜. 商务谈判[M]. 杭州：浙江工商大学出版社，2013.

谈判作为协调各方关系的重要手段，在我们生活中的各个领域都得到了广泛的应用。随着社会经济和商业活动的不断发展，商务谈判已经成为商务活动中不可或缺的一部分，同时也是最为常见的一种谈判形式。

商务谈判指的是不同利益群体之间为了完成某项交易和实现各自的经济目的而进行的磋商活动。一般来说，商务谈判由商务谈判主体、商务谈判议题和商务谈判环境三大要素组成。商务谈判主体即参加谈判的双方或多方。作为谈判活动的主要要素，商务谈判主体在谈判中起着至关重要的作用。商务谈判主体可以细分为关系主体和行为主体。关系主体是参与商务谈判的法人组织，是承担谈判结果的最终主体；而行为主体则是实际参与商务谈判的谈判代表，行为主体的表现会直接影响关系主体的利益获得情况。商务谈判议题即谈判双方希望商议并解决的具体问题。商务活动范围广泛，既包括商品贸易，也包括工程承包、技术转让、租赁业务等，因而商务谈判涉及的议题非常广泛，包括商品品质、数量、包装、运输、价格、检验、售后服务、索赔诉讼、交货时间和地点等很多内容。在商务谈判中，谈判议题几乎没有限制，任何涉及当事人利益及其共同关心的内容都可以成为谈判议题。商务谈判环境即谈判所处的客观条件，包括宏观环境和微观环境两方面，其中宏观环境涉及政治环境、经济环境、地理环境、技术环境、法律环境和文化环境等方面，微观环境则主要包括谈判双方所处的行业状况、谈判对手分析等方面。商务谈判环境对谈判过程和结果有直接的影响，谈判者需要广泛收集信息资料，对商务谈判环境进行详细分析，并有针对性地制定谈判策略。

案例 1-1

美国 A 公司与某国 B 公司的谈判

某国受病虫害影响，导致玉米大量减产，产量难以满足该国市场的消费需求。为了保障玉米供应，该国不得不大量进口玉米。该国的 B 公司联系到美国的 A 公司，希望能够从 A 公司进口玉米，双方就此进行了谈判。在谈判前，A 公司派人对对方的市场情况进行了调研，了解到当地玉米减产的情况，还了解到当地存在外汇短缺的问题。经过对谈判环境和所收集信息的详细分析，A 公司制订了周密的谈判方案。在谈判过程中，双方就商品质量、数量、运输方式等条件达成了共识。关于交易价格和付款方式，A 公司提出现汇支付，B 公司提出希望能够用可可进行支付。这个提议正中 A 公司下怀，A 公司早就计划，一旦对方提出易货贸易，便要趁机压低对方的商品价格。A 公司的谈判者假装表示以前从未采用这种方式支付，如果考虑接受的话，也得看看可可如何定价。经过双方反复磋商，最终美方以低于国际市场价格 20% 的可可价格取得易货贸易权。

资料来源：根据互联网相关资料整理改编。

1.1.2 商务谈判的特征

商务谈判是谈判中的一种，具备谈判的一般特征，但商务谈判的主体、内容和目的与其他谈判存在着明显的区别,因而商务谈判具有其独特的特征。

1. 商务谈判与一般谈判的共同特征

第一,谈判的基本动因是人们某种未被满足的需要。当人们意识到自己的需要无法完全通过自身来满足,但是有可能从对方那里获得满足的时候,就可能萌发谈判的动机。无论是个人还是组织、企业还是国家,只要进行谈判,必然是建立在双方各有所需又有望得以满足的基础之上的。美国谈判协会创办人杰勒德·I.尼伦伯格在美国心理学家亚伯拉罕·马斯洛(Abraham Maslow)的需求层次理论的基础上提出了谈判需要理论,并指出在谈判中应发现并充分重视对方的需要,并通过不同的方法引导对方的需要,进而影响对方的立场和观点,使谈判向有利于己方的方向发展。

第二,谈判是两方或两方以上主体之间的交际活动。谈判是发生在不同个体、群体内部或群体之间的活动,只有一方则无法进行谈判。在前面提到的情景案例中,谈判分别发生在顾客和市场老板之间、孩子和母亲之间、员工和主管之间、企业和企业之间、国与国之间,它们都是在不同主体之间进行的。在谈判中,谈判主体之间是平等的关系,在此基础上谈判主体通过相互沟通来明确对方的意图,寻求双方的利益共同点,达成一致的意见。

第三,谈判是沟通磋商的过程,谈判信息是谈判主体之间相互沟通的纽带。沟通是发送者将信息通过一定的渠道传递给接收者的过程。谈判时,谈判者需要借助行为、语言、文字等来传递和交流信息,实现沟通和交流。只有参与主体明白对方的意思表示,才能够做出正确的判断和反应。谈判的信息获取是组织好谈判工作的重要前提,只有获取关于商务谈判的详细信息资料,才能够合理制定谈判策略。

因此,在谈判过程中,谈判主体需要清楚地表达自己的立场和观点,并认真倾听对方的发言,理解对方的意图,从而不断调整策略并达成共识。而信息收集是否充分、信息表达是否准确、信息表达方式是否合理等都会对谈判产生直接影响。

案例 1-2

信息在谈判中的重要性

(1)我国某厂与美国某公司谈判之前,了解到该公司在其他国家出售的同样设备的价格为50万美元/套,且该公司急于开拓中国市场。谈判时,该公司报出的价格高达70万美元/套,我方不同意,美方扬言60万美元/套为最低价格,如果不同意便终止合作。但我方仍坚持要求降低价格,并亮出了该公司在其他国家销售的价格信息,且帮助该公司分析了未来在我国的发展机遇。第二天,双方继续谈判,美方主动降低价格,最终双方以49万美元/套的价格达成交易。

(2)古时候有一个秀才去市场买柴,卖柴人很热情地招呼他说:"看看我的柴吧,质量好,价钱还便宜。"了解了价格之后,秀才又拿起柴仔细地看了看,然后说:"外实而内虚,烟多而焰少,请损之。"卖柴人不知道秀才在说什么,担起柴便走。秀才急忙将卖柴人拦住，问他为何要走。卖柴人很生气，说："你说了半天，我都不知道你要说什么，你该不是在戏弄我吧？"秀才连连摆手，解释道："我并没有戏弄你，我只是在说你的柴外边看上去是干的，但实际里边是潮湿的，这样的柴不好烧，不仅燃烧的火焰很小而且烟特别多，你看看降些价钱吧。"

通过上述两个案例，我们发现详细而准确的信息有利于谈判主体判断当前的谈判局势，并有针对性地制定谈判策略。同时，信息是谈判双方沟通的媒介，无论是通过语言还是非语言形式传递信息，表达都需要准确、清晰、易懂，这样才能取得良好的沟通效果，从而有利于实现谈判目标。

资料来源：1. 李逾男，杨学艳. 商务谈判与沟通 [M]. 北京：北京理工大学出版社，2012.
2. 滕凤英，冯文静. 商务谈判实务 [M]. 北京：北京理工大学出版社有限责任公司，2020.

第四，谈判要实现一定的目的。谈判中，谈判主体都是为了实现一定的目的而与对方进行反复磋商、讨论。谈判要实现什么目的，这是谈判者首先要明确的，因此要确定自己的谈判目标。谈判目标即对谈判所要达到的结果的设定，是谈判的期望水平，是谈判者在谈判开始阶段不具备而在谈判结束时想要得到的东西。谈判活动的开展、谈判策略的制定都是围绕谈判目标而展开的，如果缺乏明确的谈判目标，整个谈判活动将失去方向。正如人们所说，"如果你不知道目的地在哪里，你可能就会走到岔路上去"。所以，谈判主体需要确定一个合理、合法且具有实用性的谈判目标，这既是谈判的出发点，也是谈判的归结点。然而，仅仅设定谈判目标是不够的，谈判目标是要努力实现的东西，在谈判过程中，谈判者应时刻提醒自己要实现的目标，并为实现目标制定合理的规划，谈判者的所有行为都应促使谈判更接近自己的谈判目标。当然，谈判者除了要明确自己的谈判目标之外，还需要关注对方的谈判目标，并对对方的谈判目标进行详细、深入的研究。

第五，谈判是谈判主体之间协商和协调的过程。谈判双方往往存在着一定的冲突，比如买方希望能够以较低的价格购买到商品，而卖方则希望能够以较高的价格销售商品；供货方往往希望供货期能够长一些，而需求方则希望能够尽快收到货物。这体现了谈判双方在行为上的冲突，一方所想的并不一定是另一方所愿的，正是因为这些冲突，双方才有了谈判的必要。而在谈判过程中，双方都希望对方能够做出让步，并为了维护自己的利益而进行磋商，从而实现利益最大化的目标。但谈判涉及的是"双方"，一方利益最大化必然不能保证对方利益最大化，如果对方退出，利益交换便不能实现。因此，谈判双方都不能无视对方的需要，双方必须具备某种程度的合作性，如果没有合作性，谈判就没有办法进行。因此，正确认识谈判，既要看到谈判双方存在的"冲突"，也要看到双方存在的"合作"，谈判正是在矛盾和冲突中寻求合作，寻求对各方需求和利益进行平衡的过程。只有谈判双方互惠互利，谈判双方才能合作下去。从谈判的这一特点可以看出，谈判与辩论是不同的。辩论追求完胜对手，而谈判则会关注利益相关者的需求。杰勒德·I. 尼伦伯格曾指出：谈判不是一场棋赛，不要求决出胜负；相反，谈判是一项互惠的合作事业。因此，在谈判中应避免将谈判看成一场争斗，只强调进攻而不知妥协。

第六，谈判具有艺术性和技巧性。谈判是一门科学，具有自己的理论体系，同时谈判也具备很强的艺术性。在谈判中既要遵循谈判的一般规律，更要掌握谈判的艺术技巧。比如，在商务活动中，语言技巧运用得好，可以带来更多的商业机会。有这样一个例子：某餐厅在城里开了两家连锁店，而两家连锁店在饮料销售额上差距很大。经过调查发现，一家连锁店在销售饮料时会问客人："请问，您要喝点什么？"由于客人并不清楚餐厅有哪些饮料，于是往往会选择自己比较熟悉的大众饮料，或者说不需要。但另一家连锁店则会问："您好，我们餐厅有鲜榨饮料，杧果、西瓜、橙子、椰子都能鲜榨，请问您需要哪一种？"这些鲜榨果汁的价格要比普通大众饮料稍高一些，尽管如此，客人也往往会在其中选择一种，因此这家店的饮料销售额较高。可见，不同的提问方式带来了不同的结果。成功的谈判正是双方出色地运用语言艺术的结果，富有文采的语言既能创造和谐、礼貌的气氛，又能明确地表达自己的主张和观点，维护自己的立场。而谈判中恰到好处的幽默往往会对紧张的谈判气氛起到很好的缓和作用，从而缓解谈判双方紧张、对立的局面，更有利于建立一种彼此之间相互信赖的关系，并产生良好的谈判效果。

2. 商务谈判的独特特征

第一，商务谈判以获得经济利益为目的。谈判涉及多个领域，因而种类繁多，比如外交谈判、政治谈判、经济谈判等。对于不同种类的谈判，其谈判目的各不相同。商务谈判属于经济谈判中的一种，与其他谈判相比，商务谈判更加重视谈判的经济利益。

第二，商务谈判以价格为核心议题。在商务谈判中，价格最直接地反映了谈判双方的利益，因而价格是商务谈判的核心内容。其实商务谈判涉及的议题非常广泛，除了价格，还包括商品的质量、数量、交货方式、支付方式等，这些议题与价格均存在着密切的联系。比如高质量的商品，价格往往较高；购买数量越多，可能获得的价格折扣越多。可见，商务谈判的议题总是会和价格存在着一定的联系。在商务谈判中需要充分考虑价格与非价格因素之间的联系，制订以价格为核心的整合式谈判方案。同时，也需要拓宽思路，设法从其他因素上争取期望的利益。

第三，合同条款的严密性和准确性。商务谈判的结果是通过双方达成的合同来体现的。合同是在双方当事人之间具有法律约束力的协议，是商务活动中的重要文件。合同的条款内容必须完整、准确、严密，如果合同中的条款约定不清楚，就会很容易造成误解和纠纷，影响合同的正常履行。

案例 1-3

究竟谁违约

A 饼干公司与 B 面粉厂经过多次商务谈判后，达成了面粉交易协议，其中合同约定"B 公司于每月 10 日前将 1 000 袋面粉送达 A 公司，面粉价格为每袋 50 元"。B 公司最开始时每月向 A 公司运送 1 000 袋 100kg/袋的面粉，过了一段时间后，B 公司重新看过合同后，决定向 A 公司运送 80kg/ 袋的面粉。A 公司发现面粉重量减少了，认为 B 公司违约，而 B 公司却坚称自己是按合同约定履行义务的。很显然，这次纠纷是由于合同中的重要条款约定不清楚而导致的。合同是重要的商务文件，合同条款的约定必须严谨、准确。

资料来源：滕凤英，冯文静.商务谈判实务[M].北京：北京理工大学出版社有限责任公司，2020.

1.2 商务谈判的分类

图 1-1 是商务谈判的分类，下面将详细介绍。

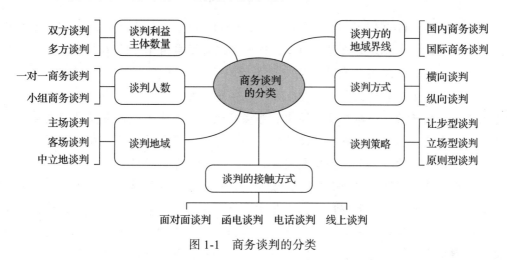

图 1-1 商务谈判的分类

1.2.1 根据谈判利益主体数量划分

1. 双方谈判

双方谈判是指参与谈判的主体只有两个的商务谈判活动，谈判结果只对谈判双方具有约束力。在商务谈判中，双方谈判比较常见，比如一个卖方企业和一个买方企业之间的谈判、两个国家之间的谈判等。通常两个国家之间的谈判，也被称为双边谈判。由于双方谈判只有两个主体，因此双方谈判的利益关系比较明确、具体，在确定谈判时间、内容和议程安排上更为简单、灵活性大，且谈判双方的利益关系协调起来相对容易，在谈判效率上通常要高于多方谈判。但双方谈判也存在一些局限性，比如在国际层面，如果一个国家通过谈判与其他国家达成双边协定，建立合作关系，那么这个国家就需要与其他众多国家分别进行谈判，才能构成一个庞大的双边合作的网络体系来处理国与国之间的商务活动。多次的双边谈判不仅耗时耗力，而且难以形成统一的标准，从而导致效率降低。

2. 多方谈判

多方谈判是指参与谈判的主体多于两个的商务谈判活动，谈判结果对所有谈判参与方都具有约束力。例如在大型项目的招标活动中，一个项目需要多个主体来参与投标或竞标，这时就会出现多方谈判的局面；或者几个国家共同谈判一项多边条约等。由于参与谈判的主体较多，不同主体之间存在的利益矛盾更为复杂，而要达成一致意见需要兼顾每一个谈判主体的利益，因此相对于双方谈判，多方谈判的难度明显增大，谈判往往需要更长的时间，要达成一致的协议也往往十分困难。但在国际层面，几个国家就某些议题进行的多边谈判有助于达成包含多个领域的国际协议，形成一个比较系统的国际经济法律体系。

案例 1-4

乌拉圭回合谈判

关贸总协定（GATT）和世界贸易组织（WTO）的重要职能之一是进行多边贸易谈判，通过谈判促使成员方削减贸易壁垒，逐步实现贸易自由化。1986年9月，各成员方部长聚集在乌拉圭的埃斯特角城，决定进行旨在全面改革多边贸易体制的新一轮谈判，故命名为"乌拉圭回合谈判"。乌拉圭回合谈判涉及关税与非关税措施、热带产品、自然资源产品、农产品、补贴和反补贴措施等多项议题，其中农业问题是乌拉圭回合谈判面临的一大难题。各成员方农业发展情况不同，在农产品贸易的保护和开放问题上存在很大分歧。在当时的背景下，美国是农业出口大国，主张取消各种农业政策，实行全面自由化；欧盟在实行联合农业政策后，农业生产得到了快速发展，主张采取农业保护政策，但在保护程度上可以考虑削减；而日本是世界上主要的农产品进口国，极力强调要维持农产品贸易的现状，采取的是农产品贸易保护主义态度；其他各成员方关于农业问题也存在不同观点。于是，各成员方为维护自身利益，就农产品问题以及其他议题展开了漫长的谈判。乌拉圭回合谈判历时7年半，于1994年4月在摩洛哥的马拉喀什结束。

资料来源：1. 门峰. 日本在乌拉圭回合农业谈判中的对策及给我们的思考 [J]. 日本研究，2002（1）：37-42.
2. 根据百度百科中乌拉圭回合相关资料整理。

1.2.2 根据谈判方的地域界线划分

1. 国内商务谈判

国内商务谈判是国内各种经济组织及个人之间进行的商务谈判，由于国内商务谈判双方基本处于相同的文化背景之中，因此避免了文化差异给谈判活动带来的影响。同时，谈判双方对于谈判的基本观念、程序、策略、技巧等都具有一定的相通性和可控性。

2. 国际商务谈判

国际商务谈判是在两个或两个以上属于不同国家的经济主体之间进行的商务谈判。国际商务谈判是国际商务活动的重要内容，也是国内商务活动在国际领域的延伸和发展。由于不同的国家在政治、经济、法律、语言、习惯、价值观念、行为规范等方面存在很大的差异，因此国际商务谈判无论是在谈判形式还是谈判内容上，都要比国内商务谈判更复杂。比如，在沟通方式上，有些国家人们的表达方式比较委婉含蓄，而有些国家人们的表达方式则直截了当,这就可能导致在谈判中对对方产生误解。因此,作为谈判人员,需要对谈判对象所在国家的社会、经济、文化和相关政策、法律规定有所了解,避免因为文化差异产生冲突,影响到谈判的进程和结果。

此外,参与国际商务谈判的谈判人员还应当熟悉国际经济组织的各种规定,熟悉各种国际惯例。国际惯例是在长期的国际经济交往中经过反复使用而形成的不成文的规则。在国际商务谈判中,涉及多国的法律法规,而不同国家的法律法规并不完全相同,因此在国际商务谈判中要以国际商法为准则,并以国际惯例为基础。同时,由于国际商务谈判涉及国际贸易、国际结算、国际货物运输、国际保险等多方面内容,且国际市场供求关系的变动以及竞争等因素都会给国际商务活动带来影响,因此在国际商务谈判中还需要特别重视调研工作,通过调研了解国外经济和市场变化情况,并熟悉不同的货币、计量体制、商品标准、保险等相关信息。

案例 1-5

国际商务谈判中的文化差异

每个国家都有自己独特的文化特点,在不同的文化环境下,人们形成了不同的思维方式、价值观念、风俗习惯等。美国人乔治到印度尼西亚不久,和当地的两个朋友在酒吧喝酒,大家聊得正高兴,只见乔治用左手摸了摸他朋友的头,又用左手揽住对方的肩膀继续聊天,这让两个印度尼西亚朋友感到很不自在,喝完啤酒后便礼貌地离开了。

原来乔治用左手摸对方的头并拍对方肩膀的行为在印度尼西亚人看来是不礼貌的。因此,在商务谈判中我们需要重视对方的文化特点,避免由于文化冲突而影响商务活动的正常开展。文化涉及的领域非常广泛,比如,不同的文化构成了人们之间不同的社交距离,有些国家的人们喜欢凑在一起交谈,比如阿拉伯人为了表示友好就会非常靠近对方。而有些国家的人们在交谈时并不喜欢离得太近,比如多数讲英语的国家的人们交谈时就喜欢保持一定的距离。美国一家公司的经理在和阿拉伯代表谈判时,阿拉伯代表在离他很近的地方跟他交谈,这让他非常不舒服,连连后退。当他突然意识到双方在社交距离上的差异后,便不再后退了,双方也很快谈妥了这笔生意。文化差异直接影响商务谈判的效果,尤其在国际商务谈判中更需要重视不同国家之间的文化差异。

资料来源:1. 刘园. 国际商务谈判[M]. 3版. 北京:中国人民大学出版社,2015.
2. 根据互联网相关资料改编。

1.2.3 根据谈判人数划分

1. 一对一商务谈判

一对一商务谈判也称为单人商务谈判,即双方各由一位代表出面进行谈判。由于这种谈判方式的双方都各只有一个人独自应付全局,因此谈判人员往往需要具备商务、法律、市场、保险等多方面的知识,同时需要具备丰富的谈判经验以及良好的谈判能力和应变能力。在谈判中，谈判人员需要根据自己的经验和知识做出分析、判断和决策，能够独立应对谈判中可能出现的各种问题。

一对一商务谈判的优点主要体现在以下几点：第一，谈判人员较少，在谈判时间、地点、方式等具体谈判安排上比较灵活；第二，谈判人员作为所属企业的全权代表，有权处理谈判中的一切问题，可以避免小组谈判中人员之间配合不当的状况；第三，当谈判涉及企业的一些商业机密信息，需要严格保密，或是时机尚不成熟，谈判期间一些商业信息暂不对外发布时，一对一商务谈判有利于商业信息的保密。

一对一商务谈判必须调动谈判人员自身的主观能动性，但由于个人的知识、能力存在一定的局限性，且在谈判中无法得到及时、必要的帮助，因此谈判人员单独做出决策往往面临较大的压力。此外，谈判人员在谈判中要同时处理多项工作，比如既要进行谈判记录，又要仔细观察对方的神情举止，还要认真思考谈判策略等，一个人同时做这些事情往往会顾此失彼，这会给谈判效果带来直接影响，尤其是一些复杂的谈判，谈判人员可能会力不从心。因此，一对一商务谈判比较适用于以下几种情况：一是谈判双方已存在长期的合作关系，彼此非常熟悉，双方的谈判内容比较明确，比如谈判双方在现有合作的基础上续签合同，且内容条款变动不大，只是个别地方有调整，这时就可以采用一对一商务谈判方式；二是推销员拜访客户，双方各自有权决定成交条件；三是在一些大型谈判中，一些细节问题的谈判不需要所有人都参加时，或者涉及一些商业机密信息，不愿对外公开时，再或者从更好地解决问题的角度出发，双方代表单独接触比较好时，这时一对一商务谈判的形式则往往会被采用。由于一对一商务谈判本身存在的优点和不足，很多专家认为，一对一商务谈判是最简单，同时也是最复杂的谈判。

2. 小组商务谈判

小组商务谈判是指谈判各方由两个以上的人员参加谈判的形式。谈判小组通常由谈判负责人、营销专家、技术专家、法律专家、记录人员、翻译等人员组成，其成员数量往往根据谈判项目的性质、对象、内容和目标等因素综合确定。其中谈判负责人是谈判桌上的组织者、指挥者，发挥着控制、引导谈判的作用；各类专家则需要提供与自己专业相关的资料，回答并解决相关专业问题。

小组商务谈判是一种常见的谈判形式，大多数正式谈判，尤其是比较复杂或是比较重要的谈判，往往会采取小组商务谈判的形式。小组商务谈判可以避免一对一商务谈判中个人能力、经验等方面的局限性问题，通过小组成员的优势互补、知识交叉和相互配合，可以集思广益，充分发挥集体的智慧，从而更好地运用谈判谋略和技术技巧。同时，采用小组商务谈判方式也有利于谈判人员采用灵活的方式打破谈判僵局或障碍，比如"红白脸"策略等，可以减轻一对一商务谈判中谈判人员所面对的压力。但小组商务谈判参与人员较多，因此会出现意见不统一的情况，如果小组成员之间配合不当，就会增加内部协调的难度，在一定程度上影响谈判效率。另外，如果谈判内容涉及商业机密信息，或是在时机不成熟不宜对外公开一些信息的情况下，由于小组谈判人员较多，难免会泄露机密，不利于双方封锁消息。因此，小组商务谈判的成员需具有集体主义精神和团队精神，除了负责好分内工作以外，还需要注意协调配合，增强己方谈判的整体力量。

★ 思政小栏目

团队精神的优势

每年两次的南北迁徙对大雁来说都是非常漫长和遥远的路程。在南飞北返的过程中，大雁总是结队而行，队形一会儿呈"一"字形，一会儿呈"人"字形。为什么大雁会这样编队飞行呢？原来这样编队飞行能够产生一种空气动力学效应。与单只大雁相比，一个由25只大雁组成的"人"字形编队可以多飞71%的航程（里萨满和斯科伦伯格，1970）。在雁群飞行的过程中，整支队伍中最辛苦的就是领头雁。如果领头的大雁累了，它会自动地退到队伍的侧翼，紧接着另一只大雁会马上取代它的位置，继续领飞。大雁就是借助这种团队的力量，相互帮助，更快、更省力地飞行，到达千里之外。

人们常常赞叹大雁的智慧和团队精神。俗话说"一根筷子轻轻被折断，十双筷子牢牢抱成团"，一个人的力量终究是有限的，而团队的力量却是巨大的。一个团队只有精诚团结、目标一致、协同进步，才能够取得辉煌的成功。商务谈判也是一样，很多大型、复杂、重要的商务谈判往往需要大量的信息资料和多方面的专业知识，往往不是某个谈判人员单枪匹马就能完成的。要想获得谈判优势，就需要组建一个结构合理、高质高效的谈判团队。而团队中每一个成员都应当充分认识到团队合作的重要性，相互协作，群策群力，发挥团队精神，共同努力，更好地实现谈判目标。

资料来源：陆建军，成杰. 团队精神 [M]. 北京：中华联合工商出版社，2010.

1.2.4 根据谈判的接触方式划分

1. 面对面谈判

面对面谈判是指谈判各方直接地、面对面地就谈判内容进行口头交谈协商的过程，这是最古老也是应用最广泛的一种谈判方式。一般来讲，正式的、重要的、大型的谈判往往是以面对面的方式进行的。表1-1介绍了面对面谈判的优点和缺点。

表 1-1 面对面谈判的优点和缺点

优点	• 谈判各方可以直接对话，不仅是语言的交流，还可以直接观察到对方的表情、手势、态度、动作姿势等，从而了解对方的心理活动及反应程度，并根据信息合理调整谈判策略 • 谈判形式比较规范，谈判各方坐在谈判桌前，谈判气氛比较正式 • 谈判的内容比较深入，可以针对各方关心的问题反复探讨协商，对谈判时间的要求也不严格，可以延长也可以缩短，信息反馈也比较及时 • 有利于各方谈判人员交流思想和感情，从而有利于建立一种比较长久的合作关系
缺点	• 决策时间往往比较短，考虑时间不充分 • 往往会耗费较高的成本，比如租用会议室、差旅住宿费用的支出等

2. 函电谈判

函电谈判在国际贸易谈判中使用较为普遍，是通过信函、电报、电传等通信工具和载体进行磋商，寻求达成交易的书面谈判方式。函电一般包括标题、编号、收文单位、正文、附件、发文单位等内容，具体涉及询盘、发盘、还盘、接受和签订合同环节。在使用函电方式进行商务谈判时，函电的内容应正确、完整，符合政策法规和风俗习惯等，同时要及时对函电进行处理，避免因为拖延丧失商业机会。表1-2介绍了函电谈判的优点和缺点。

表1-2 函电谈判的优点和缺点

优点	• 是传统的书面谈判方式，不像面对面谈判需要当面决策，谈判双方有充足的时间对内容进行思考，甚至还可以向专家咨询 • 谈判的内容通过书面文字表达，可以避免出现错听、误听等状况 • 可以充分利用文字、图表来表达，使谈判内容较电话谈判更全面、丰富 • 谈判往来的函电可以储存，作为日后达成交易的凭证，便于查阅 • 可以节省差旅费、接待费等成本支出和时间消耗，比面对面谈判成本更低 • 更加方便，具有快速、及时、方便的特点 • 谈判人员彼此互不见面，可以避免谈判双方由于级别、身份不对等而对谈判产生影响，消除了心理压力和对陌生环境的不适
缺点	• 通过信函、传真、电子邮件等媒介所传递的信息量是有限的 • 缺乏面对面交谈的情感交流，也无法通过对方的表情、动作、态度等判断对方的状态及谈判进展情况 • 书面文字内容可能存在词不达意的情况，可能造成双方有不同的理解

◎ **知识链接**

商务函电的结构

（1）标题：函电的题目或名称，要求简明、确切，不要文不对题。

（2）编号：函电的编号，便于分类登记和查询。

（3）收文单位：函电送达的单位。

（4）正文：函电的主要部分，包括开头、主体和结尾三部分。开头多从发函的原因写起，便于对方了解发函的原委；主体则阐述发函的目的和要求，是函电最主要的部分；结尾有两种写法，一种是主体写完即可结尾，另一种是写两句与主体相照应的话以加深印象。商务函电有惯用的结束语，如"如此函达""特此函复"等。在结束语后，也可以写一些祝颂语，如"谨祝商安""顺颂商祺"等。

（5）附件：随函发出的合同、报价单、发票等都可以作为附件处理。

（6）发文单位、日期、盖章。

资料来源：万丽娟.商务谈判[M].重庆：重庆大学出版社，2010.

3. 电话谈判

电话谈判是谈判人员通过电话进行沟通、协商，寻求达成交易的一种谈判方式。电话谈判是一种口头谈判方式，但与面对面谈判不同，电话谈判是一种远距离的磋商谈判。一般来讲，谈判双方在正式面谈之前，往往会通过电话进行初步的洽谈联系，为正式谈判打下基础。

使用电话谈判，需要事先做好计划和准备以掌握谈判的主动权，并在谈判过程中做好笔记，在谈判结束后进行整理归档。同时，要注重电话谈判的礼仪，比如坐姿端正。尽管电话谈判的双方并不见面，但是坐姿端正可以使发出的声音亲切，充满活力；相反，如果是懒散的姿势，对方听到的声音也是懒散的、无精打采的，这会影响电话谈判的效果。再如，电话谈判过程中要注意语音和语速应当清晰、有力、中肯，生动的语音和准确的措辞表达能够给对方留下良好的印象。表 1-3 介绍了电话谈判的优点和缺点。

表 1-3 电话谈判的优点和缺点

优点	• 方便、快捷，不受距离限制 • 可以节省差旅费等成本支出和时间消耗 • 可以缓解坐在谈判桌前谈判的压力
缺点	• 无法观察到对方的表情、态度，对方对语音、语调可能会产生误解，也可能会听错一些易混淆的词句 • 谈判过程可能会受到噪声等外部因素干扰，容易造成谈判人员注意力不集中 • 谈判时间有限，谈判人员缺乏深入思考的时间 • 易被拒绝 • 多是一次性叙谈，很少重复，容易漏掉某些事项

◉ 案例 1-6

是 3 个 8，还是 3 和 8

电话谈判方便、快捷，在现代商务活动中是非常重要的交流沟通方式。电话谈判中不仅要注意接听电话的礼貌礼仪，也需要注意语言表述的准确性，并对谈判内容进行及时的记录和确认，避免由于信息失误而影响商务活动的正常开展。

一家培训公司的员工阿虹在刚参加工作的时候就遇到了这样的问题。当时客户请她帮忙发送相关资料到客户的邮箱，但阿虹误将客户说的包含"3 个 8"的邮箱地址听成了"3 和 8"，邮箱地址 ABC888@126.com 被错记成了 ABC38@126.com，客户一直没有收到资料，为此非常不满意。如果双方在电话沟通中能够更加清楚地表述内容，并对邮箱地址再次进行确认，这样的误会可能就能避免了。

资料来源：李向阳，舒冰冰. 打遍天下：电话营销实战案例精选 [M]. 2 版. 北京：人民邮电出版社，2009.

4. 线上谈判

线上谈判是利用互联网、电子邮件、视频会议等电子方式进行的谈判。随着现代信息技术以及电子商务的兴起与发展，线上谈判的应用越来越广泛。线上谈判的形式具有多样性，既可以通过电子邮件、即时通信工具等进行书面谈判，也可以借助在线会议软件进行线上"面对面"谈判。表 1-4 介绍了线上谈判的优点和缺点。

表 1-4　线上谈判的优点和缺点

优点	• 形式多样，可以通过视频会议、QQ、E-mail等实现实时交互和交流信息，可以传递文字、语音、图像、动画、视频等多种形式的资料 • 可以节省差旅费等成本支出，且电子数据传输速度快、成本低 • 不受空间限制，可以随时进行跨区域的谈判沟通，提高谈判效率 • 借助互联网庞大的资源库，谈判主体可以获得更多的资源信息，有利于提升谈判质量 • 当以文字形式进行线上谈判时，谈判双方有充足的时间考虑谈判内容，展开内部讨论，或向专家咨询
缺点	• 谈判双方缺乏社会交往，不容易建立信任关系 • 互联网本身具有虚拟性，存在网络诈骗、信息泄露等方面的风险 • 互联网技术本身存在风险，如计算机病毒、软件漏洞等会影响商务谈判活动的正常进行 • 尽管可以实现线上"面对面"沟通，但是线上互动不能替代面对面的交流，缺乏对对方的眼神、肢体语言的了解

案例 1-7

中车永济电机有限公司与俄罗斯运输机械控股集团的谈判

中车永济电机有限公司（简称"永济电机公司"）是专业研制电气传动产品、为全球用户提供绿色和智能化电传动系统解决方案的国家级创新型企业。2019年6月，俄罗斯运输机械控股集团（简称"TMH集团"）高层领导受邀来到永济电机公司进行访问。TMH集团是俄罗斯及独联体区域最大的轨道交通装备制造商，此次访问使TMH集团对永济电机公司有了深入的了解，并在铁路及城市轨道交通领域与永济电机公司形成了共同开展合作的意向。此后，双方就合作问题展开了一轮又一轮的谈判。2020年年初，突如其来的新冠疫情打乱了双方谈判的步伐。为了能够继续谈判进程，双方启动了线上谈判的方式，通过手机视频会议、电子邮件和微信进行沟通，最终就合同条款约定内容达成共识并签约。

资料来源：中车永济电机有限公司：让领先的电传动核心技术更多地惠及社会[EB/OL].(2022-06-21)[2023-04-18]. http://www.sxycrb.com/2022-06/21/content_258072.html.

1.2.5　根据谈判地域划分

1. 主场谈判

主场谈判也称为主座谈判，是指在自己所在地（所居住的国家、城市或办公所在地）组织的谈判。比如，我国企业和外国企业进行商务谈判，谈判是在我国企业的办公所在地进行的，那么这次谈判对于我国企业来说就是主场谈判，而对于外国企业来说就是客场谈判。

主场谈判可以给主方提供很多便利之处。首先，在自己熟悉的环境中进行谈判，在心理上会存在安全感和优越感，增强谈判的自信心。英国心理学家泰勒尔指出：一个人在自己的地盘或自己熟悉的环境中比在陌生的环境中更容易说服他人。这就是心理学上所讲的"领域优势"。根据领域优势理论,在商务谈判中选择自己熟悉的场所可以为自己带来更大的心理优势。其次,在主场谈判,时间安排以及各种谈判资料的准备都会比较方便,可以依据自己的信息渠道,充分收集相关的资料并予以充分利用,同时能随时与自己的上级、专家等保持沟通、商讨对策。如果主方善于利用主场优势,在谈判中无疑会给自己带来有利影响。但主场谈判需要主方安排谈判活动、布置谈判会场、接待对方谈判人员,往往需要花费较大的成本和精力。

案例1-8

日本和澳大利亚的商务谈判

日本的矿产资源消费极度依赖进口,铁、铜、铝等主要金属矿产的对外依存度很高。而澳大利亚的矿产资源、石油和天然气都很丰富,矿产资源至少有70余种。澳大利亚的铝土矿、钻石、铅、铁矿石、煤、锰矿石等矿产品的产量均位居世界前列,同时澳大利亚也是世界上主要的矿产品出口国之一,被人们形象地称为"坐在矿车上的国家"。日本和澳大利亚是矿产品贸易的重要合作伙伴。按常理来讲,日本作为买方应该会去澳大利亚谈生意,但每当谈判的时候,日本商人却总是会想尽办法将谈判地点安排在日本。原来日本较快的生活节奏往往会让生活节奏较慢的澳大利亚人感到拘谨,而且在日本谈判可以让日本谈判代表更多地利用主场优势。

资料来源:宾敏,刘建高. 商务谈判原理与实务[M]. 北京:北京邮电大学出版社,2015.

2. 客场谈判

客场谈判也称为客座谈判,是指以客人的身份在谈判对手的所在地(所居住的国家、城市或办公所在地)进行的谈判。由于对环境并不熟悉,因此客场谈判往往会使谈判人员产生紧张的情绪,并且存在信息收集不方便、遇到问题和自己的上级沟通不畅等情况。但客场谈判可以省去对谈判场地及谈判活动的安排和布置,无须准备与谈判相关的烦琐的接待活动,从而专心于谈判工作。同时,在谈判遇到僵局时,谈判人员可以以"资料不全"或"领导未授权"为托词,拖延谈判时间或拒绝做出具体答复。客场谈判需要注意了解谈判对手所在地的风俗习惯,做到"入乡随俗",避免在谈判中出现尴尬或僵局。同时要注意语言,尤其是在国外进行谈判时要注意配备好翻译人员。

3. 中立地谈判

由于主客身份会造成谈判各方在谈判环境条件上的差别,因此一些重要的商务谈判往往会选择在中立地进行谈判。这种在谈判各方以外的中立地进行的谈判被称为中立地谈判。选择中立地进行谈判,谈判双方没有主客之分,也就都没有地域优势,谈判环境相对来讲更公平,进而为谈判提供良好的环境和平等的气氛。

1.2.6 根据谈判策略划分

1. 让步型谈判

让步型谈判也称为软式谈判或关系型谈判，这种谈判强调双方友好合作关系的建立与维持。采取让步型谈判方式时，谈判人员随时为达成协议而做出让步，回避可能发生的冲突。因此，让步型谈判更重视建立和维护双方的合作关系，而不是利益的获取。在谈判主体之间存在长期友好关系的情况下，使用让步型谈判方式可能会取得较好的效果，可以提高谈判效率，降低成本，并使双方的关系进一步加强。但是，如果谈判对方是利益型对手，采用让步型谈判则极易受到伤害，往往会达成不平等的协议。因而，让步型谈判往往适用于总体利益和长远利益大于一次具体谈判所涉及的局部、近期利益的谈判场合。

2. 立场型谈判

立场型谈判又称为硬式谈判，在这种类型的谈判中，谈判人员往往认为己方具有足够的实力，强调己方的谈判立场以及谈判立场的坚定性，并以按照己方的立场达成协议为谈判的胜利。采取立场型谈判时，谈判人员的注意力都集中在如何维护自己的立场、否定对方的立场上，很少顾及或根本不顾及对方的利益，谈判容易陷入僵局或误区。此外，如果谈判双方同时采取强硬的谈判态度，必然会导致双方关系紧张，即使谈判不破裂，要达到目的也费时费力，效率低下。立场型谈判具有明显的局限性，一般来说，这种类型的谈判适用于以下几种情况：一次性交易、谈判对手不了解情况、实力相差悬殊等。当然，在事关自身的根本利益且没有退让余地的情况下，运用立场型谈判也是有必要的。

案例 1-9

B 公司的谈判真的胜利了吗

A 公司从 B 公司购买了一台设备，使用了半年后，设备中的一个价值 3 美元的零件坏了，A 公司便与 B 公司联系，希望 B 公司能够免费更换一个零件。B 公司拒绝了 A 公司的请求，并指出其生产的设备不存在质量问题，合同中也没有约定 B 公司有免费更换零件的义务。B 公司还指出，经过公司内部的严密论证，这个零件的损坏完全是 A 公司操作不当造成的，B 公司不承担任何责任。B 公司取得了谈判的胜利，但 A 公司此后再也没有和 B 公司有过生意上的往来。

资料来源：滕凤英，冯文静.商务谈判实务[M].北京：北京理工大学出版社有限责任公司，2020.

3. 原则型谈判

原则型谈判也称价值型谈判，既注重理性又注重感情，既关心利益又关心关系。这种谈判最早由美国哈佛大学谈判研究中心提出，故又称哈佛谈判术。1979 年，哈佛大学法学院、商学院的一批学者成立了一个关于谈判的研究兴趣小组,定期讨论谈判与冲突的问题,这就是哈佛谈判项目组的雏形。在哈佛谈判项目组提出的众多理论中,最著名的就是费希尔在《谈判力》一书里总结的原则型谈判。在这种类型的谈判中,谈判人员主张按照双方共同接受的具有客观公正性的原则和公平价值来达成协议,在注重与对方保持良好人际关系的同时尊重对方的基本需求,寻求双方利益上的共同点,消除分歧,积极探索各种使双方都有所获的方案,争取双方满意的谈判结果。与让步型谈判相比,原则型谈判不会只强调双方的关系而忽视利益;与立场型谈判相比,原则型谈判注重协调双方的利益,而不是在立场上纠缠不清。原则型谈判注重获得"双赢",与现代谈判强调的实现互惠合作的宗旨相符,因而日益受到推崇。

在实践中,具体会采用让步型谈判、立场型谈判还是原则型谈判,受到谈判双方的谈判实力和地位、交易的重要性、谈判人员的个性和风格、是否要与对方保持长期的业务关系、是不是偶然性的业务关系等多种因素的影响。另外,实践中往往不单独采用一种谈判方式,而是几种谈判方式结合起来使用。

1.2.7 根据谈判方式划分

案例 1-10

比较以下两个案例的不同

(1)巴西的 A 公司与韩国的 B 公司洽谈一笔大豆生意。双方在谈判时,对价格问题存在很大的争议,于是双方便将这个问题暂时搁置,转而对大豆的包装和运输进行谈判,当大部分条款都谈妥后,双方再对之前搁置的价格问题继续进行磋商,直到达成协议。

(2)巴西的 A 公司与韩国的 B 公司洽谈一笔大豆生意。双方先确定了谈判条款的顺序,即按大豆的品质、价格、数量、包装、支付方式、运输、保险等顺序依次进行谈判。双方在品质问题上达成一致意见后,便开始进行价格谈判。如果在价格问题上双方有很大的争议未能谈拢,则后边的条款全部免谈,直到所有议题都能按顺序达成一致意见。

资料来源:窦然.国际商务谈判与沟通技巧[M].上海:复旦大学出版社,2009.

1. 横向谈判

在案例 1-10 中,案例(1)属于横向谈判。横向谈判是采用横向铺开的方式,首先列出涉及的所有议题,对谈判议题同时讨论,同时取得进展。在谈判中,当在某一问题上出现矛盾时,可以搁置这一问题,先讨论其他问题,如此周而复始地讨论下去,直到所有问题都谈妥。这种谈判方式非常灵活,但也比较混乱,容易使谈判人员忽略主要问题。

2. 纵向谈判

在案例 1-10 中，案例（2）属于纵向谈判。纵向谈判是确定所谈问题后，再确定谈判议题的顺序，然后依次对各个议题进行讨论，讨论一个问题，解决一个问题，一直到谈判结束。可以看出，纵向谈判方式比较死板，不灵活，一旦谈判中出现僵局，会影响到其他问题的解决。

关键术语

谈判　商务谈判　双方谈判　多方谈判　国内商务谈判　国际商务谈判　一对一商务谈判　小组商务谈判　面对面谈判　电话谈判　函电谈判　线上谈判　主场谈判　客场谈判　中立地谈判　让步型谈判　立场型谈判　原则型谈判　横向谈判　纵向谈判

本章小结

1. 商务谈判指的是不同利益群体之间，为了完成某项交易和实现各自的经济目的而进行的磋商活动。一般来说，商务谈判由商务谈判主体、商务谈判议题和商务谈判环境三大要素组成。商务谈判是谈判中的一种，具备谈判的一般特征，同时也具有其独特的特征。
2. 根据不同的分类方式，商务谈判可以分为各种类型。其中，根据谈判利益主体数量划分，商务谈判可以分为双方谈判和多方谈判；根据谈判地域划分，可以分为国内商务谈判和国际商务谈判；根据谈判人数划分，可以分为一对一商务谈判和小组商务谈判；根据谈判的接触方式划分，可以分为面对面谈判、函电谈判、电话谈判和线上谈判；根据谈判地域划分，可以分为主场谈判、客场谈判和中立地谈判；根据谈判策略划分，可以分为让步型谈判、立场型谈判和原则型谈判；根据谈判方式划分，可以分为横向谈判和纵向谈判。

综合练习题

一、单项选择题

1. 按谈判方式划分，商务谈判可以分为横向谈判和（　　）。
   A. 线上谈判　　　B. 纵向谈判　　　C. 面对面谈判　　　D. 主场谈判
2. 关于客场谈判，说法错误的是（　　）。
   A. 客场谈判往往会使谈判人员产生紧张的情绪
   B. 客场谈判需要注意了解谈判对手所在地的风俗习惯
   C. 客场谈判需要对谈判场地及谈判活动进行安排和布置
   D. 客场谈判是指以客人的身份在谈判对手所在地进行的谈判
3. （　　）是对谈判所要达到的结果的设定，是谈判的期望水平。

A. 谈判方式　　　B. 谈判策略　　　C. 谈判目标　　　D. 谈判对象

4. (　　)是指谈判各方直接地、面对面地就谈判内容进行口头交谈协商的过程。

　　A. 电话谈判　　　B. 面对面谈判　　C. 线上谈判　　　D. 函电谈判

二、多项选择题

5. 商务谈判(　　)。

　　A. 是不同利益群体之间，为了完成某项交易和实现各自的经济目的而进行的磋商活动

　　B. 以价格为核心议题

　　C. 是两方及两方以上的交际活动

　　D. 以获得经济利益为目的

6. 电话谈判具有(　　)的特点。

　　A. 方便、快捷，不受距离限制

　　B. 可以节省差旅费等成本支出和时间消耗

　　C. 能够通过谈判对手的神情、动作、态度等判断对方的状态及谈判进展情况

　　D. 可以缓解坐在谈判桌前谈判的压力

7. 关于谈判，以下说法正确的有(　　)。

　　A. 谈判的基本动因是人们某种未满足的需要

　　B. 谈判在政治、经济、生活等各个领域都有广泛的应用

　　C. 谈判是要实现一定的目的

　　D. 谈判是一种在矛盾和冲突中寻求合作，寻求对各方需求和利益进行平衡的过程

三、简答题

8. 为什么说谈判是一门艺术？

9. 商务谈判具有哪些特征？

10. 比较分析原则型谈判、立场型谈判和让步型谈判的特点。

11. 主场谈判有哪些优点和缺点？

12. 为什么说一对一商务谈判是最简单也是最复杂的谈判？

四、案例分析题

美国某电气公司的业务员爱尔和他的同事一起去村里推销电气，他们的业务开展得并不是很顺利，当地人对用电似乎并不感兴趣。他们一起敲开一家农户的门，同事介绍说他们是来推销电气的，农户一听，便说对用电不感兴趣，希望他们不要再来了。他们又敲了很多农户的门，情况都差不多，甚至有些农户一听说是来推销的，立刻就关上了门。

事情进展得不顺利，两个人在村里边走边想办法。村里很安静，时不时传来的鸡鸣声引起了他们的注意。他们发现这个村里几乎家家都在养鸡，有些鸡舍的规模还比较大。他们还了解到村里有一家养鸡大户，不仅规模大，而且养鸡技术也很高超，村子里的人经常去他家学习经验。于是，爱尔和同事决定去这个养鸡大户家碰碰运气。他们敲开了这家农户的门，开门的是一个老太太。还没等他们开口，老太太便说："你们是来

推销电气的吧,那么还是请回吧。"爱尔连忙说道:"打扰您了,我们确实是电气公司的,但是我们今天的工作结束了,想买些鸡蛋带回去,乡村的鸡蛋最新鲜了。"老太太这才让他们进来,带他们去挑鸡蛋。来到鸡舍,爱尔不禁赞叹:"您养的鸡真是太漂亮了,而且规模这么大,能为家里挣不少钱吧。"老太太很高兴,说道:"我养的鸡可比我丈夫养的羊还赚钱呢。"爱尔接着说:"养羊比较费时费力,的确不如养鸡方便。"这句话说到老太太心坎里了,她一直这么认为。聊到养鸡的技术和鸡蛋的产量,爱尔说道:"您的鸡舍如果加上照明,保证温度,能比现在产更多的蛋呢。"买好鸡蛋,爱尔和同事便离开了。不到半个月,爱尔就收到了老太太的用电请求,之后村里越来越多的农户联系爱尔申请用电。

资料来源:刘立.精准表达[M].武汉:华中科技大学出版社,2020.

问题:

13. 爱尔在推销电气时,获得成功的因素是什么?结合案例,谈谈你对商务谈判的认识。

扫码阅读
参考答案

CHAPTER2　第 2 章

商务谈判原则与心理要素

本章要点

- 商务谈判的基本原则
- 商务谈判心理的概念及特点
- 商务谈判心理的影响因素
- 商务谈判心理挫折的应对

导入案例

五个心理策略，助你搞定所有谈判

谈判时想让对方答应你的条件，可以运用如下五个谈判心理策略。

1. 低飞行策略

若想要得到很多，必须先要求很少，这就是有名的"低飞行策略"。这是因为人一旦说了"好"，之后就很难再说"不要"，即使中途发现自己上当了也一样。实验证实，运用低飞行策略请求别人，有56%的人会答应去做他们原先根本不想做的事。若不用这种策略，只有31%的人会答应，24%的人会付诸行动。

2. 登门槛策略

锁定你的目标对象，先向他提出一个微不足道、令他难以拒绝的请求，然后再提出另一个对他来说比较痛苦、他可能当下就会拒绝的请求。这种先跨出第一步的现象，被称为"登门槛效应"。运用这种"得寸进尺"的策略，有76%的人会答应去做某件事。

3. 讨价还价策略

跟"得寸进尺"的登门槛策略相反，讨价还价策略是先提出一个不容易实现的请求，然后再提出自己真正想要的、更容易实现的请求。运用这种策略，有50%的被请求者会答应你，而在正常的情况下，只有16.7%的人会答应。

4. 勿引发"心理抗拒"策略

当我们向别人提出某个请求时，对他说："您按照自己的意愿来决定。"这样对方最终答应的概率会提高4倍。这种看似矛盾的逻辑背后，却是给予对方更大的自由。

5. "买到赚到"策略

实验中，一个人在校园里卖蛋糕。第一种情况，他对顾客说："蛋糕售价75美分，附赠两块饼干。"第二种情况，他先推荐售价75美分的蛋糕，接着再请顾客吃两块饼干。结果，第二种情况的销售业绩几乎翻倍。这符合顾客"买到赚到"的心理，即你做出某种让步，使对方觉得他也有义务跟着做出让步，于是谈判更容易达成一致。

资料来源：AZZOPARDI G，赵嘉怡. 五个心理效应，助你搞定所有谈判 [J]. 中外管理，2020（7）：28.

2.1 商务谈判的原则

所谓商务谈判的原则，是指在商务谈判中各谈判参与方需要遵循的指导思想和恪守的基本准则。它是商务谈判内在的、客观的、必然的行为规范，通过在商务谈判的实践中不断认识、总结而来。因此，正确地认识和掌握谈判原则十分有必要，有助于提高谈判的成功率。商务谈判的基本原则主要包括以下内容。

2.1.1 诚实守信原则

诚实守信原则，简称诚信原则。党的二十大报告中指出要"弘扬诚信文化，健全诚信建设长效机制"。在新时代新征程中我们贯彻落实这一要求，就要树立诚信理念、弘扬诚信美德。诚信是谈判的立身之本，是谈判顺利的基石，也是商务谈判的第一原则。"货真价实""童叟无欺""诚实是最好的竞争手段"等成语或俗语也体现了在进行商务经营活动时要遵循诚实守信原则。虽然在商务谈判中追求自身利益最大化是第一目标，但这种对利益的追求是在不损害他人利益和社会公益的前提下实现的。简而言之，诚实守信是商务谈判中的基本准则，是商务谈判的根基，贯穿整个商务谈判活动始终。背离诚信会使商务谈判活动的根基发生畸变，技巧、策略等谈判手段都会与最终目标背道而驰，谈判的结果将是两败俱伤。因此，商务谈判必须遵循诚实守信这一基本原则。

2.1.2 平等互利原则

平等互利原则在商务活动中也必不可少，不论双方的实力是强还是弱，都处于法律上的平等地位。在商品交换的谈判中，双方自愿让渡商品，等价交换，互得利益。谈判双方应根据需要与可能，有来有往，做到双方互利。平等与互利在商务谈判原则中相辅相成。平等是前提，有助于商务谈判顺利进行、取得成功。企业间的洽谈、协商活动反映着企业与企业之间的关系，双方应在尊重各自权利的基础上，平等地进行贸易与经济合作事务。互利是平等的目的。平等与互利是密切联系、有机统一的两个方面。

◉ **案例 2-1**

自习室里的争执

　　有两位同学在自习室里发生了争执，一位同学主张打开窗户，而另一位同学却要关上窗户。他们斤斤计较于窗户打开的角度，互不妥协。老师走过来问两人争执的原因，一位同学说要呼吸一些新鲜空气，另一位同学认为外边很冷，风也会把书页吹乱。老师考虑了一分钟，把旁边屋子的窗户打开了，这样既可以让空气流通，又不会很冷，也不会吹乱书页。

2.1.3 协商合作原则

　　参与谈判的各方在谈判时会不可避免地对协议或者合同条款产生分歧。不论分歧多大，各方都应该遵从协商合作原则。若想取得谈判成果，各参与方必须遵循求同存异的理念，从共同利益和目标出发，进行建设性的磋商。协商合作原则的核心在于强调双方的共同利益，通过寻求使双方各有所获的方案取得谈判成果。当各方的利益发生矛盾时，应坚持以客观标准，也就是以独立于各方意志的标准为基础解决冲突。协商合作原则主张对事不对人，在原则问题上毫不让步，但在对待谈判伙伴上应与人为善。遵循协商合作原则的谈判既会使谈判各方得到应得的利益，又会使各方保持公正。

◉ **案例 2-2**

石　头　汤

　　有这样一则寓言故事。

　　有一个魔术师打扮的陌生人来到一个村庄，他向迎面而来的妇人说："我有一颗神奇的石头，如果将它放入烧开的水中，会立刻变出美味的汤来，我现在就煮给大家喝。"这时，有人就找了一个大锅子，也有人提了一桶水，并且架上炉子和木材，就在广场煮了起来。这个陌生人很小心地把石头放入滚烫的锅中，然后用汤匙尝了一口，很兴奋地说："太美味了，如果再加入一点洋葱就更好了。"立刻有人冲回家拿了一堆洋葱。陌生人又尝了一口："太棒了，如果再放些肉片就更香了。"又有一个妇人快速回家端了一盘肉来。"再有一些蔬菜就完美无缺了。"陌生人又建议道。在陌生人的指挥下，有人拿了盐，有人拿了酱油，也有人捧了其他材料，当大家一人一碗蹲在那里享用做好的石头汤时，他们发现这真是天底下最美味的汤。

◉ **技能提示**

　　这则寓言告诉我们，在谈判中，要学会与他人协作共赢。

2.1.4 合理合法原则

党的二十大报告多次提到"法治",要坚持全面依法治国,推进法治中国建设。合理合法原则是指商务谈判从始至终需要符合国家的各项法律法规和政策。此外,国际商务谈判还应当遵循相关国际法、国际惯例和对方国家的法律法规。合理合法原则要求如下:一是谈判主体合法,即谈判参与的各方组织及其谈判人员具有合法的身份和资格;二是谈判议题合法,即谈判所要磋商的交易项目具有合法性,违法行为坚决不可为,如买卖毒品、贩卖人口、走私货物等;三是谈判手段合法,即应通过公正、公平、公开的手段和策略达到谈判目的,而不能采用不正当的手段,如行贿受贿、暴力威胁等。谈判中涉及的文件材料同样具有法律效力,商务谈判最终签署的各种文件也受到法律保护。一切用语都应具有双方一致承认的、明确的合法内涵。必要时应对用语做出明确、具体的解释并写入文件协议,以免因为解释条款的分歧导致签约后在执行过程中发生争议。

📍 案例 2-3

中印化工产品贸易谈判

印度某公司向中国某进出口公司购买化工产品,双方是多年的贸易伙伴。2021 年谈价时,双方定价 500 美元/公吨,此次谈判印方计划压价 30 美元/公吨,即从 500 美元/公吨压价到 470 美元/公吨。印方宣称已拿到多家报价,有 490 美元/公吨,有 450 美元/公吨,也有 470 美元/公吨。不过中方公司掌握的信息是,450 美元/公吨是私人企业的报价,490 美元/公吨是生产能力较小的工厂的报价。

基于此,供货厂的厂长与中方公司组成了谈判小组,由中方公司代表为主谈。谈判开始前,工厂厂长与中方公司代表对谈判进行了预先演练。从工厂的角度而言,工厂可以接受以 470 美元/公吨成交,因为工厂需要订单连续生产;从公司的角度而言,若价格高于 480 美元/公吨则可成交,若无法与印方达成一致再由主管领导出面谈,同时工厂配合谈判。双方达成共识后一起在谈判桌上争取该条件。

经过谈判,最终价格仅降低了 20 美元/公吨,以 480 美元/公吨成交,比工厂厂长的预计成交价高 10 美元/公吨。工厂厂长十分满意,印方也满意。双方签订了合同等文件。

资料来源:李建民. 国际商务谈判案例 [M]. 北京:经济科学出版社,2016.

2.2 商务谈判心理要素

图 2-1 是商务谈判心理要素,下面将详细介绍。

商务谈判是一种复杂的、高级的行为,也是研究起来最困难的行为之一。要想获得谈判的成功,不仅要研究谈判本身,而且要研究参与商务谈判的人,研究商务谈判心理。商务谈判心理是影响谈判的主观因素,具体指在谈判活动中谈判人员的各种心理活动。它是谈判人员在谈判活动中对谈判时发生的各种情况、条件等客观现实的主观能动反映。例如，谈判双方首次见面，若一方穿着合体、举止大方、态度诚恳、彬彬有礼，就会给对方留下良好的印象，有利于后续谈判的开展，对谈判的成功抱有期待；反之，若一方穿着随便、脾气暴躁、态度傲慢，对方将会认为谈判对手不甚可靠，进而产生疑虑，影响最终结果。

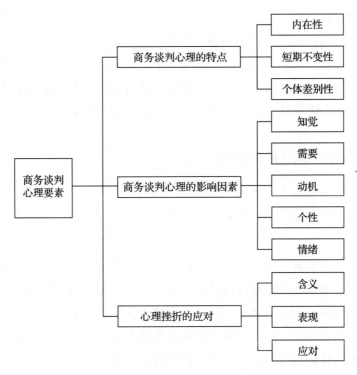

图 2-1　商务谈判心理要素

2.2.1　商务谈判心理的特点

与其他环境下的心理活动一样，商务谈判心理也有其特定环境下的特点和规律。综合而言，商务谈判心理具有内在性、短期不变性、个体差别性等特点。

1. 内在性

商务谈判心理的内在性是指商务谈判心理不是直接地、明显地显现出来，而是无法直接看到、深藏于内的。虽然商务谈判心理不可直接观察，但是由于人的心理会影响人的行为，行为与心理有密切的联系，因此，通过人的行为动作可以推测其心理活动。例如，在商务谈判中，如果买方对商品在价格、质量、包装运输等方面的谈判协议条件都感到满意，那么在谈判过程中就会表现出平易近人、友好礼貌的态度和举止；反之，如果买方对谈判协议条件很不满意，则会表现出咄咄逼人、态度冷淡的反应甚至做出挑衅行为。

2. 短期不变性

商务谈判心理的短期不变性是指人的某种商务谈判心理现象产生后往往具有一定的

稳定性，短期内不会经常变化。例如，商务谈判人员的谈判能力会随着谈判经历的增多而有所提高，但在一段时间内却是保持不变的。正是由于这种短期不变性，我们才可以通过观察和分析去认识它，而且可以运用一定的心理方法和手段去影响它，使其有利于商务谈判的开展。

3. 个体差别性

商务谈判心理的个体差别性是指由于谈判人员所处的主客观环境不同，其对不同环境的反应也有所差别，因此谈判人员个体之间的心理状态存在着不同。这种个体差别性要求我们在研究商务谈判心理时，既要注重探索商务谈判心理的共同特点和规律，又要注意把握不同个体心理的独特之处，以有效地为商务谈判服务。

2.2.2 商务谈判心理的影响因素

商务谈判活动是人与人在特定利益关系基础上的交流活动，而在交流的过程中谈判心理也会受到很多因素的影响，主要有如下几个方面。

1. 知觉

知觉是人们对客观世界的反应，首先由感觉开始。感觉是人们通过眼、鼻、口、手等感觉器官对客观事物的不同属性做出的差别反应。知觉是客观事物直接作用于感觉器官而使人在头脑中产生的对事物整体的认识。简言之，对客观事物的不同属性的认识是感觉，对同一事物的各种感觉的结合而形成的整体认识叫作知觉。例如，我们感觉到橙子的滋味、温度，看到它的颜色、大小、形状等，综合这一切感觉，构成了我们对"橙子"的整体印象，这就是我们对橙子的知觉。以下几种知觉现象，对商务谈判有直接的影响。

（1）首要印象。首要印象又称第一印象，也是最初印象。首要印象并非总是正确的，但却往往比较鲜明、深刻，会影响到未来谈判中对某个人的评价和对其行为的解释。如果首要印象好，很可能对对方的态度就比较积极，容易赢得对方的信任与好感，有利于谈判的开展；反之，如果首要印象较差，会给谈判人员带来负面影响，影响下一阶段的谈判。首要印象如何，主要受到谈判人员穿着、行为、言谈等因素的影响。在正常情况下，为人谦虚、举止得体的人较易获得良好的首要印象，得到人们的好感和好评。由于首要印象对谈判影响较大，专业的商务谈判人员务必重视双方的初次接触，要努力在初次接触中给对方留下出色的第一印象，赢得对方的好感和信任。

🔍 小测试

你给别人的第一印象如何？在人际交往中，你留给别人的第一印象，会直接影响你与之接下来的交往质量。有的时候，第一印象甚至会决定你的命运。比如在求职面试中，第一印象往往能决定你是否能获得这份工作。因此，给别人留下良好的第一印象非常重要。做下面的小测试并填写表 2-2，看看你给别人的第一印象如何。

1. 与人第一次见面，一番交谈之后，你能对他的言谈举止、学识能力等做出积极、准确的评价吗？（   ）
   A. 不能　　　　　B. 很难说　　　　　C. 我想可以

2. 你和别人约会结束之后，告别时说出下一次再会的时间地点是（   ）。
   A. 对方提出的　　B. 谁也没有提这事　C. 我提出的

3. 初次见一个人，你的面部动作通常是（   ）。
   A. 热情诚恳，自然大方　　　　　B. 大大咧咧，漫不经心
   C. 紧张局促，羞怯不安

4. 你能在一番寒暄之后，很快就找到两人都感兴趣的话题吗？（   ）
   A. 是的，对此我很敏锐
   B. 我觉得这很难
   C. 必须经过一段时间才能找到

5. 你跟人交谈时，坐姿通常是（   ）。
   A. 两膝靠拢　　　B. 两腿叉开　　　　C. 跷起二郎腿

6. 你同对方谈话时，目光看向何处（   ）。
   A. 直视对方的眼睛　　　　　　　B. 看着其他的东西或人
   C. 盯着自己的纽扣，不停地玩弄纽扣

7. 你选择的交谈话题是（   ）。
   A. 两人都喜欢的　B. 对方感兴趣的　　C. 自己热衷的

8. 第一次交谈时，你们分别占用的时间是（   ）。
   A. 差不多　　　　B. 他多我少　　　　C. 我多于他

9. 跟人会面时，你说话时的音量总是（   ）。
   A. 很低，以致别人听得较困难
   B. 柔和而低沉
   C. 高亢而热情

10. 在说话时，你的身体语言是否丰富？（   ）
    A. 偶尔做些手势　B. 从不手舞足蹈　　C. 我常用姿势补充言语表达

11. 第一次交谈时，你说话的速度（   ）。
    A. 相当快　　　　B. 十分缓慢　　　　C. 节律适中

12. 假若别人谈到了你不感兴趣的话题，你会（   ）。
    A. 打断别人，另起一个话题
    B. 显得沉闷、忍耐
    C. 仍然认真听，从中寻找乐趣

测试分值及类型分析见表 2-1。

表 2-1 分值及类型分析

题目	答案			得分
	A	B	C	
1	1	3	5	
2	3	1	5	
3	5	1	3	
4	5	1	3	
5	5	1	3	
6	5	1	3	
7	3	5	1	
8	3	5	1	
9	3	5	1	
10	3	5	1	
11	1	3	5	
12	1	3	5	
类型	A 型（0~22 分）	B 型（23~46 分）	C 型（47~60 分）	

类型分析：

A 型：0~22 分。你给人留下的第一印象不太好。是不是很吃惊？可能你觉得你只是按照自己的兴趣、习惯做事，虽然也许你本人也极愿意给别人留下好的印象，可是你在各方面传达出了漫不经心、言语无味的信号，所以给人留下的印象不是很好。必须记住，与人交往是一门艺术，艺术是要经过修饰的。

B 型：23~46 分。你给人留下的第一印象一般。你的表现中有些部分让人很愉快，但是也有不太好的地方，不过这不会让人对你产生厌恶感。如果你希望提升自己的魅力，首先必须从心理上重视，努力在"交锋"的第一回合显示出最佳形象。

C 型：47~60 分。你给人留下的第一印象非常好。你得体的体态、温和的谈吐给第一次见到你的人留下了深刻的印象。无论对方是你工作范围内的人抑或你私人社交生活中的接触者，他们都有与你进一步接触的愿望。

资料来源：正保培训教育网，心理咨询师心理测试：你给别人的第一印象是什么，2015-05-22.

（2）晕轮效应。晕轮效应又称光圈效应。晕轮是指太阳周围有时出现的光圈，远远看去太阳好像扩大了许多倍。晕轮效应是指人对某事、某人形成好或不好的知觉印象后会将这种印象扩大到其他方面。某个人的某个特别突出的特点、品质会掩盖人们对这个人的其他品质和特点的正确了解，从而忽视他的其他品质和特点，这是一种以偏概全的认知上的偏误。例如，崇拜某人，可能会把他看得十全十美，其缺点、怪癖也会被认为有特点，而当这种特点出现在不被崇拜的人身上时，则不能被忍受。晕轮效应在商务谈判中有正负效应。假设一方给另一方留下的印象很好，那么他提出的建议、意见等往往会引起对方较为积极的回应，如果能引起对方的尊敬或信服，就容易掌握谈判的主动权；但是如果留给对方的印象不是很好，往往会引起对方的反感和抵触心理。

（3）刻板印象。人有时在自身认知下会存在着对某类人的固定印象，这是基于过去有限的经验判断和对他人评价的结果，通常表现为在看到某个人时基于某些特征把他划归到某一群体之中。刻板印象常常是一种僵硬的偏见，人们往往把某个具体的人看作某类人的典型代表，把对某类人的评价视为对某个人的评价，因而易影响客观判断。在商务谈判中，谈判人员要摒弃刻板印象，通过观察对方在言行举止中偶尔流露出来的真实自我和信息，运用敏锐的洞察力，弄清对方的真实状况和意图。

2. 需要

需要是人们感到某种缺乏而力求获得满足的心理倾向，是人对自然和社会的客观需求在人脑中的反映。需要有一定的事物对象，它表现为追求某东西的意念，或者避开某事物、停止某活动而获得新的情境的意念。综上所述，商务谈判需要可以理解为商务谈判人员的个体主观需要和环境客观需要在其头脑中的反映。需要和对需要的满足构成谈判的动力，如果需要都被满足了，人们就不会进行谈判。促成谈判的关键是谈判各方都要求得到某些利益，否则一方就会对另一方的要求充耳不闻，也就不会有任何讨价还价的空间。

知识链接

马斯洛需要层次理论

马斯洛需要层次理论是人本主义科学的理论之一，由美国心理学家马斯洛于1943年在其著作《人类激励理论》中提出。书中将人类的基本需要像阶梯一样从低到高按层次分为五种，分别是生理需要、安全需要、情感需要、尊重需要和自我实现需要。各层次需要的基本含义如下。

生理需要是人类维持自身生存的最基本要求，包括衣、食、住、行等方面的要求。如果这些需要得不到满足，人类的生存就成了问题。从这个意义上说，生理需要是推动人们行动的最强大的动力。马斯洛认为，只有这些最基本的需要满足到维持生存所必需的程度后，其他的需要才能成为新的激励因素，而到了此时，这些已相对满足的需要也就不再是激励因素了。

安全需要是有关人身安全、健康保障、资源所有性、财产所有性、道德保障、工作职位保障、家庭安全的需要。马斯洛认为，整个有机体有一个追求安全的机制，人的感受器官、效应器官、智能和其他能量主要是寻求安全的工具，甚至可以把科学和人生观都看成是满足安全需要的一部分。当然，这种需要一旦被满足，也就不再是激励因素了。

情感需要包括两个方面的内容。一是友爱的需要，即人人都需要伙伴之间的友谊保持忠诚、同事之间的关系保持融洽；人人都希望得到爱情，希望爱别人，也渴望接受别人的爱。二是归属的需要，即人人都有一种归属于一个群体的感情需要，希望成为群体中的一员，并相互关心和照顾。情感需要比生理需要更细致，它和一个人的生理特性、经历、教育、宗教信仰都有关系。

尊重需要是指人人都希望自己有稳定的社会地位，个人的能力和成就得到社会的承认。尊重又可分为内部尊重和外部尊重。内部尊重是指一个人希望在各种不同情境中有实力、能胜任、充满信心、能独立自主，也就是人的自尊；外部尊重是指一个人希望有地位、有威信，得到别人的尊重、信赖和高度评价。马斯洛认为，尊重需要得到满足，能使人对自己充满信心，对社会满腔热情，体验到自己活着的意义和价值。

自我实现需要是最高层次的需要，它是指实现个人理想、抱负，把个人能力发挥到最大程度，完成与自己的能力相称的一切事情的需要。也就是说，人必须从事热爱的工作，这样才会使他们感到最大的快乐。马斯洛提出，为满足自我实现需要所采取的途径是因人而异的。自我实现需要是在努力实现自己的潜力，越来越成为自己所期望的人物。

资料来源：聂元坤.商务谈判学[M].2版.北京：高等教育出版社，2016.

从商务谈判的角度而言，马斯洛需要层次理论不仅是谈判的逻辑起点，也是我们把握谈判心理的切入点。与马斯洛需要层次理论的需要类型相一致，商务谈判中也有各种相应的需要表现。

（1）谈判中的生理需要。在谈判中，谈判人员对衣、食、住、行等方面的需求就是谈判的生理需要。谈判通常分成若干阶段进行，往往需要消耗大量的体力和脑力，只有满足基本的生理需要才能极大地保持谈判人员的精力，特别是作为东道主的谈判一方，更应注意为对方的食、住、行提供一切可能的支持和帮助，为谈判创造一个友好、信任、合作的氛围。俗话说：投之以桃，报之以李，生理需要得到较好的满足，会使对方在谈判中给予回报，至少不会增加敌意。

（2）谈判中的安全需要。如果谈判中对方的安全需要不能得到满足，他就会处于一种恐惧、怀疑、戒备的状态中。从心理学角度看，满足对方谈判人员的安全需要，应该是己方的主要谈判目标之一。要做到这一点，必须做到双方互相尊重、互相信任，不能在谈判中显示出傲慢、缺乏诚意的态度。作为东道主，应提供一切可能的安全保障，在谈判之余多做陪伴和介绍，让对方熟悉当地的民情风俗、社会治安、交通状况，消除对方的孤独无援感。

（3）谈判中的情感需要。人需要在一个能相互同情、相互帮助、彼此信赖的集体中生存和发展。人的这种需要得到满足之后，就会为自己能成为所向往的集体中的一员而感到骄傲和自豪，并把为这一集体贡献力量看作自己的责任和义务。根据这一特点，许多谈判人员常使用满足人们的归属感的方式调动对方与之合作。在谈判中，只有内求团结、外讲友好，才能满足谈判人员的情感需要。

（4）谈判中的尊重需要。谈判人员一般都有较强的尊重需要。谈判人员作为公司代表，需要得到对方足够的诚意与尊重，否则往往导致谈判破裂。当得不到尊重时，内心的自尊受到打击，在心理防卫机制的作用下，很可能会出现攻击性的敌意行为，或是不愿意继续合作，使谈判陷入僵局。因此在谈判中，要表现出对对方人格、身份、地位、学识与能力的尊重，言辞有礼，不对谈判对手进行人身攻击，谈判时对事不对人。

（5）谈判中的自我实现需要。自我实现需要主要表现在通过自我不断地努力和付出，可以得到相应的反馈和回报。在谈判中体现为实现最终的谈判目标，获得了更多的利益。以谈判中取得的成就来体现自己的价值，体现自己的能力。要在谈判中满足对方的自我实现需要是比较困难的，这需要较高超的谈判艺术与技巧。

一般来说，人们的需要有轻重缓急，排在第一位的是满足生理、安全需要，然后才是其他需要，但这并不等于必须将前面的需要百分之百满足后，才可能产生下一层次的需要。作为专业的商务谈判人员，己方和对方的需要都不可忽视，都要设法满足，并努力使谈判顺利通过需要的初级层次，到达较高层次。

案例 2-4

卖方的特殊需要

肯特曾代表一家美国公司到瑞士购买一批设备。该设备卖方的谈判态度非常强硬。设备报价为 250 万美元，肯特还价为 180 万美元，但卖方一分让利的余地也没有。持续了几个月的谈判陷入了僵局，肯特已将价格抬到 220 万美元，但卖方仍然坚持 250 万美元，拒绝还价。肯特意识到谈判艰难一定有其他原因，只有挖出这一信息，谈判才能进行下去。

肯特非常真诚地与卖方交流，并邀请卖方打球。最后卖方由于肯特的耐心和诚意表明了自己的真实需要——他的兄弟卖了 245 万美元，外带一些优厚的附加条件，他必须卖得更多一些才会更有面子。肯特恍然大悟，卖方坚持初始报价的真正原因是基于攀比心理，只有超过他的兄弟，他才会有成就感、自信和尊严。这是卖方的特殊需求。

了解到症结所在后，肯特马上通过调研掌握了卖方兄弟获得了哪些优厚的附加条件，然后适时调整了谈判方案，交出了双方都满意的方案。最终成交价并没有超出预算，但付款方式及附加条件使卖方感到自己的成就远远超出了他的兄弟。

资料来源：李建民. 国际商务谈判案例[M]. 北京：经济科学出版社，2016.

3. 动机

需要引发动机，动机驱动行为。动机是引发人从事某种行为的力量和念头，或者说是激发和维持人的行动，并使行动导向某一目标的心理倾向或内部驱力。商务谈判动机是激发或者促使谈判人员做出满足需要的谈判行为的驱动力。

（1）商务谈判动机的影响因素。动机的产生受内在因素和外在因素的双重影响。内在因素即不同层次的需要，通过需要产生欲望和驱动力，引起行为。外在因素由客观环境引起，包括个体之外的各种刺激，即物质环境因素的刺激和社会环境因素的刺激，如商品的造型设计，购物环境，谈判人员的穿着、神态表情、语言等对人的刺激。动机与需要二者相辅相成，对立统一。需要是行为的根基和本源，动机是促使人们产生行为的直接原因。只有当人的需要具有某种特定目标时，需要才能转化为动机。一般来说，当人产生某种需要而又未得到满足时，会产生一种紧张不安的心理，在遇到能够满足需要的目标时，紧张的心理就会转化为动机，推动人们去从事某种活动，向目标前进。当人达到目标时，紧张的心理就会消除，需要得到满足。动机的表现形式是多种多样的，可以表现为理想、目的、信念等形式。

（2）商务谈判动机的类型。价格敏感型动机：此类动机是指谈判人员对成交价格及其他相关经济因素很看重，重视经济利益，谈判行为主要受利益驱使。情感控制型动机：此类动机是指谈判人员在谈判决策上表现出情感较激动、易冲动，谈判决策行为容易受情感等刺激诱发。谨小慎微型动机：此类动机是指谈判人员出于对对方谈判人员或者谈判标的等不信任的原因，谈判行为受疑心和忧虑的影响而引发谨小慎微的谈判行为。风险收益型动机：此类动机主要是指谈判人员喜欢冒风险，追求较大的收益而形成的动机。

案例2-5

挖掘潜在需求　激发成交动机

河北省石家庄市立南有限公司是一家经营纺织品的公司，其业务经营状况尚好。支持立南有限公司的股东是国内某大型企业集团，但并未对外公告。随着公司的发展壮大，原有的办公地点已不能满足管理要求。因此公司计划租赁新的办公楼，但总公司明确了预算要求，即年租金最多10万元。

公司办公室主任张磊负责该租赁工作，经多次调研和实地查看，最终看中了某综合性办公大楼的一套房屋，但该综合大楼的后勤管理处按照以前的出租条件，要求年租金不得少于13万元。为了以不高于10万元的价格达成协议，立南有限公司的小赵先去进行了试探性的商谈。以下是节选的部分商谈内容。

后勤管理处李处长（以下简称李处长）：我们这套房子之前的租金就是13万元，所以你们的租金不能低于这个数。

小赵：我们公司属于小规模企业，并且刚刚成立不久，利润微薄，13万元的租金实在太贵了，再优惠一点租给我们吧！

李处长：这不行，我们一直是这个价钱，并且这几天陆续也有其他公司过来看，计划租楼，我们不担心租不出去，所以没必要降价。

小赵：我们公司的预算只有10万元，出不起这样的价钱，还希望你们能考虑以优惠的价格租给我们。

李处长：不行。

张主任在听了小赵的汇报后，先到网上查询了该综合性办公大楼所属公司的基本情况，然后又去实地以匿名的方式向办公大楼的工作人员了解了一些情况，第二天胸有成竹地去了。

张主任：李处长，你可能对我们公司的基本情况还不是很了解，实际上我们公司是××集团下的控股公司。××集团你是知道的，是国内该领域排名前三的企业集团。

李处长：哦，你们是××集团的，但是之前小赵跟我说你们公司规模小、利润低呀。

张主任：那是因为我们刚进入石家庄市场，但我们的发展速度非常快，所以你要是租给我们的话，我们近几年能长期稳定地租下去，这样你们就不需要经常找寻客户了。别忘了，上一家公司就是因为经营不善，无法维持而退租的哦。

李处长：给你们优惠一点可以，但10万元实在是太低了，总公司肯定不能接受。

张主任：我看见你们办公大楼内还有酒店，也是你们后勤处管理吧？

李处长：对，正常对外营业。

张主任：我们经常有省内外的客户及总公司人员过来，每年的住宿费和招待费不下十几万元。如果我们以后安排所有的客户和总公司过来出差的人员住在你们酒店，有相关的宴请招待也在这里，对你们酒店的生意可是非常有帮助哦。

李处长：这倒是，以后在我们酒店消费可以办理会员卡，享受优惠。那既然你们公司这么大，业务也很好，怎么只出10万元呢？

张主任：我们集团擅长财务管理，每一项开支公司都有严格的预算，也正是因为如此严格而科学的管理，集团实力才会如此雄厚。另外，我看你们办公大楼的人气也不旺，如果我们进驻的话，集团间频繁的高层人员来往一定会提升你们办公大楼的人气和档次。

最后双方以10万元的年租金成交。

资料来源：周春兵. 商务谈判技巧：领悟或挖掘对方的潜在需求[J]. 现代营销（经营版），2006，（4）：55.

4. 个性

个性也称"本性""特性"，属于个人的精神面貌或心理面貌的范畴，通常是指一个人在思想、性格、品质、意志、情感、态度等方面不同于其他人的特质。心理学借用"个性"一词，用来说明每个人不同于他人的情绪特质，如沉静内敛或活泼张扬，以及为人处世的方式等。个性体现了人与人之间在能力、气质、性格等方面存在的个体差别，这些差别具体包括性格特征和气质特征。

（1）性格特征。性格是指人对客观存在的世界的态度和人在具体活动中表现出的稳定倾向。它既是个性心理特征，具有明确的核心意义，也是人格特征，与社会关系紧密相连。谈判人员的性格千差万别，有的人精明敏捷，有的人死板偏执；有的人沉稳冷静，而有的人心浮气躁。谈判人员按其性格类型可分为控场型、积极型、保守型、疑虑型等。

案例2-6

傲慢与忍让

一个年轻人与一位年长者共同坐于谈判桌前。年长者身材挺拔，头发花白，一直担任公司经理职务；年轻人精明强干，神采奕奕，是另一家公司的业务骨干。但是这位经理态度十分傲慢，根本没有把年轻人放在眼里。他在谈判桌上故意刁难："你方的主谈今天出席了吗?"并表示他能全权决定谈判条款,询问年轻人这方是否也具备此条件。年轻人不卑不亢,有礼有节地回答:"我很荣幸与您洽谈该项目,您的阅历和经验都很丰富,希望您多加指教。"

谈判中年轻人防守反攻,抓住了对方资料准备不充分的问题,说:"此事我之前已向贵方多次提出建议,但是今天谈判仍旧未能准备好,工作效率如此之低,如果影响到谈判的进度和效果,应由贵方承担责任。"之后,年轻人又利用洽谈中对方不敢对技术支撑给予保证一事追问:"这些本是正常的、合理的要求,在第一天的会上,您也讲了您有权决定谈判条款。既然如此,为什么在这些小事上不做出决断呢?我认为这有失您的身份。"软硬相间的一席话,使对方无地自容,冷汗直流。这席话尽管有些咄咄逼人,但效果良好,就连对方的助手也都认为年轻人说得有理。后来年长者主动改变了态度,反过来称赞年轻人精干、机敏,从而问题很快就得到了解决。

资料来源:张国良. 商务谈判与沟通 [M]. 北京:机械工业出版社, 2021.

(2) 气质特征。气质不同于性格,气质是人的短期的、暂不发生变化的个性特点和风格气度。心理学将气质看作一种典型的、稳定的动力特征,是不以人的活动目的和内容为转移的心理活动。它只给人们的言行涂上某种色彩,但不能决定人的社会价值,也不直接具有社会道德评价的含义。根据心理学的研究成果,人的气质可分为四种类型:多血质(活泼型)、黏液质(安静型)、胆汁质(兴奋型)、抑郁质(抑制型)。

1) 多血质。多血质型人的最大特点是灵活善变,能很快适应环境的变化,人际交往能力较强,精力较为充沛而且工作效率高;爱好广泛,但不易深入研究;喜欢投机取巧,生活丰富多彩。针对多血质型对手的谈判策略:在谈判中设置一些障碍环节激起他们的冒险兴趣;利用对方善于处理人际关系的特点,与其成为伙伴,有利于我方掌握更加完善的信息;多血质型对手情绪敏感,在意接收暗示信息,所以可以适当地给予暗示,让其掉入我方设置好的陷阱里;制造紧张的谈判气氛,在冲突局面下,对方心理压力会增大,阵脚大乱。

2) 黏液质。该气质型人的特点是对待工作踏实肯干,喜欢制订计划并严格执行,有稳定的工作制度和生活秩序;遇事沉着冷静,能控制情绪,不易激动,也不易袒露心声;自制力强,善于掩饰自己的才能;固定性有余而灵活性不足。针对黏液质型对手的谈判策略:谈判时间不宜过长;黏液质型对手适应环境的能力较差,我方可以使用改变谈判场所、人员、行程等策略打乱他们的计划;谈判前的准备要细致,对谈判过程中可能遇到的攻击性问题准备预案,因为他们极其注意细节并会加以利用。

3) 胆汁质。该气质型人的特点是情绪经常大起大落,遇事头脑灵活,反应迅速,说干就干,暴躁而有力;脾气比较急躁,热情有余不能自制;在克服困难上有不达目的誓不罢休的拼劲,但对自身实力容易估计不当;工作有明显的周期性,能以极大的热情投身于事业,但当精力消耗殆尽时,便失去信心,情绪顿时转为沮丧。针对胆汁质型对手的谈判策略:针对其控制欲,投其所好,在不重要的事上满足其控制欲,麻痹对手;建议用冷静的心理、不卑不亢的态度进行回击;该气质型对手讨厌细节,可多准备一些细节的东西,用于消耗对手的耐性,当对方产生有尽快结束的想法后便乘虚而入,为我方争取利益。

4）抑郁质。该气质型人的特点是具有极强的情绪易感性，多愁善感，经常把微小的感情体验扩大化，常为细微的事情动感情，并容易持续很久；行动上表现迟缓，性格较为孤僻；遇到困难时优柔寡断，面临危险时极度恐惧。针对抑郁质型对手的谈判策略：准备的资料要详尽充分，不要给人笼统带过的感觉，否则容易引起对方的疑心；谈判过程中切记充分尊重对方；谈判过程中要小心谨慎，勿使对方有被欺骗的感觉，否则容易让对方丧失对我方的信心，谈判难以继续；谈判过程中避免冲突，增加对方的信任感及认可感，有利于双方磋商。

不同气质型的对手有不同的特点，但是大多数人都是混合型的气质，其中会有一种气质比较突出。谈判过程中及时摸清对方的性格、气质，针对他的特点制定相应的谈判策略是谈判成功的关键。

5. 情绪

谈判人员的情绪是指谈判的行为主体对谈判关系、谈判对象和整个谈判过程的情感心态的外在表现。积极向上的谈判情绪会使谈判气氛和谐，各方心情愉悦，容易就谈判事项达成一致，分歧也容易化解；而不佳的谈判情绪会使谈判各方压力大增，心情苦闷，形成一种压抑的气氛，容易使谈判陷入僵局，各方互相抵制、对抗。

（1）谈判者情绪的类型。

1）欢愉情绪一般是指谈判人员对谈判的结果乐观，并在实践中得到体现的一种谈判情绪。谈判人员的这种情绪，一般是基于对谈判结果的自信，需求已经得到满足或将要得到满足时的一种积极情绪状态。这种情绪可以提高工作效率，对谈判有积极的推动作用。

2）失望情绪多是指谈判人员对谈判的结果悲观，对自己的能力缺乏自信，并在实践中体现出来的一种谈判情绪。谈判人员的这种情绪，多是预感谈判结果对己不利，需求无法完全或部分得到满足时的一种消极情绪状态。这种情绪会降低工作效率，甚至会给谈判带来损害。

3）愤懑情绪是指谈判人员由于对谈判结果失望，对对方不满和需求无法得到满足的心情沉积在实践中体现的一种谈判情绪。这种情绪常常表现为迁怒对方，立场对抗，对谈判具有破坏性，往往会导致谈判陷入僵局，甚至造成谈判破裂。

4）恐惧情绪是指谈判人员对谈判结果和对手以及对自己能力存有怀疑而形成的害怕的心理压力。该情绪一般是由于谈判难度较大，对手强硬难以应付，自己准备不足，又缺乏能力而产生的焦虑心理的沉积。这种消极情绪会严重影响自己谈判能力的发挥和谈判活动的进展，给己方带来不利的后果。

（2）情绪调节的策略。

一般情况下，谈判人员不仅要对自己的情绪加以调整，对谈判对手的情绪也应做好相应的防范和引导，常用策略如下。

第一，让对方的情绪公开表现出来。把自己和对方的情绪问题都坦诚地拿出来，放到桌面上加以考虑和讨论，使双方压抑的情绪得到纾解，使双方的注意力重新回到实质问题上来。这时，双方的合作就有可能取得进展。

第二，容许对方发泄情绪。一般来说，人一旦把自己的不满说出来，就会有一种解脱感。因此，要想巧妙地应付对方的愤怒、沮丧和其他负面的情绪，最好的方法就是给对方一个能够发泄情绪的机会。否则，对方的负面情绪会积累下来，如果始终得不到释放的话，会对谈判的顺利进行极其不利。

案例 2-7

情绪的消化

假设一个场景，你工作了一天，但是很多事情仍没有解决，项目进展也非常不顺利。此时你回到家，正想开口告诉另一半自己在公司里遇到的挫折，对方却抢先回答："好了！我知道你工作相当辛苦，我没猜错吧？"这时，你恐怕就不会向自己的家人倾诉了，那么你心中沮丧和委屈的感觉就会更加强烈；相反，如果家人能认真地听你的抱怨，接纳你的情绪，相信等你说完，你心中的不快也会一扫而光。这时如果家人再略加安慰，便会"锦上添花"，你的心情便会好起来。

资料来源：聂元昆. 商务谈判学 [M]. 2 版. 北京：高等教育出版社，2016.

案例 2-7 告诉我们，谈判人员如果能耐心地容许对方发泄情绪，那么，当对方把自己心中的郁闷情绪发泄完时，必然能够非常理性地投入谈判。在这个过程中，谈判人员应该默默地倾听，让对方把想说的话说完。当然，如果谈判人员偶尔说一句"请你继续说下去"则效果会非常好。在对方发泄完情绪以后，谈判人员不必对对方的不满发表评论，更不必去承认对方的不满是多么有理由，只要让对方把话说完，他心中就不会再有负面情绪了。

不要反击对方爆发的情绪。当对方宣泄情绪时，一定要注意保持自己平静的心态，控制好自己的情绪，有时甚至得压抑自己。因为在这种情况下，只有控制好自己，才能有效地影响对方，使谈判朝着对己方有利的方向前进。

2.2.3 谈判中心理挫折的应对

1. 心理挫折的含义

不论在工作还是在生活中，一帆风顺的概率都比较小，总会有各种各样的阻碍，人经常会遇到各种不容易解决的难题。当个体想要达到的目标暂时无法实现时，心里就会感受到失败，从而形成各种挫折感。所以，心理挫折是指人在制定目标并为之努力的过程中遇到自认为无法克服的阻碍、困难而产生的焦虑、紧张、生气、失望、沮丧的情绪性心理状态。

心理挫折属于主观认知层次，与实际行动上受到的挫折有所区别。人们在客观上的行为活动经常会进展不顺利，遭受挫折。但是，行动上遇到挫折和产生心理挫折感并不完全相关，而且面对同一困难，人们的反应也不相同。有的人反而会被挫折激起更大的决心和斗志，而有的人则被挫折击垮、失望甚至丧失信心。

2. 心理挫折的表现

（1）充满攻击性和敌对性。当遭受挫折时，很多人容易恼羞成怒，此时攻击性和敌对性是最常见的状态，即将受挫折时产生的生气、愤怒等情绪向他人或物品发泄。攻击性、敌对性行为可能直接面向阻碍他的人或物。

（2）懦弱。懦弱是指人在遭受挫折后，受到打击而自卑，不再乐观积极，产生敏感谨慎、盲目顺从、易受暗示等行为。这时人的判断力和决断力都相应降低。

（3）退化。退化是指人在遭受挫折时所表现出来的与自己年龄不相称的幼稚行为。例如情绪上失控，出现无理智行为。

（4）偏激。偏激是指死板地坚持某种不合理的意见或态度，即便知道自己错了也不想改正，盲目地重复某种无效的动作。其表现为心胸狭窄、意志薄弱、思想不开朗，这都会直接影响人们对具体事物的判断分析，导致行动失误。

此外，烦躁、冷漠等也是心理挫折的表现。

3. 心理挫折的应对

在商务谈判中，不管是我方人员还是谈判对手，产生心理挫折感都不利于谈判的顺利开展。为了使谈判能顺利进行，对心理挫折应积极应对。

（1）积极面对，勇敢承受。常言道"人生不如意事十有八九"，没有人一辈子都是一帆风顺、心想事成的。商务谈判更是如此，谈判过程通常曲折艰难，即使付出极大的努力和耐心，也有可能达不到既定目标。商务谈判人员对于谈判中遇到的挫折甚至失败，要有十足的心理准备，以提高对挫折、打击的承受力，并能在挫折、打击下从容应对新的环境和情况，做好下一步的工作。

（2）及时调整低落的状态。相对于勇于承受挫折，调整状态是一种被动地应对挫折的办法。当商务谈判人员无法承受挫折时，通过脱离挫折的环境情境、人际情境或转移注意力等方式，可让情绪得到休整，能以新的精神状态迎接新的挑战。美国著名教育学家、心理学家戴尔·卡耐基（Dale Carnegie）就曾建议人们在受到挫折时用忙碌来摆脱挫折情境，驱除焦虑的心理。

（3）合理进行情绪宣泄。可以利用合适的手段将挫折带来的消极、压抑的情绪释放并发泄。其目的是把因挫折引起的一系列生理、心理变化产生的能量发泄出去，消除紧张状态。情绪宣泄有助于维持人的身心健康，形成对挫折的积极适应，并获得应对挫折的适当办法和力量。情绪宣泄有直接宣泄和间接宣泄两种办法，直接宣泄有痛哭流涕、大声喊叫、咒骂发泄等形式，间接宣泄有运动、倾诉等形式。

🔖 思政小栏目

"后冬奥"时代，Z 世代志愿者继续绽放

团中央书记处书记、中国青年志愿者协会会长徐晓说："持续深入学习宣传贯彻党的二十大精神是共青团青年志愿者工作战线的首要政治任务。青年志愿者行动的实践育

人功能更加突出，社会功能更加彰显，对共青团'三力一度'建设的贡献度进一步提升，在当代中国青年运动中发挥了独特价值。"

北京冬奥会上，新锐自信、朝气蓬勃的中国"Z世代"青年给人留下深刻印象。此后一年，记者回访了一些为冬奥贡献青春力量的"Z世代"志愿者，听听他们继续绽放青春光彩的故事。

忙起来爱梳干练的马尾辫，待人接物有温度，讲话做事有章法，刘源洁的同事常说她"不像1994年出生的女孩，倒像场馆运行的'老兵'"。其实，"马尾女孩"也有青涩的一面，但冬奥会筹办的历练让她加速成长。2018年，刘源洁读研时就参与到"冰丝带"建设当中，此后见证了场馆从"编织天幕"到打造"最快的冰""智慧的馆"的全过程。北京冬奥会闭幕后，"马尾女孩"不用扬鞭自奋蹄，一边整理赛时保障经验，一边全情投入场馆开业筹备。她负责的市场开发工作与场馆赛后利用密切相关，要用好冬奥会遗产为场馆可持续发展保驾护航。

作为北京航空航天大学在读本科生，2001年出生的舒婧焱以优异的表现成为国家高山滑雪中心赛时礼宾志愿者，重点服务国内外贵宾。场馆首个比赛日，她就迎来"高光时刻"，她作为志愿者代表向国际奥委会主席巴赫赠送带有春节和冬奥元素的中国特色剪纸，并用德语送上新年祝福。巴赫的认可让舒婧焱备受鼓舞，工作起来也更有信心。她先后接待国内外贵宾2 000余人，累计服务时长近450个小时，不仅圆满完成冬奥和冬残奥"两个奥运"的志愿服务工作，也对工作职责有了更深层的理解："志愿服务很不简单，志愿者不仅是外界了解中国和北京冬奥会的窗口，还是文化交流的使者，我们就代表着热情、自信的中国。"

北京冬奥会和冬残奥会期间，国内技术官员（NTO）深度参与各项目赛事运行和场地保障工作。他们是最懂运动员和竞赛场地的一批人，也是中国继续承办国际大赛的一笔人才遗产。谢晓宇很荣幸是其中一员。从第一次接触滑雪加入海陀农民滑雪队开始，这个1996年出生的延庆小伙儿就展现出一股不服输的"闯劲儿"，他不断打磨、精进自己的滑雪技术，希望成为一名专业滑雪教练。"冬奥过后，冰雪运动的普及度肯定越来越高，未来一定会有更多人来我的家乡滑雪。我想在家门口教滑雪，以后还想去东北、去南方教滑雪。滑雪改变了我，我希望它能影响更多人。看见学员们滑得好，会比我自己滑还开心！"他说。

虽然北京冬奥会已经圆满落幕，但是北京冬奥精神永不落幕。新时代的中国青年要以更加坚定的自信、更加坚决的勇气更加紧密地团结在党中央周围，大力弘扬北京冬奥精神。

资料来源：1. 徐晓. 深入学习宣传贯彻党的二十大精神　奋力推动新时代青年志愿者事业高质量发展[J]. 中国青年，2023（6）：68-71.
2. 张骁，李春宇，夏子麟. "后冬奥"时代，"Z世代"继续绽放：北京冬奥青年奋斗"不打烊"[N]. 新华每日电讯，2022-05-05（7）.

关键术语

谈判原则　知觉　需要　个性　心理挫折的应对

本章小结

1. 商务谈判的基本原则主要有四个：诚实守信、平等互利、协商合作、合理合法。
2. 商务谈判心理的特点：内在性、短期不变性、个体差别性。
3. 商务谈判心理的影响因素：知觉、需要、动机、个性、情绪。
4. 心理挫折的应对方法：积极面对，勇敢承受；及时调整低落的状态；合理进行情绪宣泄。

综合练习题

一、单项选择题

1. 在商务谈判中，双方地位平等是指双方在（　　　）上的平等。
   A. 实力　　　　　　B. 经济利益　　　　C. 法律　　　　　　D. 级别
2. 以下（　　　）不是商务谈判的基本原则。
   A. 合理合法原则　　　　　　　　　　B. 诚实守信原则
   C. 平等互利原则　　　　　　　　　　D. 利益至上原则
3. 商务谈判心理具有内在性、短期不变性、（　　　）等特点。
   A. 相对可变性　　　　　　　　　　　B. 个体差别性
   C. 群体从众性　　　　　　　　　　　D. 外显性
4. 气质特征可以分为四种类型，分别是（　　　）。
   A. 多血质、黏液质、胆汁质、抑郁质
   B. 兴奋型、胆汁型、黏液型、抑郁型
   C. 感受型、反应型、耐受型、可塑型
   D. 典型多血质、一般黏液质、一般胆汁质、典型抑郁质
5. 谈判心理挫折属于（　　　）感受。
   A. 主观　　　　　　　　　　　　　　B. 客观
   C. 既主观又客观　　　　　　　　　　D. 非主观非客观

二、多项选择题

6. 谈判心理的影响因素有（　　　）。
   A. 知觉　　　　　　B. 个性　　　　　　C. 性格　　　　　　D. 情绪
   E. 动机　　　　　　F. 需要　　　　　　G. 气质
7. 商务谈判动机的类型包括（　　　）。
   A. 经济型动机　　　　　　　　　　　B. 冲动型动机
   C. 疑虑型动机　　　　　　　　　　　D. 冒险型动机

8. 当谈判对手处于一种恐惧、怀疑、戒备的状态时，他很可能从反面、消极的意义上去理解你的积极主张；在信心受到打击的情况下，也很可能会出现攻击性的敌意行为，或是不愿意继续合作，使谈判陷入僵局。这种情况是由于（　　）和（　　）没有得到满足而导致的。

   A. 生理需要　　　　　　　　　　　B. 安全需要
   C. 尊重需要　　　　　　　　　　　D. 自我实现需要

9. 谈判人员的情绪可以分为不同的类型，最常见的有（　　）。
   A. 欢愉情绪　　B. 懈怠情绪　　C. 失望情绪　　D. 恐惧情绪
   E. 愤懑情绪

10. 谈判心理挫折的表现形式有（　　）等。
   A. 退化　　　　B. 固执　　　　C. 攻击　　　　D. 畏缩

三、论述题

11. 举例说明你是如何理解商务谈判原则中的平等互利原则的？
12. 首要印象对谈判有什么影响？谈判人员应该如何做？
13. 如何应对黏液质型的谈判对手？
14. 在商务谈判中心理挫折的表现有哪些？如何预防和应对此类负面心理反应？

四、案例分析题

（一）

有一位商人看到一个衣衫褴褛的日记本推销员，推销员看上去比较可怜。于是商人心生怜悯，他毫不犹豫地给了这个推销员20元钱，转身就走了。但是没走几步他又折返回来，并解释说自己忘了拿买下来的本子，希望这个推销员不要介意。最后，他郑重其事地说："你和我一样，都是商人。"

一年后，在一个商贾云集、热烈隆重的社交场合，一位西装革履、神采奕奕的推销商迎上这位商人，激动地自我介绍道："您可能早已忘记我了，而我也不知道您的名字，但我永远不会忘记您。您就是那位重新给了我自尊和自信的人。我一直觉得自己是个推销日记本的乞丐，直到您亲口对我说，我和您一样，都是商人。"

问题：

15. 这个案例体现了商务谈判心理中的哪种影响因素？
16. 结合案例分析这种影响因素对谈判人员心理的影响。

（二）

王强计划移民加拿大，出国定居前他有意将自己的一处房子卖掉。李楠是买房人，二人经多次协商终于达成初步售房意向：80万元，一次付清。在即将签约时，李楠偶然看到了王强放在桌边的出国文件，他突然不认可80万元的房款了，一会儿说房子的户型要改造，一会儿说房间阳光有遮挡，总之，他不太想买这所房子了，除非王强降价到70万元才肯成交。王强并不认同，二人陷入僵局。当时，王强出国日期临近，另寻买主希望不大，于是他想了一个解决办法。当李楠第二天上门试探时，王强说："卖房的事先暂停吧，现在我没有心思跟你讨价还价了。过半年再说吧，如果那时你还想要我的房子，你再来找我。"说着还拿出了自己的飞机票让对方看。这时李楠反而沉不住气了，当场拿出他准备好的 80 万元现金。其实，王强也是最后一搏了，他做了最坏的准备，以 75 万元成交。

问题：

17. 李楠突然改变态度是抓住了王强的什么心理？王强取得谈判的胜利是抓住了李楠的什么心理？
18. 这个案例告诉了我们什么道理？

扫码阅读
参考答案

第 3 章 CHAPTER3

商务谈判团队与组织

📍 本章要点

- 商务谈判人员的素质要求
- 商务谈判团队的构成
- 商务谈判人员的选拔

📍 导入案例

谈判人员素质的重要性

内地一家企业与香港某公司经谈判最终签订了一项合同，由后者为前者提供贷款。内地企业提出按当时香港恒生银行最优惠的贷款月利率 7.5% 计算利息，合同上却写明按香港恒生银行的最优惠贷款利率计算，未标注具体利息。该内地企业有关谈判人员对专业知识不了解，又缺乏对香港银行利率变化的洞察力和对合同效力的敏感度，就答应了。后来，香港公司出示了香港恒生银行的最优惠贷款利率，一连五六个月利率都在 15% 以上。依照此标准，该内地企业将付出高额利息。随后，内地企业要求修改合同，按月利率 7.5% 计算，但香港公司以合同内容系自愿签署并且已生效为由拒绝。几经交涉未果，该内地企业最终因负担高额利息而倒闭。

资料来源：杨震，解永秋. 模拟商务谈判案例教程：第一集 [M]. 北京：中国轻工业出版社，2014.

3.1 商务谈判人员的素质要求

对谈判人员的选拔，关键是要把那些能胜任谈判任务，又乐于履行谈判职责的人找出来并加以任用。对理想的谈判人员提出的要求，一般涵盖几个方面的内容，首要的是素质要求。所谓素质，是人的素养和技能的综合，是指经过有选择、有目标、阶段性的艰苦训练，在人的先天因素的基础上，通过接受教育和客观的实践锻炼而形成的素养品质。谈判人员是协商行为的主体，因此协商能否成功的决定因素是谈判人员的素质。

3.1.1 思想意识要求

首先，商务谈判人员要有坚定的信仰，要主动维护国家、民族和企业利益，并为之付出努力。特别是涉及涉外业务时，应当对党和国家的利益及祖国尊严进行坚决捍卫。在各项贸易谈判活动中，自觉地遵守组织纪律，坚持原则，尽心尽力，秉承守法、爱国、公正、恪尽职守等精神，为谈判工作做好准备。不同的社会环境通常奉行的道德标准不同，价值观念也不同。但就商业活动而言，无论所处社会环境如何影响，一个理想的谈判人员必须遵循基本的商业道德。在商务谈判过程中，谈判人员要避免为了谋取自身利益，拉拢对方，施以小利甚至行贿的情况，这样不仅违反了商业道德，还可能触碰法律底线。在物质利诱面前要保持洁身自好，要具有一身正气、不谋私利的品格。

其次，商务谈判人员要正确应对公司利益和私人利益的关系。作为公司的代表，在协商中，谈判人员必须主动地寻求公司利益和目标的实现，在此基础上寻求个人理想的实现。要自觉地遵守组织纪律，维护组织利益；对组织机密一定要严防死守，不能自作主张、口无遮拦，甚至故意泄露；对外要保持一致并主动作为。谈判人员的哲学是：一旦谈判开始，公司利益和谈判目标就应当成为谈判基础，既要和对手彼此尊重，又要斗智斗勇。在某些重要的协商中，商业谈判人员不仅负责企业的经济利益，而且还担负着维护国家利益的职责和责任，因此谈判人员必须遵纪守法，廉洁奉公，忠诚于党和国家，并以国家和企业的利益为重。同时，要有很强的事业心、进取心和责任感，有信心和决心在谈判中取得成功。

3.1.2 业务能力要求

1. 认知能力

善于思考并具备一定的认知能力，是一名出色的谈判专家应该具备的基本素养。在谈判的筹备阶段和实战阶段会充满各种问题，甚至有些会让人始料未及。为了达到自己的谈判目的，谈判人员往往会用各种手段来掩饰自己的真实意图，所传达的信息都是听起来言之凿凿，但事实上亦真亦假。通过观察、思考、判断、分析，优秀的谈判人员能够从对方的言谈举止、行为征象中辨别真伪，洞悉对方真正的用意。因此，谈判人员既要善于察言观色，又要具有能够正确地分析、判断自己的所见所闻的本领。在商业谈判中，观察和判断是了解彼此的主要方法。

◉ 案例 3-1

第二次世界大战中的猫

第二次世界大战中，德军作战参谋打算利用望远镜找出法军司令部所在。搜索完法军阵地后，参谋将望远镜缓慢地扫过一片墓地，突然发现，一只懒散地在墓地上晒太阳的可爱的波斯猫，从它的样子判定了这只波斯猫并不是一只流浪猫，从而判断附近定有法军司令部。德军作战参谋根据一只猫，找到司令部，并把法军司令部一举摧毁。

成功来源于细节：因为普通的军人在战时是不会养育这种贵族猫的，而这只猫每天享受地在坟头晒太阳，那么它有钱的主人定在不远之处。

显然，只有通过准确、细致的方式进行观察和判断，了解彼此情况、识别信息的真实性，才能为结论提供强大的依据。

资料来源：阮崇晓.波斯猫泄露天机[J].小读者之友，2020(12):41.

📍 谈判技巧

在谈判中，如何锻炼自己的观察能力

现代社会许多人离不开手机，如果你的对手是个手机不离手的人，查看微信、接打电话忙不停，通常有重要事宜时，他会主动拒接电话，等他划向红色拒绝选项的时候，便是开始重要的话题的暗示，这个时机你一定不要错过。或者在对方接打电话的间隙，适时地递上一份文件或其他能令他参与谈判的东西，他就不好意思再看手机了。

2. 灵活应变的能力

善于应变、权宜通达、不畏困难是谈判专家的必备本领。商务谈判过程中经常会出现各种矛盾和意想不到的情况，谈判人员必须发挥运筹能力和规划能力，控制谈判进度，合理运用谈判技巧和策略。尤其是谈判团队的领导成员应确保谈判朝着既定目标前进，妥善解决各类问题。这是其应具备的基本素养。谈判中可能会出现比较大的变化，是随着双方谈判力量的变化，谈判的进展而变的。因此，优秀的谈判人员要善于随机应变，因时制宜、因地而谋、因事而谋。如果谈判人员墨守成规，谈判不是僵持不下，就是谈崩了。

📍 思政小栏目

"一带一路"视域下的国际商务谈判更应具备灵活应变的能力

为了实现"一带一路"视域下的合作共赢的贸易目标，谈判人员应具备灵活应变的能力，在问题的处理和语言的使用上都应该灵活使用"礼貌原则"。"一带一路"坚持互利共赢，提倡兼顾各方利益和关切，寻求利益契合点和合作最大公约数，在这个框架下，谈判人员也要具备应变能力和清晰的头脑。商务谈判要求双方或者多方在拥有共同利益和利益冲突的情况下，为了解决冲突从而达成协议、解决问题或做出某种安排而进行协商。

澳大利亚一家化学工程咨询公司的所有人本杰明与中国商谈建立广东省最大的酿酒厂，这是一个价值2 000万美元的项目，竞争者还有德国、法国和比利时的公司。虽然

相比自己来说，中方在酿酒厂设计方面没有任何经验，本杰明仍然认真准备，在投标开始前，其他外国公司无所事事的时候，就同中方建立了关系。他不是直接指出中国公司计划中的不足，而是同该中国公司一起研究开展该计划。他尊重自己的竞争者，把他们看作是专业的管理者和公司员工，然而其他公司却因为自己具备专业技术傲慢地对待中国人和本杰明。在漫长的谈判过程中，本杰明总是耐心地理解文化差异，灵活适应合同的变化而不是与之对抗，最终他在众多竞争者中脱颖而出。本杰明在双方决定签订广东酿酒厂的合同之际，主动提出给中方 5% 的折扣。此后，本杰明又独揽了新疆维吾尔自治区价值 500 万美元的葡萄酒酿造厂的设计。

案例显示，本杰明克服了文化偏见，在商务谈判中真正落实赞扬准则和谦虚准则，才在中国市场立于不败之地。"一带一路"贯穿亚欧非大陆，沿线国家和地区具有各自的文化特征和民族风情，这些差异性体现在文化的方方面面，大到价值观念，小到左手吃饭还是右手吃饭。真正地理解不同文化背景的人群和个体是一大挑战。我们总会或多或少地评判异域文化。所以，谈判人员应具备这样的能力：不断提醒自己摒除文化偏见的影响，做到"一带一路"所号召的坚持、和谐、包容，尊重各国发展道路和模式的选择，加强不同文明之间的对话，求同存异、兼容并蓄、和平共处、共生共荣。

资料来源：柴茂."一带一路"视域下国际商务谈判中礼貌原则的应用 [J]. 北京化工大学学报（社会科学版），2017(4): 7.

3. 巧妙的语言表达能力

商务谈判是商务信息沟通的过程，重在交换交涉，交涉的过程即信息交换的过程，得体的语言能力可谓重中之重。要胜任谈判任务，谈判人员必须具备较强的信息沟通能力，善于将信息恰如其分地组织并传递出去，对于对方发来的信息能够及时、准确地理解和领会，充分利用好相关信息，达到谈判目标。因此，谈判人员一定要熟练掌握语言。古今中外，不少谈判家也是语言文字使用上的佼佼者。

案例 3-2

谈判语言的魅力

在美苏刚刚签署了有关限制战略武器的协议之后，某天基辛格向随行的美国记者介绍情况时，谈到当时苏联生产的导弹的数目为 250 枚 / 年，记者问："那我们生产的导弹数目是多少？"

基辛格回答说："数目我虽知道，但我不知道是否保密。"

该记者回答："不保密。"

基辛格立即反问道："那么，请你告诉我，是多少呢？"

当回答比较尖锐的问题时，巧妙地使用语言的魅力，化解矛盾，可以防止对抗性场面发生，从而避免双方陷入尴尬的境界。

资料来源：朱春燕，陈俊红，孙林岩. 商务谈判案例 [M]. 北京：清华大学出版社，2011.

3.1.3 心理素质要求

谈判是各方在能力和智力上的对抗，对抗的环境是不断变化的，同时对方的行为也带有很大的不确定性，所以谈判人员一定要有很好的心理素质，才能在这种对抗中达到预定的目的。

1. 心理承受能力

谈判人员应该胸襟宽广，具有良好的修养，这样可以为双方的观点表达提供一个稳定的平台。谈判人员应培养自己的涵养，遇顺境时不骄不躁；遇逆境时不把自己的缺点和错误强加于他人，保持良好的进取心态；当他人侮辱自己时，以宽为怀，以智应之。这种气质是内心强大力量的自然流露，在心理上会让对方不敢有丝毫的怠慢。

2. 高度的自信心

谈判人员认为自己的力量足够强大，并能够有效地说服对方，这是优秀的谈判人员自信的表现。没有信心和毅力应对压力和挫折，缺乏不懈努力的信心，很难获得谈判的成功。利益和立场决定了绝大多数谈判达成协议都要经过严格的、反复的协商，而促使谈判人员在不利情况下坚决迈向胜利的保证，就是必胜的信念。

3. 充满创造力

优秀的谈判人员往往具有一定的创造性、丰富的想象力、勇于拼搏的精神、坚忍的意志和坚韧不拔的精神。他们乐于接受不确定因素，敢于冒险，将谈判视为展示的舞台，在台上大展拳脚，与对手打得难解难分，在他们看来是一种乐趣。因此，他们从来不会把自己的方案锁定得太严，他们会一边认真执行计划，一边努力扩大想象空间。基于双方的共识，他们会寻找更好的选择来达成协议。

> **谈判技巧**
>
> **在谈判过程中，巧妙调整心理状态**
>
> （1）自我暗示与互相提示：谈判进入僵持的状态时，结果不明朗，谈判人员情绪变化会很大。此时，谈判人员要进行自我暗示，自我调节，改变谈判节奏，这在谈判进行到"白热化"阶段时是一种行之有效的方法。另外，相互提示、激励、相互配合是维持谈判团队积极稳定的情绪的有效的方法。
>
> （2）专注力：专注力是指在确定对象时，坚持目标确定的能力，不被其他思维或情绪干扰。谈判常常是耗时费力的艰难拉锯战，谈判专家的精力不集中会导致细节上的纰漏。

4. 遇事沉着冷静的能力

谈判过程存在着变化，各种意想不到的事情会随时发生，这就需要谈判人员处变不惊、沉着冷静，并且要有大将风度，这样处理问题才会妥当，也才会有理有据。否则，感情用事会让谈判人员给对方可乘之机，同时也会使人做出不合理的决定。在任何时候都要和谈判伙伴保持协调和合作，特别是有意外情况发生时。谈判组是由所有谈判人员组成的集体，谈判组应保持沉着冷静的气氛，遇事应该相互提醒。

5. 及时果断

谈判中的果断是建立在信息准确、可靠的基础上的。俗话说，"当断不断，必受其乱。"成功的谈判人员总是把果断作为自己的原则，当然，一个人的果断是建立在深谋远虑的基础之上的。只有深思熟虑，决心才可能大，决策才能干脆利落。在时间充裕的情况下，具有果断性格的人，并不匆忙行事；在时间紧迫的情况下，具有果断性格的人表现为当机立断。因为在时间有限的情况下，如果表现得优柔寡断、瞻前顾后，往往会坐失良机，此时机敏的决断必定是正确的选择。

当然，果断不等于武断。具有果断性格的谈判人员，总能在谈判中得到较多的益处。"时间就是金钱，效率就是生命"，在商务谈判中，无论你是买方还是卖方，果断地决定购买还是不买，能节省大量宝贵的时间和精力。具有果断能力的谈判人员能更好地动员各种内在和外在的潜在力量，团结协作，夺取胜利。

💡 谈判技巧

遇事冷静，观察对方

可以从注意观察对方的行为入手，判断对方是否冷静，从容应对：

（1）张开双手表示接纳。

（2）紧握双拳意味着防范。

（3）当对方的手使劲握着桌边、文具、杯子时，证明你的观点击中对方的要害。

（4）当对方嘴唇紧闭，瞪大眼睛盯着你，则表明对方充满敌意并且极具攻击性。

（5）若对方眼睛突然往下看或是不看你的眼睛，脸部转向旁边，多表明拒绝或厌烦你的讲话。

（6）多次看表或看手机，可能表明想要赶快离开、结束。

（7）下意识地摸鼻子、摸耳朵、揉眼睛或挠脖子，表明对方可能在说谎。

3.1.4 身体素质要求

谈判是对人的身体和精神的双重考验，如果没有良好的身体素质，很难在长时间的谈判中坚持下来。健康不仅指没有疾病或病痛，还是一种身体上、精神上的健康，有良好的状态。谈判过程高度紧张，既消耗体力又消耗脑力，没有健康的身体是很难胜任谈判工作的。因此，对于谈判人员的选择，应考虑适当的年龄和充沛的精力。一般谈判人员的年龄在35～55岁，因为这个年龄阶段的谈判人员思路敏捷，精力旺盛，并且已积累了一定的经验，事业心、责任心也较强。

当然，根据谈判内容、谈判要求不同，谈判人员的年龄可以灵活掌握。通常，要避免在谈判人员身体不适、过度疲劳、精神心情不佳时安排谈判。

知识拓展

理想的商务谈判人员应该具有的 12 种特质：

（1）有能力和对方商谈，并且赢得他们的信任。

（2）努力且细致地做计划，了解产品、服务及一般的规则，同时还能找出其他可供选择的途径。

（3）具有良好的商业判断力，能够查明问题的关键所在。

（4）有忍受冲突和面对暧昧字句的耐心。

（5）有冒险、争取更好目标的能力。

（6）有智慧和耐心等待事情真相的揭晓。

（7）认识对方及其公司里的人，具有良好的沟通能力，与他们交往，以利于交易的进行。

（8）品格正直，给对方留有良好的印象。

（9）胸襟开阔，听取各方面的意见。

（10）具有比较强的观察力，并且能够注意到可能影响双方谈判的各项因素。

（11）拥有丰富的学识、能制订比较周全的计划。

（12）稳健、情绪稳定，必须能够克制自己，不轻易放弃，并且不急于讨好别人。

资料来源：列维奇，桑德斯，巴里. 国际商务谈判 [M]. 方萍，谭敏，译校. 北京：中国人民大学出版社，2008.

3.2 商务谈判团队人员构成

3.2.1 商务谈判团队的组成原则

1. 精干和知识互补原则

一专多能、高效互补是一个精干的谈判团队应当具备的原则。为了达到这样的目标，应当做到知识互补、能力互补：一是谈判人员应该各自具备专长，是处理不同问题的专家，在知识方面相互补充，形成整体的优势。例如，如果谈判人员分别精通外贸、金融、法律、专业技术等知识，就会形成一支知识全面又各自精通一门专业的谈判团队。二是谈判人员理论知识与工作经验互补，谈判团队中既要有高学历的青年知识学者，也要有身经百战，具有丰富实践经验的谈判老手。高学历专家可以发挥理论知识和专业技术特长，有实践经验的人可以发挥见多识广、成熟老练的优势，这样知识与经验互补，才能提高谈判团队的整体战斗力。

2. 目标达成和结构原则

达成谈判目标是组建谈判团队的出发点，出于这个目标，要对谈判内容的专业性、重要性，对达成目标的难度以及对手的情况加以判断。同时要发挥谈判团队的不同结构作用，谈判团队中的谈判人员性格要互补协调，将不同的优势发挥出来，互相弥补不足，才能使团队更稳定，从而发挥出最大优势。性格活泼开朗的人善于表达、遇事果断，但是性情可能比较急躁，常常会疏忽大意；性格稳重沉静的人办事认真细致，比较谨慎，但是他们不够热情、不善于表达，反应相对比较迟钝、不够果断，灵活性较差。如果将这两类性格的人组合在一起，分别担任不同的角色，就可以发挥出各自的性格特长，达到优势互补的效果，协调合作。

3. 专业合理和分工明确原则

参与谈判的人员，需要接受必要的培训，具有一定的专业性。除此之外，谈判团队中每一个人都要有明确的分工，担任不同的角色。每个人都应该有自己特定的任务，不能工作越位，角色混淆。同时，要注意团队是为了一个共同的目标而通力合作，协同作战。要分工明确，才能最大限度地实现人力资源的有效配置。做到人尽其才，保证职务、任务与能力相匹配，从而优化整个谈判团队的人员配置。在团队中不免会出现各种矛盾，明确各自的专业分工能够有效地防止成员之间出现工作推脱、推卸责任等情况。

3.2.2 谈判团队的规模

按照谈判团队的人数，谈判可以分为单人谈判和小组谈判。单人谈判的优点在于优势可以集中，并避免对方攻击实力较弱的成员；避免成员之间出现不协调甚至相互矛盾；谈判人员可以独自决断，当机立断采取对策。缺点在于需要熟悉多方的信息，可能会导致精力分散；面临较大的决策时，会使压力集中。小组谈判的优点在于可以集思广益，有效整合谈判策略，有利于掌握谈判的主动权及工作衔接。缺点在于团队组建本身具有难度，成员之间的磨合协调有难度。

在现代商务谈判中，一般采取小组谈判的方式。就人数而言，谈判团队的理想人数是不超过 4 个人。现代管理理论指出：对经理们来说，对谈判这种复杂多变的环境管理，控制不宜过宽，以 3~4 人为宜；如果人数过多，要求一个主谈人既能把握谈判，同时又能有效地领导 6~7 人，其效果肯定不会好。对于控制现场的主持人，在复杂多变的环境当中，控制局面不宜过大，大型谈判代表团最多不宜超过 12 人，并根据分工进行内部分组。就谈判所需要的知识范围来看，长达几个月的大型商务谈判会涉及许多专业性知识，但如果进行细分，从每一个洽谈阶段所需专业知识考虑，也不会超过三四种。

图 3-1 列举了 4 人谈判小组的优势。

3.2.3 谈判团队的角色构成

商务谈判团队的角色构成需要合理化。角色构成是指一个谈判团队内各类专业人员应具有的合理的比例结构。显而易见，一项较复杂的谈判，不可能仅由一类专业人才来完成，在首席谈判人员的带领下，需要多类专业人才、多角度的精细合作。一般而言，一个谈判团队应包括下列人员。

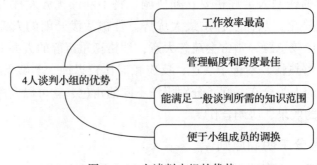

图 3-1　4 人谈判小组的优势

1. 首席谈判人员

首席谈判人员对谈判的作用十分关键。作为企业的谈判代表和谈判专家,首席谈判人员必须具有卓越的谈判策划和实战能力,才能为团队和公司争取到最有利的局面。首席谈判人员不仅要具备一般谈判人员的素质,还要具有更强的控制能力和协调能力。同时,要发挥谈判团队的群体效应,担起组织和领导责任。具体地说,首席谈判人员的职责可归纳为以下几个方面:

(1) 准备谈判资料和搜集信息,并与谈判团队其他成员分享。
(2) 起主导作用,合理配备谈判团队的其他成员,明确分工。
(3) 确立谈判目标,告知所有成员,讨论谈判的具体方案。
(4) 协调团队内部意见,拟定谈判议程,撰写谈判策划书。
(5) 把握谈判条件、进度和谈判程序。
(6) 与成员磋商,调整谈判计划。
(7) 主导进行具体交易讲解、磋商。
(8) 审核合同、签订合同等。
(9) 撰写谈判总结,总结汇报。

2. 技术人员

谈判团队中的技术人员应是熟悉相关专业技术特点并能决定技术问题的工程技术人员或技术领导。在谈判中,技术人员主要负责相关技术性能、技术资料和验收办法等问题。技术人员在谈判中的工作内容和分工如下:

(1) 分析并确定对方对产品技术方面的需求和条件。
(2) 准备并讲解谈判所需要的技术性文件、资料、资讯,归档保存。
(3) 准备技术讲解和设备运作演示。
(4) 与对方进行专业细节方面的磋商,找出与双方在技术方面存在的分歧。
(5) 对谈判团队其他人员进行基础培训,以确保信息交流准确流畅。
(6) 向首席谈判人员提供解决技术问题的信息、解决方案、论证支持,形成技术方案。

3. 商务人员

谈判团队中的商务人员主要负责有关价格条款、交货时间和方式、支付条件、责任风险划分、信用保证、资金筹措等商务性条款的谈判。商务人员必须十分熟悉业务，对谈判方案变动所带来的收益变化做出正确的分析与计算，并及时反馈。商务人员在谈判中的职责具体包括：

（1）弄清对方的意图和要求。
（2）表述己方的谈判愿望和条件。
（3）找出双方的分歧和差距。
（4）就谈判目标的价格及其相关细节与对方磋商。
（5）明确风险的分担。
（6）负责草拟合同文本。

4. 财务人员

现代商务活动当中，对于项目的总体财务情况的把握越来越重要，财务人员需要了解对方项目的利益范围，分析谈判方案修改带来的收益与风险，并参与草拟合同的相关条款。财务人员在谈判中的职责具体包括：

（1）掌握谈判项目的总体财务情况。
（2）了解对方对项目利益的期望范围。
（3）分析谈判方案修改带来的收益与风险。
（4）与对方就税务、价格核算、支付方式和条件、结算、信用保证、证券和资金担保等细节进行磋商。
（5）向首席谈判人员提供财务信息材料。
（6）参与草拟合同相关条款。

5. 法律人员

谈判团队中的法律人员应是熟悉各种相关法规并有一定签约经验的专业人员。在谈判中，法律人员应懂得和解释协议文件、协议中各种条款和相关的法律要求，并能根据谈判情况草拟协议文本和审核合同。法律人员在谈判中的职责具体包括：

（1）确定对方的合法权限。
（2）确保谈判内容和程序是在法律允许范围内进行的。
（3）审核合同内容的合法性。
（4）与对方就项目法律问题进行磋商。
（5）向首席谈判人员提供法律建议。
（6）对法律问题进行记录归档。

6. 其他人员

如果是涉外商务谈判，还应配备翻译人员，其不仅要熟悉外文，还要懂得一些与谈判内容有关的各种知识。在谈判中，翻译人员应遵纪守法，切不可任意发挥、歪曲本意。有的谈判团队配有记录人员或秘书，负责在谈判过程当中记录出现的问题。一份完整的谈判记录既是重要的资料，也是谈判过程的备份。为了出色地完成谈判的记录工作，要求记录人员要有熟练的文字记录能力，有一定的专业基础知识。

以上各类人员在商务谈判中并不是"单打独斗"的，而是需要密切配合，各自根据角色分工和知识经验，对谈判全局提出参考意见，共同制订谈判方案，并经首席谈判人员统筹，分头实施。在谈判桌上根据已制订的方案行动，相互呼应，形成目标一致的谈判团队。

案例 3-3

《中国合伙人》里的谈判故事

电影《中国合伙人》讲述的是以新东方的创业史为背景的故事。电影讲述了从20世纪80年代开始，三个年轻人从学生时代相遇到共同创办英语培训学校，最后使企业成功在海外上市的故事。而在电影当中，有一段非常经典的商务谈判片段，尤其是谈判成员之间的配合十分默契。

谈判伊始，佟大为饰演的王阳以一盒月饼来进行开场，顺便讲述属于中国的特色传统节日，缓和谈判气氛。然后黄晓明饰演的成东青开门见山，首先承认自己的过错，并且在此基础上同意做出一定的赔偿，表达诚意。紧接着，趁着氛围放松的时候，王阳提出对于赔偿的数额需要进一步讨论。在美方代表互相交换眼神，表示疑惑的时候，成东青立刻拿出相关的法规文册，请对方挑选适用于本案的任意条款，他自己来负责具体解释。没想到美方代表随便选了几条，成东青都能用流利的英语背出该条法规的全部内容，让美方代表十分吃惊。

在谈判局势逐渐利于他们的条件下，成东青顺势分析当前的形势，指出美方代表们不了解中国文化。他解释道："我之所以对法规如此熟悉，只是因为坐飞机来的途中，我把整本书背了下来，我在十八岁的时候就有了这个技能，但是像我这样的学生，在中国仅仅是一个普通人。中国的学生特别擅长考试，你们根本无法想象中国的学生们为了通过考试，愿意付出怎样的艰辛！"

与此同时，邓超饰演的孟晓骏紧跟其后，进一步分析产品的利弊：中国目前已然成为全球最大的英语教育市场，美国的机构需要中国市场，只有通过合作，双方才能实现双赢，并再一次强调合作。最后成东青告诉美方代表，他们已经准备上市，并且再一次感谢对方，给了他们这个机会。正因为他们愿意为错误承担代价，他们现在付出的越多，将来的估值也就越高。

谈判进行到这个时候，美方主谈判官的脸上终于露出了满意的笑容。此时，成东青抓住时机，进一步解释了上市的另一个原因：上市之后我们将会作为企业家，而不仅仅是三个教书匠在这里和你们谈判，我们也希望能够获得真正的尊重。

最终，一场谈判下来，美方代表看到了中国人的聪明勤奋、团结友爱和自强不息，整个谈判过程晓之以理，动之以利，三个谈判成员之间配合十分默契，最后达成双赢的结果。

资料来源：根据电影《中国合伙人》（2013年）整理改编。

3.3 谈判团队成员组织与合作

3.3.1 谈判团队组织原则

谈判活动是由谈判团队整体推动的，谈判过程复杂多变，不是取决于某一个谈判人员，而是谈判成员共同努力的结果。为了保证谈判小组的步调一致，谈判双方都必须遵循一定的组织原则。组织的纪律要在谈判过程当中约束所有人员，并认真予以执行。

1. 必须认真执行组织纪律

在制定谈判的方针、方案时，必须充分地征求每一个谈判人员的意见。而一旦制订完成谈判方案并做出最后决策以后，谈判团队成员都必须坚定不移地服从，绝对不允许任何人把个人的意见带到谈判桌上去。作为谈判人员，必须要有高度组织性和纪律性，维护组织利益；必须严守组织机密，不能毫无防范，口无遮拦；必须认真执行纪律，要一致对外，争取最大利益。

2. 坚持分工协作原则

依照制订好的方案，谈判人员之间要明确分工，每一位谈判人员既要承担整体目标，又要尽量把自己的工作严格控制在自己的职责范围之内。要从全局出发，统一服从首席谈判人员的调遣。另外，单独与对方接触是大忌，单独与对方商谈有关谈判内容，容易在不了解全局、考虑不周的情况下盲目做出决定，搅乱大局。与此同时，通过团队之间的分工协作，不仅能够充分发挥每个人的特长优势，发挥整体效能，还可以弥补个人的不足。谈判是团队工作，特别是大型商务谈判是一个人无法完成的，即使完成了也不能达到很好的效果，而团队之间的互补合作就可以弥补这个漏洞，真正实现团队效益最大化。

3. 上下级沟通有序

某个谈判成员如果在某一问题上需要请示，首先应当通过首席谈判人员，由谈判小组的负责人与企业的主管负责人取得联系，由企业做出决策。这一程序看上去比较费力费时，但是对于有效地控制谈判的全局是非常重要的。首先，首席谈判人员必须审核其必要性，并检查其安全性；其次，任何一个职能部门的意见，都难免带有一定的片面性，比如，财务部门与技术部门对于技术的评价往往侧重点不一样，决策也有差别；最后，从维护谈判小组首席谈判人员的权威角度来看，由谈判小组的成员向其部门主管汇报，以对抗谈判小组负责人的做法，对保证谈判小组内部的集中领导也是极为不利的。

4. 保持时效性原则

时效性要求保证谈判效果的效率和效益的统一，要充分考虑时间成本。商务谈判要在高效益中进行，一般情况下，不要搞马拉松式的谈判。如果在谈判中只有策划，而没有实际落实，那么只能是做思想上的"巨人"。但这并非意味着谈判进行得越快越好，而是要尽量避免不必要的拖延，按照事先制定好的节奏，务必区分目标重要性，分清主次，在谈判中抓住一切有利的机会，达成协议。同时谈判往往也是在冲突中实现各自的目标，因此切忌草率行事。

案例 3-4

沃尔玛公司注重员工之间的沟通协调

沃尔玛百货有限公司（以下简称"沃尔玛"），是一家著名的世界性连锁企业。沃尔玛获得如此成就的重要原因就是员工之间的互相了解、沟通。对于沃尔玛的所有业务情况，其内部员工都能够共同掌握。

沃尔玛特别注重领导者在团队中的作用。领导者能够积极带领员工，严格执行会议中商定的各项措施，以此来保证各项协定的顺利进行。同时沃尔玛也特别擅长激励员工，只要员工有较好的表现，哪怕是一个看似天马行空的想法，管理者都会立刻做出积极的反馈，以此来不断鼓励员工积极创造。正是这种管理层"以小见大"的认可，可以极大地鼓舞员工。

如果有时员工犯错，领导者会在第一时间帮助员工分析失误的原因，并且十分注重员工的隐私，尽量避免在公众场合批评，减轻其心理负担。从精神上不断鼓励员工，使团队积极向上，不断提升员工对企业的满意度。

企业内部合作难免存在一些矛盾。在解决内部矛盾方面，为了保证上下级能够积极沟通，沃尔玛专门设置了一些"向上"的沟通渠道。例如设立"门户开放"政策，如果员工不满意，可以向直接上级的任意上级沟通，比如通过总裁信箱、总裁热线、人事总监热线、区域总监热线向上沟通。与此同时，员工也可以直接走进任何更高管理层的办公室，进行诉说，不用担心会受到报复或打击。

资料来源：陈佩华. 沃尔玛在中国 [M]. 刘建洲，鲍磊，等译. 上海：复旦大学出版社有限公司，2016.

3.3.2 谈判人员风格及组织

商务谈判在某种程度上是双方谈判团队的实力较量，谈判过程是刚毅的手腕和谋略的巧妙设计的较量，如果商务谈判是一种比赛，那么这是一场团体赛，单凭谈判人员个人的丰富知识和熟练技能，不能达到圆满的结局。谈判的成效如何，很多时候也取决于谈判人员的专业知识和心理素质。谈判团队的成员往往具有不同的风格，要分析各类风格，并在谈判场合扮演一些"典型"的角色，管理者必须要了解这些风格的特色和角色的定位与作用，以便让成员在谈判时担负不同的职责、发挥各自的功能。

1. 协作型谈判人员

解决冲突的目的是维持人与人之间的关系并保证冲突的双方都能达到自己的目的，这符合协作型人员在团队里的功能。这种对待冲突的态度，要求协作型谈判人员不仅要代表他的自身利益，而且要兼顾谈判对手的利益，达到双赢。意识到冲突存在之后，协作型谈判人员会很快使用适当的冲突解决办法来控制形势，其责任是对对方提出的要求和观点表示理解，从中调和，使双方不至于闹翻。协作型谈判人员可以起到"和事佬"的作用，当谈判中双方意见较大，僵持不下，谈判不能进行时，协作型谈判人员采用的是稍微吃亏的方式以最终达成谈判目的。但是，在谈判的关键之处到底是让步还是不让步，并不是团队里的协作型谈判人员说了算，而是负责战略和战术的人说了算。这是一条合作之路，要求谈判双方都要采取一种争取双赢的姿态。当然，这种类型的谈判，双方都需要花费很多时间、精力和创造性寻找到解决问题的最好方法。

2. 妥协型谈判人员

妥协型风格的谈判人员在谈判过程中往往表现出以下特点：他们能够迅速做出决策，他们没有强硬的态度，容易与他人进行有效的交流。这种性格的谈判人员倾向于追求单方面的胜利，尽管可能只能获得较少的利益，但是他们容易满足于快速得出的结论，并且愿意做出让步来打破僵局。这种性格的谈判人员在处理相对不重要的事务时能够迅速决策，力图在谈判中能够有效地解决问题。事务繁忙的人往往属于这一类型，只要有一个选择方案看起来合理，他们就会采纳并尽量推进。

3. 调和型谈判人员

调和型谈判人员的职责是将所有的观点集中，综合提出。他的责任之一是设法使谈判走出僵局，责任之二是防止讨论离题太远，责任之三是控制原本的谈判原则，这和冲锋型谈判人员的职责有异曲同工之处。调和型谈判人员处理冲突时会不惜一切代价维持人与人之间的关系，放弃、息事宁人、避免冲突均是为了维护关系，目的是融合双方的论点论据，综合双方的优势，趁机提出己方目的，达成谈判成功。

4. 冲锋型谈判人员

冲锋型谈判人员会让对手感到压力，其风格通常是咄咄逼人。同时，谈判较激烈或者对方来势较凶猛的时候，冲锋型谈判人员所扮演的角色可以使谈判中止或暂停，这样做可以削弱对方提出的观点和论据，削减对方气势。他的另一个责任是胁迫，并在这个过程中使对方尽量暴露出他们的弱点。当冲锋型谈判人员遇到矛盾冲突时，会采取必要的举措来保证自己一方的要求被满足，就算要以破坏关系为代价也在所不惜，这是他的个性特点。冲突被看作要么赢要么输的结果，可以被接受。究其本质，这是一种以实力为导向的方法，在谈判中无论遇到什么力量，只要他认为适于维护自己的利益，就会以此种方式处理冲突。

谈判技巧

如何与冲锋型谈判人员进行沟通

当谈判中遇到态度强硬、咄咄逼人、居高临下的对手时，如何沟通？对于这样的谈判人员，可采取拖延交战策略。虚与周旋的策略往往十分有效，通过许多回合的拉锯战，使对方情绪缓和，使趾高气扬的谈判人员逐渐丧失锐气。同时使自己的谈判地位从被动中逐渐扭转过来，等到对手精疲力竭的时候再反守为攻，谈出自己的条件。精明的谈判人员一定要掌握谈判规律和方法，而且尽量不在对手面前显示自己的"精明"。

5. 躲避型谈判人员

躲避型谈判人员把冲突看作一种无论如何都要躲避的东西，其主题就是逃避，会导致谈判双方都有一种深深的挫折感，个人的目标通常都无法实现。尽可能以转移话题为形式，把问题推迟提出或直到另外一个合适的时间提出，或简单地从危险的形势中及时退出，这是一种退出或保护的姿态。躲避型谈判人员的方式就是离开并且尽量减少损失。

案例 3-5

最佳谈判员

英国谈判界有一位被称为"最佳谈判员"的贝可，他非常擅长与人谈判，并且在谈判的过程中，他十分注重倾听。一年冬天，当时他还是一名销售人员，到一家工厂去谈判。他经常习惯提前到达谈判地点，到处逛逛，与人们聊天。这天，还没有开始谈判，他已经和工厂的一位领导聊上了。由于贝可十分幽默，并且十分擅长倾听，待人礼貌，因而他总有办法让别人讲话。同时他也十分喜欢听别人讲述，因此即使有不爱讲话的人遇到了贝可，也会一直不停地讲。而这位领导也是如此，在侃侃而谈之中，他告诉贝可说："其实，我干这一行，用过无数类似的产品，但是说实话，只有你们的产品能通过我们的试验，符合我们的规格和标准。"贝可听了之后十分高兴，后来边走边聊时，这位领导主动和贝可说："贝可先生，你说这次谈判什么时候才能有结论呢？"从这次谈话中，这位领导释放了一定的信号。贝可用心分析，满心欢喜地从这位领导的话语中提取了极有价值的"情报"。在此之后，当他有机会与这家工厂的采购经理面谈时，特别着重地提到他们产品的规格和标准，强调他们产品的独特性。因而，后期的谈判进行得非常顺利，达到了双赢。

资料来源：苏琳.国际商务谈判实训导学：双语版[M].北京：北京理工大学出版社有限责任公司，2017.

你比较理想的谈判类型是哪一种呢？当你做出选择时，请记住以下几点：①人们总是采用那些对自己有意义的方式，虽然这种方式对自己有好处也有坏处；②虽然很多人喜欢协作式的谈判方式，但在所有环境中，没有任何一种谈判方式都适用，这是一个非常重要的原则；③在所有情况都会发生的情况下，没有哪一种方式会比别的方式更好，因此选择合适的最重要。

就团队而言，参与商务谈判的成员组成一个整体，他们一致对外形成合力，使整个团队具有很高的战斗力，同时也能够及时地适应环境、不断地灵活变化。商业谈判的目的就是达成最终的协议，并增进双方的关系。通过最合理的方法搭配团队成员，使团队成员形成相生相克的关系，由此产生源源不断的团队动力。同时，消除不良因素，使团队成员的战斗力最大化。总之，谈判的过程是一种典型的竞和关系。例如战斗，需要在战斗中采用多种战略和战术。商务谈判也体现了内部成员的团结与默契合作，使成员之间互补，对不同谈判人员的不同风格进行统筹安排，实现团队力量的不断增长，运用智慧使他们相互之间形成有效的制衡，使商业协商的成果最大化、效率最大化，达到企业内部成员的团结与默契。表 3-1 是不同风格谈判人员的优劣势及适用情况对比。

表 3-1 不同风格谈判人员的优劣势及适用情况对比

谈判风格	优势	劣势	适用情况
协作型谈判人员	维护自身利益 能够进行信息共享 兼顾谈判对手的利益 有效控制形势 重视建立友谊 双赢导向	让步较为困难 需要花费大量时间、精力去磨合 需要全面的事先准备 决策时间慢	及时解决冲突 实现双赢 进行长期交易 开展可重复的商业活动
调和型谈判人员	让人信赖 避免冲突，维护良好的关系 态度委婉 容易交流	不惜一切代价维持谈判关系 很难实现己方目标 容易让步	及时走出僵局 防止讨论离题太远
冲锋型谈判人员	重视自身利益 能够有效控制谈判局面 具有说服力 给对方营造压力	不是一个好的聆听者 态度较为强硬 不轻易改变自身立场 容易导致谈判破裂	自身竞争实力较强时，与对方开展业务 迅速决策
躲避型谈判人员	首先评估风险 要求较低 擅长躲避敏感话题 表现出冷漠的态度	难以做出决策 不擅长谈判 不做没有准备的交易 令对方感到不快 表现不活跃	提前做市场调查 避免对双方都不利的局面

关键术语

谈判人员　首席谈判人员　谈判冲锋型　谈判团队组织

本章小结

1. 对商务谈判人员的素质要求：思想意识要求、业务能力要求、心理素质要求、身体素质要求。
2. 各类谈判人员的分工：主谈判人员要做好谈判前的准备工作，发挥谈判核心人的作用，制订谈判计划，在谈判中寻找主攻点，调动全体成员的积极性，控制谈判节奏;谈判团队中的其他人员的任务也很重要,要详细记录双方谈判的主要情节内容,在某些具体细节上答复主谈判人员的咨询或直接向对方质疑,以协助主谈判人员完成谈判任务。

3. 一个谈判团队应该包括的人员:首席谈判人员、技术人员、商务人员、财务人员、法律人员和翻译人员、其他人员等。

综合练习题

一、简答题

1. 优秀的谈判人员应当具备什么样的素质?
2. 怎样进行谈判人员的配备?

二、案例分析题

原国家外经贸部副部长龙永图在中国加入世界贸易组织谈判时曾经选择过一位秘书。当公布该秘书人选时,有人哗然,因为在大家眼里秘书应该是勤恳谨慎、做事稳当,并对领导体贴入微的人。但是龙永图选定的秘书却截然不同,他几乎从来不会照顾别人。每次龙永图和他出门时,都是领导走到他房间里说:"请你起来了,到点了。"对于每日的日程安排,他有时甚至不如龙永图自己清楚。发生日程上安排的问题,而经过核查,十次有九次他是错的。此外,他从来不称呼龙永图为部长或是领导,都是"老龙",或者"永图"。

为什么龙永图会选这样的人当秘书呢?当时由于谈判的压力过大,龙永图有时候会和外国人直接拍桌子。每次回到房间后,其他人都不愿自讨没趣到龙永图房间里去,唯有那位秘书每次都会走进来,提醒龙永图某句话讲得不一定对,等等。另外,他还经常出一些"馊主意",被龙永图骂得一塌糊涂。但他最大的优点就是具有忍耐力,无论怎么骂他,五分钟以后他就又回来了:"哎呀,永图,你刚才那个说法不太对……"

在当时,很难听到不同声音的情况下,那位经得起骂、能忍的秘书相对龙永图的暴躁脾气就显得分外重要了。

问题:

3. 通过该案例,你认为应该怎么样挑选谈判人员?

三、谈判实践练习与游戏

4. 谈判风格自我测评:请从下列各项叙述中,选择你常用的一项方式(A 或 B);每一题都需作答,即使两项都不完全符合你的观点,也必须选择其中一项。

1	A	有时候,我会让对方决定谈判议题与进程
	B	强调双方已同意的部分,而不太愿意谈那些有差异的议题
2	A	如果必要,我会选择妥协,让大家满足
	B	我会同时考量各方的需求

(续)

题号		选项
3	A	我总是设法完成既定的目标
	B	我会为了维持友好关系而在意他人的感觉
4	A	我总试着找到妥协的方法
	B	我可以为了满足对方的愿望稍做让步
5	A	我经常设法与对方共谋解决方案
	B	除非有压力,否则我宁可避免冲突
6	A	我不会太过为难自己
	B	必要时,我会坚守立场不变,设法赢得谈判
7	A	我会搁置那些需要慎重思考的议题
	B	我可以为取得利益而放弃某些议题
8	A	在谈判中,我不会忘记自己的目标
	B	我会在一开始谈判时就提出所有的议题
9	A	其实双方存在认知上差异是正常的,我不太理会
	B	我会努力让对方屈服
10	A	有必要的话,我会坚持己见
	B	我总会尽量找到折中的解决方案
11	A	谈判中,我会仔细发掘对方的需求;而对自己的需求,在一开始就会明确地表态
	B	为了维持双方的关系,我会顾及对方的感受
12	A	为了避免冲突,我通常不会坚持立场
	B	假如对方让我有面子,我也会适时地回报
13	A	我通常会先提出折中方案
	B	为达目的,我会不择手段
14	A	我会先说出我的意见,再听听对方的看法
	B	我会让对方及时了解我方建议的合理性与益处
15	A	为了维持彼此的关系,我会在意识到双方观点有差异时,选择刻意地避开
	B	即使谈判已经进行了一会儿,我还是不希望看到对立紧张情况的加剧

请将评测中各题的选项,按题号填入表3-2中,进行总结。

表 3-2 谈判风格计分表

题号	总 类				
	协作型	妥协型	调和型	冲锋型	躲避型
1			B		A
2	B	A			
3			B	A	
4		A	B		

(续)

题号	总类				
	协作型	妥协型	调和型	冲锋型	躲避型
5	A				B
6				B	A
7		B			A
8	B			A	
9				B	A
10		B		A	
11	A		B		
12		B			A
13		A		B	
14	A			B	
15			A		B
总数					

扫码阅读
参考答案

CHAPTER 4 第 4 章

商务谈判筹划与准备

本章要点

- 谈判信息的准备
- 谈判的可行性分析与谈判目标
- 谈判方案的制订

导入案例

苏伊士运河案谈判

2021年3月23日,一艘名为"长赐号"(Ever Given)的货轮在埃及苏伊士运河搁浅,阻断运河双向航行,等候通行的数百艘船只纷纷被阻,经济发展受到严重影响。后经过6天的挖沙清淤与拖船抢救,终于在3月29日晚间脱困。应苏伊士运河管理局要求,伊斯梅利亚经济法院于4月下令将"长赐号"扣押,直至其满足苏伊士运河管理局的赔偿要求。由于苏伊士运河是当今最忙碌的航线之一,每天几乎有全球12%的贸易量、8%的液化天然气和100万桶石油经过。因此,在停滞的时间里,对货主、船东、买方乃至世界经济都产生了巨大影响。

苏伊士运河管理局要求"长赐号"货轮船东日本正荣汽船公司一次性赔偿9.16亿美元来弥补损失。然而正荣汽船公司法律团队则对该船的滞留和赔偿要求提出异议,双方僵持不下。5月25日,苏伊士运河管理局决定将索赔金额降至5.5亿美元,而正荣公司再次表示反对,声称苏伊士运河管理局未能证明货轮船长在搁浅事故中有任何过错,因此自身不应该承担如此多的赔偿。5月29日,埃及伊斯梅利亚经济法院做出决定,不得不推迟审理"长赐号"货轮赔偿案至6月20日,以便给苏伊士运河管理局和"长赐号"货轮船东日本正荣汽船公司更多的时间进行协商。

资料来源:引领外汇网,埃及伊斯梅利亚经济法院推迟对"长赐号"货轮赔偿案的审判至6月20日,2021-05-30.

4.1 互联网时代下商务谈判的信息准备

4.1.1 收集谈判对手信息

1. 营运状况

企业的实际营运状况是指企业产品在相关市场上进行销售、服务的发展现状,具体可以从以下几个方面考察:经营规模大小、外部经营环境、市场占有率、财务状况。企业的营运能力能够进一步反映其资产经营效率,营运能力强的企业,有助于企业获利能力的增长,并且使得该企业的产品在市场上更受欢迎,增加竞争力。

企业合作的前提往往是双方均拥有良好的营运状况,企业营运状况的好坏在一定程度上能够直接影响企业之间的合作关系。因而在商务谈判的前期,需要及时收集目标企业相关的营运信息。此外,在商务谈判中,经营者最关心的一点是合作企业的收益性、安全性。因而在谈判的前期收集信息时,应当充分考虑目标企业赚取利润、能够进行长期合作的能力。同时,要尽量选择资本流动性强和资本结构合理的企业,必须确保目标企业在目前和未来合作期限内资产、环境状况等的稳定性,在最大程度上提前预防损失。

案例 4-1

英国一家著名的家电公司在美国建立分公司,急需寻找合作伙伴。该公司为迅速开拓美国市场,选择以低价的方式大量销售。美国当地一家公司抓住低价这个噱头,急忙与英方进行合作。但是,由于英方属于新型外企,在美国很难迅速站稳脚跟,三个月后,因为资金周转困难,未能及时向美方公司发货,造成美方的巨大损失。

可见,美方之所以遭遇亏损,是因为急于求成,未提前考察好对方的营运状况,导致最终的损失。

知识链接

如何考量企业的营运状况

(1)市场占有率。通过观察企业的经营收入指标,可以进一步分析该企业的市场占有率,并且能够有效衡量其产品在市场上的竞争力。若该企业产品的市场占有率很低,那就表明该类产品在市场上缺乏一定的竞争力,有待继续考量该企业的其他营运状况。

(2)收益的主要来源。从企业公布的财务报告中可以看到相关的资产负债表、利润表等报表。通过销售表可以分析各类产品的销售情况、趋势和特点,通过财务表可以分析企业的抗风险能力、融资特点等,在一定程度上可以考察企业的真实性和可靠性。

（3）市场的未来前景。若该企业的产品在市场上的占有率和增长率都在下降，那么就说明该类产品的市场在逐渐萎缩，未来其收益会逐步降低甚至亏本。而若通过预测分析，该产品在未来有很大的发展空间，则该企业的未来前景也较好。

（4）创新及研发能力。可以根据企业未来的发展方向及打造的战略型产品分析企业的创新及研发能力。若企业长期没有创新产品的研发，则其很难在市场上长期站稳脚跟。

（5）管理制度的合理性、先进性。企业制度的制定要充分符合法律和道德规范，满足企业的实际需要，保持一定的科学性、前瞻性，积极响应国家号召。如果在制度上过于苛刻，很有可能会引起员工不满，导致公司难以正常运转。

（6）团队的可靠性。企业团队的组成，对企业的运营具有重要的影响。一个成熟的企业应该囊括各类的人才，如技术型、财务型、管理型、公关型人才等。同时，团队应当有一致、明确的目标，有共同的愿景，这就需要企业充分注重企业文化的打造，培养员工的凝聚力。

2. 谈判人员的权限

谈判权限是谈判代表之间进行相互沟通、谈判的基础，拥有权限表明谈判代表对议题拥有一定的话语权、控制权等，能够对最终的谈判结果产生较大的影响。谈判人员的权限主要包括以下几点：①谈判人员的合法权利；②消极的奖励，如惩罚形式：延迟向供应商付款、取消分包商资格或由于某种原因建议开除项目团队成员。

谈判人员在相应的谈判权限内签约合同，应当履行相应的法律责任。如果谈判权限不确定，那么会使最后的签约合同失效。谈判人员应当同时具备法定代表人资格，有权依法处理他们在谈判活动中涉及的一系列业务。与此同时需要注意的是，作为合法的代表，谈判人员只能在权限范围内行使自己的权限，切勿越权。

案例 4-2

态度决定结果

国内一家进口公司欲引进最新的医药生产技术，英国和印度的医药公司纷纷想要与之合作，都愿意提供最新的相关技术。经过一番了解，两家公司的实力水平比较均衡，并且质量都有保障。在价格方面，英国公司报出 11 万美元的价格，而印方则提出 10 万美元的价格。但是，在谈判过程中，印方的谈判代表始终是技术总监，而英方则是总经理，态度极其诚恳。因而，综合考虑以上因素，国内公司决定与英方进行合作。

该案例中，两家医药公司的实力水平十分均衡，关键就在于谈判人员，英方派出的总经理明显比印方派出的技术总监更加正式，因而最终英方取得谈判的胜利。

3. 实际需求

谈判的最终目的是成交，而成交的核心在于找到谈判对手的实际需求。只有深知对方的实际需求，才能更好地从需求出发，最终成交。而要想深入了解谈判对手的实际需求，需要提前做好相关调查研究，并在谈判的时候选取适当的时机，进行引导性、选择性试问。但需要注意的是，谈判都是为了己方能够争取到最大的利益，有时候对方很有可能会刻意隐瞒自己的真实需求。在此基础上，要充分做好前期准备工作，制定出有针对性的谈判策略。

找寻对方的实际需求不仅可以在谈判之前进行，还可以在谈判的整个过程中进行。紧抓谈判对手的需求点，需要注意客户在谈判中多次提及的话题，注意察言观色。看对方着重强调哪方面的问题，注意观察他们的表情与态度，以此来大致了解对方的真实需求。通过这种方式，我们就可以更好地把握谈判的主动权，更有策略地去和客户沟通。

案例 4-3

了解对方的心理需求

A 同学想要购买一台电脑，他找到舍友 B 同学和他一同前往旗舰店进行购买。销售员 C 为 A 同学推荐了三种不同型号的机型，可是 A 同学犹豫不决，迟迟不肯购买。第二天，他们再一次前往旗舰店，A 同学还是表现出非常迟疑的表情。此时，销售员 C 偷偷问他的舍友 B 同学 A 同学的具体偏好需求。B 同学告诉销售员 C："A 同学更喜欢最近比较火爆的新款，但是这里没有，逛了其他几家店也还是没有。"听到这，销售员 C 立即从其他地区的门面店调货，并且向 A 同学保证一个星期内可以提货。很快，A 同学预付了订金。

技能提示

了解实际需求，抓住对方的心理

（1）可以通过向第三方寻求了解，以此来探明对方的具体需求。有时，对方可能会存在规避心理，因而拒绝吐露相关的需求信息。如果这个时候选择从对方身边的第三方进行突破，很大程度上会有一定的收获。

（2）在谈判过程中，及时察言观色，要充分了解对方的情绪。一个人的情绪是很容易传递相关的信息的，当对方讲到某个话题并且表示出非常感兴趣时，此时便可以选择继续追问，进一步了解。

4. 谈判的期限

谈判的期限是指从谈判的准备阶段到终局阶段之间的时长。商务谈判的进行存在一定的时间限制。无论是谈判中的沟通部分，还是谈判中的决策部分，都需要时间。谈判首先应当尽量避开休假时间，提前做好安排，时间的选择在一定程度上也会影响谈判的效率。

谈判的期限一般包括以下内容：谈判举办的具体时间、谈判时长、每一期的时间、分为几个批次等。谈判双方之间应当约定一定的期限，超过该期限，即使协议已经履行，也可能发生损失。因此，谈判的最后期限也非常重要。

谈判的期限需要具体、明确，但是同时也应该具有一定的灵活性，能够适应谈判过程中的情况变化，以此来保证总体目标和运行过程不受影响。此外，合理的最后期限能够有效避免谈判对方在谈判过程中不断拖延时间，为自身寻找其他替代者或者更好的谈判条件。

案例 4-4

谈判期限的意义

美国著名的谈判专家赫布·科恩曾经被派去与一家日本公司进行谈判。当他抵达日本机场时，该日本公司的两名职员已经在出口处迎接了。两位职员极其热情地接过他的手提箱和行李，用一辆高级豪华轿车载着他前往酒店。路上，日本公司的职员彬彬有礼地向他询问了预订的航班和汽车信息。他受到如此的礼遇，非常自然地从他的口袋里拿起一张回程的机票，上面详细地写着返程的目的地和时间。但是令他万万没有想到的是，正是这样的举动，无意中泄露了自己的行程，使得自己在谈判中陷入了一种被动局面。在接下来的七天里，日方代表带着他四处旅游、放松，就是不开始谈判。直到最后一天，双方的谈判才真正进入主题。当谈到最关键的问题时，去机场的车已经在门外等待了。因而，最关键的谈判只能在车里简单进行，双方在去机场的路上，在车里草草达成了最终的协议。

最终的谈判结果对美方非常不利，日方因为巧妙运用了最后期限的技巧，大获全胜。

资料来源：科恩.谈判天下：如何通过谈判获得你想要的一切[M].谷丹，译.深圳：海天出版社，2006.

5. 谈判风格和个人情况

首先，应该注意谈判过程中谈判人员的表达方式、方法和偏好习惯。不同国家和地区的谈判代表有不同的谈判风格。如果我们能够熟悉对方的谈判风格，就可以深入了解谈判代表个人，并且凭借一定的优势来击败对方。

其次，研究和了解对方的谈判风格和个人情况有利于为谈判策略提供相关的依据，帮助我们更好地制定谈判策略，有针对性地想出相应的对策。同时，在一定程度上能够提高谈判代表的谈判水平。因而有经验的谈判代表能够驾驭不同的谈判风格，进一步形成自己的谈判特点。

知识链接

不同国家的谈判风格

以中国、美国、日本为例，说明不同国家的谈判风格，如表 4-1 所示。

表 4-1　不同国家的谈判风格

国家	中国	美国	日本
注重集体/个人	注重集体主义	注重个人主义	提倡集体领导
准备情况	充分准备	准备较少	长期准备
地位情况	职务决定	成就决定	职务决定
耐心程度	很有耐心	缺乏耐心	很有耐心
报价情况	合理报价	合理报价	漫天报价
让步程度	很大让步	很少让步	很大让步
礼仪重视程度	讲究礼仪	不拘礼节	讲究礼貌
最终协议情况	互惠互利	获得胜利	取得成功

6. 市场行情

早在古代，商人们就已经开始集中精力收集和分析市场信息。只有通过商品在市场上的流通，才能检验商品生产者和经营者经济活动的有效性。为了提高竞争力，必须对市场状况进行全面分析，仔细分析需求和价格的变化及其原因，并预测商品贸易变化的趋势。市场的行情具有十分重要的地位，它既是选择贸易对象的利器，同时也是决定贸易量的重要评判标准之一。然而，有许多市场行情的数据是扭曲的，甚至是错误的，需要贸易双方擦亮眼睛，寻找最适宜的市场，学会用"缺口理论"正确解读市场行情。

市场的迅速发展使公司能够更快地进行市场研究，与此同时，市场的研究方案也需要与时俱进。选择市场时，目标市场应当是能够创造最大的顾客价值，并且能够保持一段时间的细分市场。如果市场规模过小或者趋于萎缩状态，那么企业进入后难以获得发展。

知识链接

波特五力分析

波特五力分析（Porter's Five Forces Analysis）是迈克尔·波特（Michael Porter）于20世纪80年代提出的，主要用于分析公司运营所处的行业和竞争环境。这五种力量是：同行业竞争者的竞争力、潜在竞争者进入的能力、替代产品的威胁、购买者的议价力和供应商的议价力。在收集谈判对手信息的时候，要十分注意上述五种力量，这五种力量分别会对市场行情产生一定的影响，具体如下。

1. 同行业竞争者的竞争力

如果某个细分市场已经有了许多强大的同行业竞争者，久而久之，该市场就会失去吸引力。若该市场处于停滞不前或者衰退阶段，且固定成本、撤出市场的壁垒过高，则市场行情就会更糟。这些情况常常会导致企业经历价格战、广告争夺战，并且付出高昂的代价。

2. 潜在竞争者进入的能力

若某市场在短期内可能会出现争夺市场份额和资源的竞争者，则该市场就会没有吸引力。而最关键的地方就在于新的竞争者能否轻易地进入这个市场。如果竞争者能够轻易进入该市场，则该市场是非常抢手的，市场行情也有待进一步考虑。若竞争者进入市场时遇到严重的行业壁垒,并且受到原来竞争者的强烈报复,那它们便很难进入。

3. 替代产品的威胁

若某个市场存在着替代产品或有潜在的替代产品,那么该细分市场就会失去吸引力。因为替代产品在一定程度上会限制市场内本行业产品的价格和利润。因而企业应密切注意替代产品的价格趋向。若替代产品行业竞争日益激烈,细分市场的价格和利润就会下降。

4. 购买者的议价力

若市场中购买者的议价力很强或正在加强,该细分市场就会没有吸引力。因为购买者会设法压低价格,使竞争者之间互相竞争、降价,最终使销售商的利润受到损失。同时,如果出现购买者们相对集中、产品无法实行差别化、消费者对价格敏感等情况,都会对市场行情的走向产生一定的影响。

5. 供应商的议价力

若供应商具有很强的议价力,则在原材料等购买当中,将会使企业的利润减少。如果供应商是集中、大量成团的,且其提供的产品的替代产品少,那么供应商的议价力就会较强。因此,要想深入了解市场行情,应当与供应商建立良好的关系,并且及时开辟多种供应渠道。

案例 4-5

华为反击成功,瑞典踩下"刹车"

2020 年,瑞典对华为的产品颁发禁令。华为就此反击,向斯德哥尔摩行政法院起诉瑞典电信管理局,经过 4 天的谈判,法院通过了华为提交的诉讼。2020 年 11 月 9 日,瑞典方面暂停相关禁令,撤销与华为有关的限制性要求。通过调查市场行情可以发现,在 5G 通信领域,华为的实力非常强,西方国家还是非常想要与华为进行合作的。

资料来源:曾正,这是华为的一次成功反击!历时 4 天结果公布,瑞典"改口"了,2020-11-28.

技能提示

如何掌握市场行情

(1)通过关注对象发布的财报、新闻等信息,不断汇集、整理、分析,从而获得有价值的信息。

(2)购买专业机构的研究报告。

(3)委托市场调查公司进行调查。

(4)透彻分析相关典型案例与项目,进行专项研究。

4.1.2 合理安排谈判时间及地点

选择谈判时间、地点的原则是合理、公平、互利。选择在最佳的时机进行谈判,能够在一定程度上保障谈判代表的稳定发挥,并且任何谈判都有一定的时间限制,时间过长容易让谈判代表产生倦怠。而谈判地点的选择通常涉及谈判中的心理因素,一个适当的谈判地点可以增加自身的谈判自信。

有研究发现,最佳谈判时间往往在下午3~6点。在这个时间段,人们的思路较为清晰,状态较好。但密歇根大学的一项研究发现,这个时间段人体内的皮质醇水平(一种压力激素)会下降,人的大脑没有之前那么敏锐,但会处于一种较为放松、舒适的状态,很适合进行探讨。

谈判的具体地点则要根据谈判的不同需要而定。若双方之间想要进行比较正式的谈判,可以选择会议室。为了营造一种良好的谈判氛围,谈判室可以放置一张椭圆形或方形的桌子,背景可以选择较为柔和的颜色等。如果你的目的是想营造一种较为严肃、紧张的谈判氛围,可以放置较为暗沉的灯具。

技能提示

1. 关于谈判环境的布置

(1)光线:尽量选择明亮的位置,可以利用自然光源,也可以使用人造光源。

(2)音效:谈判地点必须保持安静,保证谈判的顺利进行。

(3)舒适度:尽量选择室内,能够及时调控室内温度、湿度等,温度尽量在26℃,相对湿度尽量在40%~60%。

(4)装饰:在谈判场所内可以适当放置一些装饰品,例如一些装裱、花卉等,以此来营造一定的氛围感。但是要确保谈判环境的简洁、整齐。

(5)色彩:室内的家具、门窗、墙壁的颜色尽量和谐,具有美感。

2. 如何选择最佳的商务谈判时间

(1)避免在身体不适时进行谈判。

(2)尽量不要在连续、紧张的工作后进行谈判。

(3)选择在思绪清晰的时刻进行谈判。

(4)尽量不要在休息一周后的第一天早上进行谈判。

4.1.3 明确我方利益

谈判前,最重要的一点是要明确我方的利益。只有明了我方的需求和底线,才能更好地进行谈判与协商。谈判的重点内容是为了解决利益冲突,找寻一个多方都能接受的方案,在有条件的情况下直接做出一些让利,能够确保谈判的顺利进行。这需要谈判代表具有一定的洞察力,能够迅速地思考,并且能在僵局中及时改变想法。具体的利益内容包括商品的名称、质量、数量、包装、保险、检验、价格、支付手段等。

在谈判中,学会有技巧地提出我方预期利益,层层深入。在此基础上,在明确我方核心利益的前提下,遇到不同的情况可以稍做调整,以此来获得更大的利益。

思政小栏目

一个中国原则不容谈判和磋商

2018年6月29日,时任外交部发言人陆慷在回答有关外交的提问时说,一个中国原则是中美关系的政治基础,不容谈判和磋商。同时,在当日例行记者会上,有记者问:"据报道,中方已拒绝美方有关就中国要求美航空公司将'台湾'称谓改为'中国台湾'进行磋商的请求。请问中方对此有何评论?"

陆慷回答道:"世界上只有一个中国,台湾是中国的一部分,这是客观事实、基本常识,也是国际社会的普遍共识。此外,中国民航局下发的有关通知,体现了中国政府在一个中国原则问题上一贯、坚定的立场,有关要求完全合法合理。"同时,他还说道:"我们欢迎外国企业来华投资兴业,同时在华经营的外国企业必须尊重中国主权和领土完整,遵守中国法律,尊重中国人民的民族感情。一个中国原则是中美关系的政治基础,不容谈判和磋商。美国政府理应敦促有关企业恪守一个中国原则,尽快对网站做出整改。"

资料来源:外交部,2018年6月29日外交部发言人陆慷主持例行记者会,2018-06-29.

技能提示

谈判中如何尽量满足对方的要求

在谈判之前,要明确自己的底线,同时留出一定的余地。在谈判开局时,可以提出比底线更高的要求,以此来让对方谈判。尽量不要大幅度减让,学会慢慢地给对方带来满足感,争取用最小的让步去换取对自己最有利的协议。在谈判陷入僵局的时候,从另一个角度出发,适当转移注意力。

4.2 谈判的可行性分析与谈判目标

4.2.1 交易谈判内容的重要性

资源是企业的命脉,交易内容对一方越重要,说明该方的需求程度越高,谈判的必要性越大。如今由于各方争夺相关资源的需要,往往需要通过谈判来解决。而在谈判的过程中,如果一方十分迫切地需要谈判内容涉及的产品或服务,另一方可以在此基础上制定偏向自身利益的条款,抓住对方急切需要的心理,让他们为此买单。因而,交易内容在很大程度上决定了谈判双方成功的可能性,如若企业在相关市场上形成垄断局面,那么在谈判过程中将会拥有一定的优势,占据谈判的主导权。反之,如若谈判双方的交易内容在市场上相当普及,则很有可能出现供过于求的情况,对谈判的一方产生不利的影响。

知识链接

交易谈判的内容分为以下几类：

1. 货物买卖

货物买卖主要是涉及有形货物的交易谈判。货物买卖谈判，可以根据谈判方商业地位分为采购谈判和推销谈判，或根据国界分为国内货物谈判和国际货物谈判。在国际货物谈判中，具体可以分为进口谈判和出口谈判。在谈判时需要注意货物的品质、数量、价格、支付手段、检验、索赔和仲裁等。

2. 技术贸易

技术是凝结在劳动力和生产资料中的能够转变为物质力量的知识技能。技术贸易是以技术为对象的买卖交易，往往表现为专利、集成电路设计等。在技术贸易谈判中，主要谈判技术的标的、性能、资料的给付、技术咨询以及人员的培训、技术的考察与验收、技术的改进等。

3. 投资贸易

目的是让投资方出最多的资金给被投资方。在此种交易中，需要不断强化自身的产品优势，抓住几个典型的特点进行介绍，增强自信心，同时也要守住自身的底线，不能放弃应有的权利和义务。

4. 劳务合作

劳资合作是指劳资双方通过协商，了解劳资双方的用工情况、工作时间、报酬、计算方法、支付手段、劳资双方的权利和义务等情况，以此协商确定劳资合作协议的优先次序、数量、地点以及工资和职业等因素。

5. "三来一补"

"三来一补"是指双方根据加工目的、加工范围、补偿范围等内容，确定贸易的来源地、来源地的质量、加工标准和交货时间，并且在原材料成本、质量保证、补偿产品的选择和补偿、补偿方式等方面进行协商。

6. 服务协议

服务协议主要是指设备的维护和维修服务，作为辅助谈判直接包括在主要谈判之中。具体内容包括规定预防性维护的期限、规定使用方在设备上的作用范围、维护的费用、明确按照技术要求完成维护或服务的标准等。

案例 4-6

一双昂贵但被需求的运动鞋

张三最近打算买一双运动鞋，他已经看中那双鞋很久了。但是那双鞋太贵了，商场里明码标价 2 000 元。他是学生，手里的资金较少，因而他打算和销售员进行协商。但是经过一番谈价之后，销售员丝毫没有减价的意愿，并说道："现在库存告急，目前市场上只有我们一家销售，很有可能明天就买不到了。"张三一咬牙，最终还是以 2 000

元的价格买下了那双鞋。

该案例中，销售员正是抓住了张三对运动鞋的迫切需求，借机刺激张三。因而，双方交易的内容在很大程度上能够影响谈判的最终结局。

4.2.2 双方经济状况的可靠性

只有在双方经济条件稳定的情况下，才能进一步开展合作。如若一方出现重大经济危机等问题，未能及时生产、发货等，则可能会给另一方带来损失。在谈判前，应该充分考虑对方的经济情况，确保考察信息的真实性。

与此同时，要充分了解对方的实际情况，例如对方企业的合法性、对方的资本、信用状况，以及谈判对手的权限范围、具体的时限长度等。上述因素都有助于预测谈判的前景状况，在一定程度上为策略的制定提供依据。对于企业的经济运行管理制度，也应当给予充分的考虑。尤其是对方企业设置的一些重要规定、规程和行动准则是否与自身企业相吻合，以此来保证之后长久合作的顺利进行。

4.2.3 谈判环境的稳定性

1. 政治环境

政治环境主要是指外部的政治形势、国家政策以及商业活动的变化。稳定的政治形势，不仅有利于经济发展，也为谈判提供了良好的环境，能保证谈判的正常进行。国家之间的政治关系会影响双方之间的经济稳定，如若发生战争等一系列事件，无疑会对谈判产生较大影响。而国内政局的动荡，也对企业的生存有着巨大的影响，可能会导致企业合作与谈判的失败。

2. 法律制度

不同的国家会制定不同的法律制度，在不同的时期，国家会为了进一步发展经济而制定不同的政策。经常变化的法律制度，将会给企业之间的合作带来一定的风险。收集信息的不及时，或是谈判双方之间未能及时告知、沟通等都有可能产生一定的不利影响。

3. 商业习惯

商业习惯是在特定领域、行业、群体中被反复实践并被广泛认识的经常性做法。它具有一定的约束力，或包含一定的法律因素，但不具有法律性质。

4. 社会文化

不同国家的居民在心理文化方面存在一定的差异，因为他们接受的教育不同，身处的社会文化不同。文化差异即各地区由于当地特色、环境、风俗等不同而产生的差异，主要包括价值观、风俗习惯、社会机构、语言、礼节与节日、家庭在社会中的地位等。在商务谈判中，由于双方之间的文化背景不同，价值观、风俗习惯等都有所差异，会对谈判产生一定的影响。

4.2.4 确定谈判目标

谈判目标是为了满足某种利益而建立在人们需要的基础上的，是人们进行谈判的动机。谈判中需要紧紧围绕既定的谈判目标，只有从最基本的目标出发，才能更好地收获理想结果。谈判目标按层次具体可分为以下四种。

1. 最优期望目标

最优期望目标是指对谈判一方最有利的理想目标，即为一方的实际需要增值。然而，在实践中，最优期望目标往往是不可能的，成功的可能性很小，任何谈判人员都不可能在每次谈判中都达到最优期望目标。然而，这并不意味着最优期望目标在商业谈判中没有发挥作用。最优期望目标是谈判开始时的主题，如果一个谈判代表在谈判初期就透露出他想要的目标以及谈判的实际利益，那么他将会很难达到这个目标。

主要特征：

（1）是谈判代表最有利的理想目标。

（2）一般是单方面可望而不可即的。

（3）是谈判最开始的话题。

2. 实际需求目标

实际需求目标是根据主要因素，经过科学预测核算出最实际的、近在眼前的目标，谈判代表往往在此基础上做出让步，如若让步未能达成一致，谈判很容易陷入僵局。

主要特征：

（1）属于内部机密，通常只在谈判过程中某个阶段巧妙地提出。

（2）作为谈判代表的最后防线，如果达不成，谈判可能陷入僵局或暂停。

（3）关系到谈判方主要或全部经济利益。

3. 可接受目标

可接受目标是通过对谈判的全面估计，在充分考虑企业利益的情况下形成的目标。这个目标是一个努力达到的区间或范围，因此达成可接受目标通常意味着谈判成功。一般情况下，通过努力是可以实现这类目标的，但注意不要太公开。

主要特征：

（1）谈判人员经过科学论证、预测和计算、核算后确定的目标。

（2）若该目标实现，则意味着谈判成功。

（3）是己方可努力争取或做出让步的范围。

4. 最低限度目标

最低限度目标是在谈判中对己方而言毫无退让余地、必须达到的最基本的目标，也就是通常所说的底线,是最低要求。如果达不到,一般会放弃谈判。谈判代表一般不会接受低于最低限度目标的条件,最低限度目标是谈判的最后一道防线。

主要特征:
(1)是谈判者必须达到的目标。
(2)是谈判的底线。
(3)受最优期望目标的保护。

技能提示

1. 如何确定谈判目标

在商务谈判过程中,确定谈判目标是非常关键的,是谈判最基本的要素。

首先,不能一味地将精力全部放在争取最优期望目标上,不考虑谈判过程中可能出现的不确定因素,从而造成一种被动的局面。与此同时,谈判目标要有灵活性,确定上、中、下级目标,并根据实际谈判情况对目标进行调整。

其次,最优期望目标可能不仅是一个目标,而是有多个目标。在这种情况下,必须排好顺序来抓住最重要的目标,以达到最重要的目标,而其他目标则可以让步,减少需求。

最后,要严格保密自身的最低限度目标。除参与人外,不能透露给任何谈判对象。如果被披露,很有可能会让对手占据一定的优势。

2. 确定谈判目标时要坚持哪些原则

(1)实用性。在确定谈判目标时,需要根据自己的实际经济能力、具体的工作状态、外部情况等来制定自己的谈判目标。如果企业通过谈判获得了先进的技术设备,但由于存在领导力、管理水平和技术流程方面的问题,那么企业的谈判就没有成功。

(2)合理性。具体指谈判目标在时间和空间上应当具备充分的合理性。在市场经济中,市场环境是变幻莫测的,在一定的时期和空间内,谈判的目标也有不同的用途。除此之外,谈判的主体在时间和空间上也要全面分析自己的目标,确保自身的目标合理。

(3)合法性。它是指谈判目标必须符合相关的法律规则。在谈判过程中,为了实现自己的利益,有些人采取行贿等手段,损害集体的、共同的利益,从而使自己获利,并且利用经济压力强制要求其他企业进行妥协。因而要公平公正,确保谈判的合法性。

案例 4-7

合理目标的博弈

我国某汽车制造公司欲向美国购买一套先进的设备。在此之前,我方谈判代表做了充分的准备,对设备的行情、发展状况等了如指掌。谈判初期,美方报价 100 万美元,经过还价,美方决定让步到 90 万美元。我方仍觉得有谈判的余地,坚持要价 80 万美元,谈判陷入僵局。美方代表想要转身离去,我方代表丝毫没有挽留的意愿。只见我方代表说:"他们肯定会回来的。"果然,两天后,美方主动联系我方代表,想要进一步洽谈合作,最终双方以 80 万美元成交。有人表示不解,我方代表解释道:"一个月之前,美方以 75 万美元的价格销售给日本。他们的产品在其他国家相对来说是缺乏竞争力的,市场上类似的产品售价也不过才 85 万美元,所以我们的报价是完全合理的。"

该案例中,我国谈判代表始终坚定自身的谈判目标,并且在合理、合法的基础上展开博弈。

4.3 谈判方案的制订

谈判方案主要是指在进行正式的谈判之前,谈判代表及其企业需要制定出的一个完善而又明了的具体谈判规划。谈判方案在一定程度上影响谈判的整体节奏,在谈判过程中起着不可替代的作用。

4.3.1 商务谈判方案的制订原则

1. 简明扼要的原则

谈判方案应该能够使谈判人员立刻记住谈判的主要内容。尽量避免烦冗,以防给谈判代表带来不必要的困扰。应当抓住关键要点,展示出谈判的核心内容,使得谈判代表在此基础上展开谈判。

2. 灵活性的原则

由于在谈判过程中,谈判双方都有可能发生临时的变化,这就需要谈判代表能够随机应变。在制订谈判方案时,应提前准备好应对多种可能发生的情况。谈判人员能够在原来的基础上做出调整及变动,在允许的范围内灵活处理问题。

3. 信息采集充分的原则

谈判方案能够提前探明对方的报价依据,并且能够按照方案逐项询问,以此来探究对方的真正意图;在谈判过程中,根据谈判形势,找出对方的真正立场,适时地阐述己方的立场与依据。在特殊情况下,可以果断、合理地选择终止谈判。

4. 进一步磋商让步的原则

在谈判陷入僵局时,学会进一步磋商,提前列举好需要磋商的清单,并且适时地做出一些让步。首先要明确让步的步骤,先让步次要的,再让步比较重要的。其次要对具体的让步项目进行分析,不做无谓的让步,每次让步都需要对方用一定的条件交换。充分考虑让步的程度,每次让步的幅度要适中。根据以上几点要素制订完善的让步方案。

技能提示

如何迫使对方让步

1. 利用竞争对手策略

通过利用市场上现有的或潜在的竞争者信息，告知对方其竞争者有低价、便捷等诸多优势，以此来给对方造成一定的压力。具体可以表现为：积极创造竞争条件，例如可以同时请多家有着相同产业的商户进行谈判，以此来制造诸多"竞争对手"的假象。

2. 哭穷策略

哭穷策略也称为以软化硬、滴水穿石策略。主要是通过采取各种措施，来唤起对方同情、怜悯、宽宏大量、乐于助人的心理，以此来达到自身的谈判目标。

3. 蚕食策略

一点一点地将自己的要求提出，而不是将所有的要求一次性提出，要有勇气去"得寸进尺"。在谈判过程中，通过蚕食策略提出自己的要求，以此来引导对方做出让步。

4. 吹毛求疵策略

谈判代表为了让对方进一步让步，有意对商品或劳务挑三拣四，在此基础上提出降低报价的要求。向对方施加压力，专门寻找对方弱点，伺机打击对方，迫使其做出让步。

5. 最后通牒策略

最后通牒策略是指当谈判双方在对方提出最终协议的问题上不断发生冲突时，其中一方向另一方提出最后的条件，要么一方接受该方的条件，要么就只能退出并且结束谈判，迫使另一方快速做出决策。

6. 红白脸策略

红白脸策略是指谈判中两个人分别扮演"红脸"和"白脸"的角色，或一个人同时扮演这两种角色，以此降低对方的心理防线，使得谈判的进退更有节奏，让对方进一步让步。

7. 虚张声势策略

在谈判之初，谈判代表通过提前整合资源，将公司的资源能力、品牌能力、执行能力、研发创新实力及其他能力做出远远高于客户能够认知的高度表述。通过这种虚张声势策略来获得一定的谈判主动权。

4.3.2 制订不同的选择方案

在谈判过程中，要准备好制订不同的方案，学会未雨绸缪，主动看到事情的另一层面。在很多情形下，如果事先没有准备好其他的方案，在谈判过程中很可能被迫接受一个远远低于自身满意程度的交易。学会纵观全局，制订多个谈判方案，根据双方谈判情况的不断变化和事态趋向，灵活配合使用一种或几种方案。制订不同的选择方案要遵循以下几点原则。

1. 可行性原则

首先要确保制订出的不同方案是可行的，是建立在有科学根据的基础之上的。要按照客观的规律办事，从实际出发，实事求是，运用科学的方法、端正的态度准确地搜集、分析和甄别原始的大量数据和信息，以此来确保其真实性和可靠性。

2. 多样性原则

谈判方案至少要有两个，以便进行对比，要充分考虑问题，满足不同群体的需要，使决策趋于合理。重大决策应全方位、多途径和多角度地制订各种方案，增加丰富的体验感。

3. 层次性原则

多种备选方案不可以单独或多个集中在某一层次上，既要综合考虑宏观与微观，又必须综合考虑近期与远期，从多层次、多水平的角度来对各种备选方案做出逻辑性的思考。谈判方案的层次性能够反映出谈判过程从简单到复杂，从低级到高级的层层递进。随着谈判一层一层地深入，谈判中讨论的内容也不同。

4. 创新性原则

学会另辟蹊径，找寻亮点。制订方案时敢于创新，善于捕捉有价值的线索，不断深化。提出以前没有的方案，开创全新的合作模式，不断推陈出新，抓住对方眼球，以此来达到更好的谈判效果。

5. 优化性原则

通过前期的信息收集、整理，分析谈判过程中的缺陷和漏点，对不同的选择方案进行深入评估、对比、判断，在此基础上进行改进，以尽快解决问题。

案例 4-8

聪明的销售

一位年轻的销售员，初入职场，充满激情。他主要销售热水器，对热水器的功能、价格等都倒背如流，因而在起初一年的销售过程中，业绩都很不错。但是后来，他的销售事业开始慢慢走下坡路，他感到非常不解，便向相关行业的经理寻求帮助。经理让他将具体的销售流程展示一遍，很快就发现了问题。经理说："你的这款热水器，确实有很多的优点，并且也是新一代产品，最近网上也都炒得火热。但是，你在销售的过程中，是否会遇到这样的问题，买方对产品的价格、质量表示担忧。因为这是网红产品，我之前在相关网站上看过该商品的评价，效果不是很好。对于很多客户，他们追求的并不是最新款的商品，而是质量。比如说，如果买方是一位 60 岁的退休人员，他想购买一款热水器，唯一的要求就是质量好，而且他也不需要很多全新的功能，他只是夏天的时候用一用，冬天的时候还是喜欢去澡堂洗浴。此时，你给他推荐这款新产品，他接受的可能性是非常低的，因而你要提前准备好，是否还有其他的方案供他选择，能否找到一个打动他的点，让他想要购买这款产品。其实你就可以这样说，'我们这款热水器与一个牛奶企业达成了合作，如果您能够现在下单的话，我们当即送您一个月的牛奶。'这样一来，首先可以抓住消费者的"侥幸"心理，也可以增加消费者的购买欲望。"

◉ 知识链接

在商务谈判中，可以制订哪些不同的方案

1. 过程型方案

过程型方案可以确保谈判过程的公正性，因为双方可以在谈判进行的过程中，不断揣摩、分析对方的特点，不断积累谈判对手的信息，从而帮助更好地进行决策，将所有不确定性的因素一一列举出来，在此基础上及时做出相应的方案。

2. 双赢型方案

在谈判之前，可以通过预先的资料收集、分析等，设想出双方谈判的最终结果，并由此设计出一个既能满足他人要求，又能够达到自身目的的方法，创造出一个双赢的方案。

3. 延缓型方案

由于谈判过程中受到一定因素的影响，可以通过及时推迟某项决策，以此来争取更多的时间。这需要谈判代表能够带动好谈判时的节奏，收放自如。

4.3.3 明确谈判成员的分工

谈判人员在分工上具体可以分为三个层次，分别为第一、第二、第三层次。

1. 第一层次

第一层次主要是谈判组的领导人或首席代表，即主谈人。他理应具有丰富的谈判经验和领导才能，能够及时应对不同的问题。其具体职责是：

（1）监督谈判程序。
（2）掌握谈判进程。
（3）听取专业人员的说明、建议。
（4）协调谈判成员。
（5）决定谈判过程的重要事项。
（6）代表单位签约。
（7）汇报谈判工作。

2. 第二层次

第二层次主要是专业人员，他们能够负责各自的专业领域，确保谈判的顺利进行，例如技术人员、财务人员、生产人员、法律人员等。其具体职责是：

（1）阐明己方参加谈判的意愿、条件。
（2）分析对方的意图。
（3）找出双方的分歧或差距。
（4）同对方进行专业细节方面的磋商。
（5）修改、草拟谈判文书的有关条款。
（6）提出解决专业问题的建议。
（7）为最后决策提供专业方面的论证。

3. 第三层次

第三层次也是谈判过程中必不可少的人员，虽然不是谈判的正式代表人员，但是对谈判过程也起着十分重要的作用，例如会议记录员，主要记录的内容如下：
（1）双方讨论过程中的问题。
（2）提出的条件。
（3）达成的协议。
（4）谈判人员的表情、用语、习惯等。

关键术语

商务谈判的信息准备　谈判的可行性分析　谈判目标　谈判方案

本章小结

1. 谈判前筹划与准备的内容：收集谈判对手信息、合理安排谈判时间及地点、明确我方利益。
2. 合理分析谈判的可行性：交易谈判内容的重要性、双方经济状况的可靠性、谈判环境的稳定性。
3. 谈判目标具体分为：最优期望目标、实际需求目标、可接受目标、最低限度目标。
4. 谈判方案制订的原则：可行性原则、多样性原则、层次性原则、创新性原则、优化性原则。

综合练习题

一、单项选择题

1. 一般情况下，商务谈判中能够直接公开的是（　　）。
   A．己方的最后谈判期限　　　　　　B．谈判主题
   C．最优期望目标　　　　　　　　　D．实际需求目标
2. 以下描述属于哪种交易谈判："双方根据加工目的、加工范围、补偿范围等内容，确定贸易的来源地和来源地的质量、加工标准和交货时间，并且在原材料成本、

质量保证、补偿产品的选择和补偿方式等方面进行协商。"(　　)

　　A．货物买卖　　　B．技术贸易　　　C．"三来一补"　　　D．服务协议

3. 商务谈判的四种目标之间的关系是(　　)。

　　A．最优期望目标＞实际需求目标＞可接受目标≥最低限度目标

　　B．最优期望目标＞实际需求目标≥可接受目标≥最低限度目标

　　C．最优期望目标＞可接受目标＞实际需求目标≥最低限度目标

　　D．最优期望目标＞可接受目标≥实际需求目标≥最低限度目标

4. "通过对谈判的全面估计，在充分考虑企业利益的情况下形成的目标"属于以下哪种目标？(　　)

　　A．最优期望目标　　B．实际需求目标　　C．可接受目标　　D．最低限度目标

5. 国际商务谈判中，安排谈判人员时应该根据(　　)。

　　A．谈判的时间　　B．谈判的地点　　C．谈判的目标和对象

　　D．对方的社会制度

二、多项选择题

6. 制订谈判方案的基本要求包括(　　)。

　　A．具体　　　　B．全面　　　　C．灵活

　　D．简明　　　　E．扼要

7. 谈判环境的稳定性包括(　　)。

　　A．政治环境　　B．法律制度　　C．商业习惯

　　D．社会文化

8. 在商务谈判中，要从以下哪些视角考量对方企业的营运状况？(　　)

　　A．市场占有率　　　　　　　　B．收益的主要来源

　　C．市场的未来前景性　　　　　D．创新、研发能力

　　E．管理制度的合理、先进性　　F．团队的可靠性

9. 商务谈判信息情报搜集的主要内容包括(　　)。

　　A．与谈判有关的环境因素　　B．谈判对手的情报

　　C．竞争者的情况　　　　　　D．己方的情况

10. 影响谈判的政治环境因素主要有(　　)。

　　A．国家对企业的管理程度　　B．经济的运行机制

　　C．政治背景　　　　　　　　D．政局稳定性

　　E．政府间的关系

三、简答题

11. 试分析确定具体谈判目标需考虑的要素。

12. 简述商务谈判的准备工作包括哪些内容。

13. 如何了解谈判对手？

14. 什么是最低限度目标？

四、案例分析题

迪吧诺公司是纽约著名的面包公司,当地很多大型酒店和餐饮消费场所都与其有合作业务。然而,附近有一家大型的饭店,多年来一直没有与他们合作,这种局面持续了长达四年。在此期间,公司的负责人大卫先生每周都去拜访这家饭店的经理,甚至以宾客的身份进驻该饭店,多次想与他们进行销售谈判,但无论如何,大卫先生仍然无法促成双方达成交易。在这种持续僵持的局面下,大卫先生暗自下定决心,一定要与这家饭店达成合作。

此后,大卫改变以往的推销策略和谈判技巧,选择从调查饭店经理的兴趣爱好入手。通过长期详细的调查,他发现,饭店经理是美国饭店协会的会员,而且担任会长一职。大卫由此找到突破口,当他再次拜访经理时,开始以协会为话题,围绕协会的有关事项和经理交谈起来。果然,通过这个话题,饭店经理对大卫产生了极大的兴趣,他开始滔滔不绝地讲述饭店协会的事情,同时还邀请了大卫参加这个协会。

这一次同饭店经理"谈判"时,大卫丝毫不提自身的销售,只是围绕饭店经理关心和感兴趣的协会话题,取得了经理的认同。令人意想不到的是,几天后饭店的采购部门突然打电话给大卫,让他立刻送面包样品和价格表。饭店的采购负责人在谈判过程中笑着对大卫说:"我真猜不出您究竟使用了什么样的方法,让我们老板这么欣赏你,决定与你们公司进行长期合作。"听了采购负责人的话,大卫有些哭笑不得,他向他们推销了4年面包,却连一块面包都没销售出去,如今只是对饭店经理关心的事表示关注而已,他的态度却发生了180度的转变。

资料来源:品牌网,谈判前应该准备什么,2012-04-09。

15. 分析大卫先生最终取得成功合作的策略。
16. 分析此种策略在商务谈判中的优势。

扫码阅读
参考答案

CHAPTER5　第 5 章

商务谈判进程

本章要点

- 商务谈判开局阶段策略
- 商务谈判报价阶段策略
- 商务谈判磋商阶段策略
- 商务谈判僵局策略
- 商务谈判成交阶段策略

导入案例

谈判僵局下关注共同利益

在商务谈判中，需要预测对方的行为和决策，从而形成最终有利于自己的决策。在商务谈判中最主要的是确定价格空间，价格差额的存在使双方谈判有意义。利益是谈判人员追求的目标，而共同利益则是双方谈判的基础。当出现谈判僵局时，双方很可能因为坚持自己的立场或观点而忽视共同利益，也就失去了可获利益，甚至面临承担损失的风险。此时，双方应回归谈判重点，抓住共同利益，化解僵局，达成合作目标。

例如，广东一家玻璃厂为引进设备，与美国欧文斯玻璃公司展开了谈判，注重从共同利益出发，这样很容易就打破了僵局，顺利完成了谈判。在谈判时，双方就全套引进设备与部分引进设备出现分歧，美方公司提出中方公司必须全套引进设备，而中方公司则提出因为外汇有限，所以需要部分引进设备，这样谈判就陷入僵局。为了打破僵局，中方公司代表说："贵公司无论技术、设备还是人才，在全球范围内都是顶级的，贵公司将设备投入进来，与我们进行科技合作，帮助我们建厂，必须用最好的技术，这样我们才能成为全国第一，这对我们双方而言，都是非常有利的。"对方一听，很快就产生了兴趣，中方公司代表继续说："我们公司的外汇非常有限，能够引进的设备并不多，且只在国内生产，不计划出口。目前法国、日本等国家也愿意和我们合作，若是你们不同意，不愿意投入最先进的技术与设备，那么将失去中国市场,可谓得不偿失。"通过这一席话,很快就缓解了谈判僵局,并达成了协议。

资料来源:秦臻.从博弈论视角探讨商务谈判僵局的处理[J].中国商论,2017(10):131-132.

经过前期细致的准备工作,接下来就要开始谈判了。很少有谈判可以一次完成,通常都要经过若干回合。谈判的过程就是一个双方互相提出目标和意愿,再进行你来我往的讨价还价,将分歧逐步消除,最后达到一致的过程。在这个过程中,每一个环节都不可以忽略,商务谈判人员若希望全局控场,相应阶段的策略与技巧必不可少。

实际谈判始于谈判双方坐在谈判桌前商议,终于双方签订合同,整个过程可以分为不同阶段,具体有四个:开局阶段、报价阶段、磋商阶段和成交阶段。在这个过程中可能有陷入僵局的情况,需要谈判人员合理化解。

5.1 商务谈判开局阶段策略

开局阶段是指谈判双方见面后,在进入具体的、实质性的交易内容讨论之前,相互介绍、寒暄以及就谈判内容以外的话题进行交谈的过程。开局阶段所占用的时间较短,谈论的内容也与整个谈判主题关系不大或根本无关,但这个阶段却不可忽视,因为它从整体上奠定了谈判的氛围,开局的效果如何在很大程度上决定着整场谈判的走向和发展趋势。

开局阶段的重点主要体现在三个方面,分别是开局阶段的主要任务、开局阶段的影响因素以及商务谈判开局策略,如图 5-1 所示。

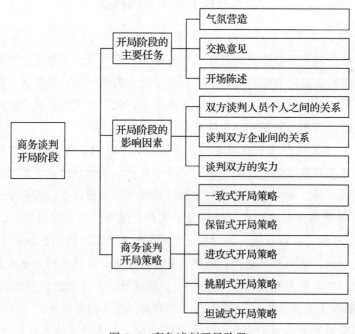

图 5-1　商务谈判开局阶段

5.1.1 开局阶段的主要任务

开局阶段的主要工作有：①要制造和谐、诚恳、友善的谈判氛围，并在此基础上维护、保持这种轻松愉悦的气氛；②在开始正式谈判前，谈判双方应该就谈判流程及主要议题、日程安排等互相交换意见；③尽快了解对方的谈判特点、为人处事的风格、谈判经验以及善用策略等，最好能掌握对方对要成交买卖的大致期望值，做到知己知彼。概括而言，开局阶段的三项任务分别是：气氛营造、交换意见、开场陈述。

1. 气氛营造

所谓谈判气氛，是谈判双方为了给对方留下一些印象，便于后续的正式谈判而通过语言、动作等故意营造出的一种环境。

（1）谈判气氛分类。一般来说，谈判气氛可分为四种：热烈积极的友好气氛、平静谨慎的严肃气氛、冷淡对立的紧张气氛、松散缓慢的慵懒气氛。

热烈积极的友好气氛：在这种气氛中，谈判双方态度友善、信任彼此、礼节周到、合作诚恳，这样的环境令谈判人员感到愉悦、轻松，双方希望通过共同的努力达成协议的目的也会更明确，谈判效率也会提高，使谈判变成一件轻松愉快的事情。

平静谨慎的严肃气氛：有的谈判正式且重要，需要平静的、严肃的、谨慎的谈判气氛。对于至关重要的事项的谈判，需要谈判双方态度慎重仔细，甚至可以在重要场合略显拘束，避免过于放松地闲谈。各方的阐述、表态都需要深思熟虑，不要盲目地顺从对方，谈判开局稳定有序，双方公事公办，抱着通过自身努力签订一个使己方需要得到满足、对方利益也适当考虑的协议的态度来参加谈判。

冷淡对立的紧张气氛：紧张气氛带给双方的感受并不好，在这种气氛中，谈判双方感到压抑，甚少交流，交谈时语带双关，甚至带讥讽口吻，关系并不融洽，互相表现出的不是信任与协商，而是针锋相对、斤斤计较，希望尽可能签订一个对自己最有利的协议，双方抱着这样的态度来参加谈判，使谈判变成一场没有硝烟的战争。

松散缓慢的慵懒气氛：在这种谈判气氛下，谈判人员表现出无精打采、爱答不理的态度，如东张西望、私下闲聊、神不守舍等，使谈判迟延拖拉、效率低下，从而使谈判变成一件磨炼意志和耐心的事情。

谈判气氛直接作用于谈判的进程和结果，不同的谈判气氛可能会导致不同的谈判效果。很显然，上述四种谈判气氛中，热烈积极的友好气氛是最受欢迎的，实践证明其谈判效果也是较理想的。而在实际的商务谈判中，更多的谈判气氛介于上述四种谈判气氛之间：热烈当中包含着紧张，对立当中存在着友好，严肃当中存在着积极。

案例 5-1
良好开局气氛的重要性

根据历史资料记载，1972 年美国总统尼克松第一次访华时，在下飞机前要求警卫人员把守机舱门，不让其他人下来，目的是便于他下了飞机就主动地伸出手来和周总理握手。握手的动作持续的时间不过几秒钟，却给这次谈判创造了一个良好的开端。

相反，两伊战争后举行的两伊外长谈判，双方就拒绝握手，开始时甚至拒绝面对面的谈判，有关的谈判内容都由联合国秘书长来回传达，这样的谈判气氛，能谈出什么样的结果是可想而知的。

资料来源：聂元昆.商务谈判学[M].2版.北京：高等教育出版社，2016.

知识链接
开局阶段谈判人员行为注意事项

良好的谈判开局气氛应该有以下几个特点：礼貌、尊重，自然、轻松，友好、合作，积极进取。那么，怎样才能营造良好的谈判气氛呢？需要注意以下六条。

第一，谈判前，谈判人员应安静下来再一次设想谈判对手的情况，设想谈判对手的风格，设想他想要达到的目标、在企业中的地位以及气质类型等。

第二，谈判人员应该径直步入会场，以开诚布公、友好的态度出现在对方面前，肩膀要放松，目光的接触要表现出可信、可亲和自信。心理学家认为，谈判人员心理的微妙变化都会通过目光表现出来。

第三，谈判人员在服饰仪表上要塑造符合自己身份的形象。谈判人员不能蓬头垢面，服饰要美观、大方、整洁，颜色不要太鲜艳，式样不能太奇异，尺码不能太大或太小。由于各国的经济发展程度和风俗习惯的差异，对服饰方面的要求当然不能一概而论，但干净、整齐的服饰在任何场合都是必要的。

第四，在开局阶段，谈判人员最好站立说话，小组成员不必围成一个圆圈，最好是自然地把谈判双方分成若干小组，每组都有各方的一两名成员。

第五，行为和说话都要轻松自如，不要慌慌张张。可适当谈论些轻松的、非业务性的中间话题，如来访者旅途的经历、体育表演或文娱信息、天气情况、私人问候以及以往的共同经历和取得的成功等。此时应不带任何威胁的语调，不要涉及个人的隐私，尽量使双方找到共同语言，为心理沟通做好准备。

第六，注意手势和触碰行为。双方见面时，谈判人员应毫不迟疑地伸出右手与对方相握。握手虽然是一个相当简单的动作，却可以反映出对方是强硬的、温和的还是理智的。在西方，一个人如果在用右手与对方相握的同时，又把左手搭在对方的肩上，说明此人精力过于充沛或权力欲很强，对方会认为"这个人太精明了，得小心一点"。同时，最忌讳的莫过于拉下领带、解开衬衫纽扣、卷起衣袖等动作，因为这将使人产生你已精疲力竭、厌烦等印象。

资料来源：刘宏，白桦.国际商务谈判[M].2版.大连：东北财经大学出版社，2011.

总之，谈判气氛对谈判进程极为重要，谈判人员要善于运用灵活的技巧来影响谈判气氛的形成。只有建立起诚挚、轻松、合作的洽谈气氛，谈判才能获得理想的结果。

（2）营造适宜的开局气氛的技巧。为谈判营造适宜的气氛是开局谈判的重要内容。谈判人员的言行以及谈判的空间、时间和地点等都是影响谈判气氛形成的因素，谈判的目的和内容决定了具体的谈判气氛。要想形成适宜的谈判气氛,要把这些因素结合起来考虑。

1)营造高调气氛。高调气氛的使用场景通常见于一方实力较强,占据领先优势,基本可以掌控谈判各主要条款,因此希望尽早达成协议,顺利签订合同。一般来说,营造高调的谈判气氛,有以下三种方法。

第一,情感法。谈判一方可以利用一些特殊事件或共同话题来引发人们的同理心,迸发出热烈积极的感情,从而达到营造良好的谈判气氛的目的。运用情感法的前提是尽可能了解对方参加谈判的人员的个人情况,掌握谈判对手的性格、习惯、嗜好、职业、经历以及解决问题的思路、态度等,迎合对方喜好以取得意想不到的效果。

案例 5-2

共鸣的开局

A 是一名谈判代表,他服务的客户是凯特共享租赁汽车公司。而 B 是某些停车场的所有者,他在伦敦拥有 36 个停车场。A 的目标是:希望 B 允许凯特共享租赁汽车公司使用他的停车场来停放出租汽车,同时租车的客户可以免费使用停车场。作为回报,A 计划给 B 提成租车费。

谈判开始前,双方互不相识,A 为了可以顺利达成谈判,充分搜集了 B 的信息。其中一条引起了他的注意——B 是个十足的摩托车迷。他拥有自己的摩托赛车并非常乐意去各地参加比赛。而 A 的叔叔也是这项赛事的爱好者,因此 A 对这类比赛有一定的了解。当 A 走进 B 的办公室时,他并没有直接开始谈判,而是首先环顾了整个房间,一眼就看到了墙上悬挂的一张装裱精致的照片,照片中 B 站在摩托车旁手捧冠军奖杯。A 走过去,仔细地打量了起来,然后故意装作很吃惊的样子喊道:"这场比赛的亚军是吉尔·波特(A 的叔叔)!"B 听到后立刻微笑着站起来。两人话语投机,不仅顺利达成谈判,并在后续的合作中取得了更大的成果!

资料来源:李建民. 国际商务谈判案例 [M]. 北京:经济科学出版社,2016.

第二,赞美法。在谈判开局阶段,双方谈判人员还不熟悉,必然带有自我防卫意识。通过称赞对方的优点,可以削弱对方的心理防线,从而调动对方谈判的积极情绪,激发谈判热情,营造热烈的谈判气氛。人都有虚荣心,渴望得到别人的肯定和称赞。当一个人受到真诚的称赞时,就会产生亲和力,对你产生好感,并乐意接受你的请求,满足你的需要。因此,发自肺腑的赞美总是能产生意想不到的效果。人一旦被认可他的价值,总是喜不自胜。

案例 5-3

赞美的效果

中国天海有限公司计划从美国 LK 公司进口一批质检设备。我方谈判人员名叫李磊,LK 公司谈判人员名叫詹姆斯。李磊为了谈判顺利,刚进入詹姆斯的办公室,就微笑着说:"我发现您的姓氏不是很常见,刚在飞机上我查阅资料,结果发现这座城市乃至整个美国这个姓氏都不多,而且彼此之间存在着较近的血缘关系,在历史上曾经是贵族姓氏。""哈,你说对了。"那位负责人眼睛一亮,饶有兴趣地开始介绍自己姓氏的历史渊源和特殊含义,一场愉快的外贸谈判就此拉开了序幕。

资料来源:李建民.国际商务谈判案例[M].北京:经济科学出版社,2016.

第三,幽默法。幽默是人类思想学识、智慧和灵感在语言运用中的结晶,它富有感染力,能引起听众的强烈共鸣,是一种高级的情感活动。幽默是用一种愉悦的方式让谈判双方获得精神上的快感,从而润滑人际关系,去除忧虑、紧张,促使谈判双方积极地参与到谈判中来,从而营造高调的谈判开局氛围。同时,幽默可以展现自信的心理状态,从某种意义上说,它也是个人优势的体现。

案例 5-4
据理力争的梅汝璈

1946 年,中国政府派法官梅汝璈参加了设在日本东京的远东国际军事法庭对第二次世界大战战犯的审判工作。到场的有来自美、中、英、苏、加、新、荷、印、菲、法、澳共 11 国的法官。大家最关心的是法庭上的座位排列顺序,它表示国家地位。法庭庭长经盟军最高统帅麦克阿瑟指定,由澳大利亚法官韦伯担任。庭长坐审判席中央是不言而喻的。由于美国在日本投放原子弹使日本投降,在结束战争中发挥了特殊作用,由美国法官坐庭长右手的第二把交椅也成定局,各国法官都争着要坐庭长左侧的第三把交椅。

正当各国法官激烈争论之际,梅汝璈提议道:"以日本投降时各受降国签字顺序排列法庭座次最为合理。中国受害最深,付出牺牲最大,没有日本无条件投降,就没有今天的审判。如果大家不同意,还可以以体重来排,体重居中,体轻居旁,我排在旁边心安理得,好向国家交代,国家不愿意可以找个肥胖的来代替我。"大家听完哄堂大笑,按体重是不可能的,但按受降顺序还比较有道理一点。

资料来源:张纯.《二战战犯审判中的中国法律人》系列报道之二 梅汝璈:东京大审判中的中国法官[J].民主与法制,2021(39):19-22.

2)营造低调气氛。低调气氛相对高调气氛而言比较压抑、沉闷,令谈判人员状态比较紧张。一般在以下情况下营造:己方虽然优势不明显,但胜在有谈判的条件和筹码,或己方对谈判个别条款存在异议,通过低调气氛的营造会有令对方做出让步的可能。营造低调气氛通常采取以下四种方法:

第一,感情攻击法。感情攻击法是指通过否定等方式引导、诱使、打击对方,令其产生消极情绪,使一种严苛、低落的气氛笼罩在谈判开局阶段。

第二,沉默法。沉默法是指默不作声或对提问不作回答,即尽量避免对谈判的实质问题发表议论,使谈判气氛逐渐降低,从而扰乱对方心态,造成心理压力。采用这种方法要注意的是，沉默的原因要找好，不能毫无缘由地拒不回答问题或顾左右而言他，要有恰当的沉默理由，并在合适的机会反戈一击，迫使对方让步。

案例 5-5

俄方的沉默

在一次谈判会议上，谈判双方分别为俄罗斯公司与意大利公司，二者正在进行有关俄方进口意方化工产品的商务谈判。由于意方在该领域有较强的实力，因此在谈判一开始，意方代表就夸夸其谈地炫耀起自己公司产品的优势，但是俄方代表对此却没有任何评论，只是不停地做笔记，一言不发。意方代表见此心中得意，越发口若悬河起来。当介绍完全部内容，开始征求俄方代表意见的时候，只见俄方代表满脸疑惑，表示没听懂、不理解，需要时间内部商讨，意方不得不同意休会。第二轮谈判时，俄方的谈判人员发生了变更，以上次谈判具体内容尚不知晓为由要求意方代表再详细说明一下产品特色。可是在意方人员介绍完之后，俄方代表故技重施，表示没有听懂，还不明白，要求再次休会。这样来来回回毫无进展，意方已经等得气愤不已，大骂俄罗斯人不守信用，就在谈判即将破裂之时，俄方董事长突然亲自率领谈判代表团飞抵意大利，在意大利人措手不及的情况下要求恢复谈判，同时提出了最后方案，催促并逼迫意方讨论全部细节。而毫无准备的意方在俄方的强势压力下，居然稀里糊涂地签下了一个明显有利于俄方的协议。

资料来源：潘肖珏，谢承志. 商务谈判与沟通技巧 [M]. 2 版. 上海：复旦大学出版社，2006.

第三，疲劳战术法。顾名思义，疲劳战术法就是令对方感到劳累，无心继续谈判。主要做法是可以针对一个或若干个有不同意见的问题翻来覆去地探讨，让对方重复阐述，使对方产生疲劳感，消耗对方的热情和耐心，从而控制对方并迫使其让步。这个方法在使用时一定要注意，要求对方重复阐述的原因要合理，不能有故意为难对方的感觉。可以准备一些问题，每个问题都能起到使对方疲劳的作用，认真倾听对方的每一句话，抓住错误，记录下来，作为迫使对方让步的筹码。

第四，指责法。对方若出现错误或者礼节上的失误，可以据此对其严加指责，加大对方的愧疚感，从而达到营造低调气氛、迫使对方让步的目的。

案例 5-6

指责法的运用

日本 A 公司与美国 B 公司计划进行一场有关汽车零部件加工设备的进出口谈判，谈判地点在美国。日方谈判小组人员到达美国后，因对当地路况不熟，走错了谈判地点而迟到，当他们赶到谈判会场时已经比计划时间晚了 20 分钟。美方代表借题发挥，大肆表达不满情绪，严厉指责日方代表不守时，谈判没有诚意，日方代表也由于自己确实有准备上的失误而感到内疚，频频向美方代表道歉。这种开局低调氛围一直延续到谈判正式开始，美方制造的压力令日方代表手足无措，无心对设备讨价还价。等到合同签订以后，日方代表才发现自己吃了一个大亏。

资料来源：聂元昆. 商务谈判学[M]. 2版. 北京：高等教育出版社，2016.

3）营造自然气氛。自然气氛也是很多谈判人员常会采用的开局氛围。在这种气氛很常见也更令人易于接受。许多谈判都是在自然气氛中开始的。在这种气氛下，严肃与轻松并存，传达的信息也更精确可靠。通常在谈判双方各自了解的情况有限、谈判态度不明朗时采用。自然气氛的营造，可以通过言谈举止来实现，同时行为礼仪也要做到不卑不亢，不要过分热情，也不可冷言冷语；要做到认真倾听，礼貌提问，诚恳记录；询问方式要自然，对于对方的提问，能正面回答的一定要正面回答，不能回答的，要采用恰当方式回避。

总而言之，谈判人员可以根据需要来营造适合己方的谈判气氛。另外，不论营造何种谈判气氛，都要留意一些客观条件，如节假日、天气情况、突发事件等，以便营造更合适的谈判气氛。

2. 交换意见

在建立了良好的谈判气氛之后，双方谈判人员就会进入正题。在进入实质性谈判之前，谈判双方应通过各种方式充分交换意见，达成一致。交换意见主要是双方谈判通则的协商。

在谈判前双方就已经针对谈判通则交流并确认过，但在谈判正式开始前，仍有必要确认，以取得双方的一致认识。所谓谈判通则，是指谈判的计划、议程，对谈判进程的控制、准备工作以及双方的预备会议和整个谈判的进度等。英国谈判专家比尔·斯科特（Bill Scott）把它总结为"4P"：目标（Purpose）、计划（Plan）、步骤（Procedure）、个人（Personality）。

目标是说明为了什么问题要坐在一起谈判。为了探寻对方的需要和利益所在，为了发现共同获利的可能性，因此提出一些依据或阐明一些问题，目的是达成具体或原则性的协议，认可已谈成的协议，检查计划的进度，解决有争议的问题。计划是指谈判的议程安排表。用文字和表格明确未来一定时期内关于谈判议题、内容和方式的安排以及谈判原则、纪律等的管理文件。步骤是指谈判各方的进程安排，通常是预计的谈判步骤。个人是指谈判组成人员的单个成员的基本情况，如姓名、职务、个人特点及其在谈判中的角色。

当谈判双方采用"4P"方式时，最常见的做法是先共同确认双方几乎意见一致的问题。只要把对方肯定会同意的事情用"贵方是否同意？"来发问即可。如"我们是否就程序取得了一致意见""是的，我同意"，等等。类似这样的表述从字面意思看好像没有太大用处，其实这也是技巧之一，因为这样的问话通常会得到肯定回答，肯定回答比较多，就会给双方一种谈判很顺利的心理暗示，增加谈判成功的概率。也有的谈判人员刚坐到谈判桌前就迫不及待地想讨论关键问题，对此，我们也可以巧妙化解，引导对方进入"4P"流程。例如,对方一开始就说,"来,咱们快刀斩乱麻,先讨论价格",我方可以接口应道:"好,马上谈,不过咱们先把会谈的程序和进度统一下来,这样谈起来效率会更高。"这也是防止谈判因彼此追求的目标相去甚远而在开局就陷入僵局的有效策略。

3. 开场陈述

开场陈述也属于开局阶段的内容之一。所谓开场陈述,是谈判各方将自己对整个谈判中最关心的议题和最基本的原则进行阐释。开场陈述的重点是己方的利益,但它不是具体的,而是原则性的。

(1)陈述的内容具体如下。

1)己方对问题的理解,即己方认为这次谈判应涉及的问题。

2)己方的利益,谈判中最关心的利益点在哪里。

3)己方可让步的大概幅度,为了顺利达成交易己方计划出让的利益。

4)己方的基本原则、目的,回顾双方曾经的愉快合作,展望今后双方合作中可能出现的良好机会等。

(2)陈述的注意事项具体如下。

双方的陈述时间尽量做到均衡,千万不可出现一方长时间占用会场的情况。

陈述内容不必过分详细,要简洁明了,重点突出。例如,"这次的谈判我方最关注的是贵方的技术支持和技术保证,希望结果能使我们双方都满意"。

斟酌陈述用语,尽量表达准确,语言幽默,以避免开场就引起对方焦虑、不满和气愤的可能。

结束时务必表明己方陈述只是为了使对方明白己方的意图,而不是向对方发起挑战或强迫对方同意。例如,"这是我们的初步意见""后续可以进一步商谈"等是比较好的结束语。

陈述完毕后,要请对方给出反馈或意见。同时,注意对方对己方的陈述有何反应,并找出对方的目的和动机与己方的差别。

当对方陈述时,己方的任务有三点:一是倾听,全神贯注,重点内容需要记录,不要把精力花在寻找对策上;二是如果有疑问,可以及时提出己方的疑惑,寻求解答;三是总结,要勤于动脑,理解对方重点关注哪里。

双方分别陈述后,需要做出一种能把双方引向寻求共同利益的陈述,即倡议。在提出倡议时,双方要提出各种设想和解决问题的方案,然后在设想和符合商业标准的现实之间搭起一座通向成交之路的桥梁。

◉ 案例 5-7

善于运用开场陈述的利华公司

利华公司是一家实力雄厚的连锁百货公司,它在投资的过程中相中了百联公司拥有的地理位置非常好的一幢写字楼，而百联公司正想通过出售这幢大楼获得资金，以便扩展自己的经营范围。于是，双方挑选了久经沙场的谈判干将，对大楼的买卖问题展开磋商。

在开场陈述时，利华公司首先简洁明了地阐明己方优势及谈判目标。利华公司的代表说："我们公司的情况是众所周知的，我们的股东均为全国著名的大公司，经济实力不容小觑。最近两年业绩突出，连锁企业几乎覆盖全省。去年在你们市新建的大型商超收益就很不错。听说你们的周总也是我们的买主啊。你们市的其他几家公司也正在谋求与我们合作，但我们没有轻易表态。你们这幢大楼对我们很有吸引力，我们准备进一步改造。时间就是金钱啊，我们希望以最快的速度就这个问题达成协议。不知你们的想法如何？"

百联公司是一家全国性公司，在一些大中城市设有办事处。除了利华公司之外，还有兴华、兴运等公司与百联公司洽谈。

资料来源：李建民. 国际商务谈判案例 [M]. 北京：经济科学出版社，2016.

5.1.2　开局阶段的影响因素

一般来说，开局阶段对谈判的后续开展有较大的影响。不同内容和类型的谈判，需要有不同的开局策略，主要与如下因素有关。

1. 双方谈判人员个人之间的关系

首先看个体，作为谈判团队的一员，如果你和对方谈判人员之间有私交且关系较好，就可以在开局时从友谊入手，老朋友式畅谈以往的交情，还可以询问对方的家里情况、父母子女情况等，拉近双方的感情距离。实践证明，若是双方个人之间感情良好，那么在提出要求、做出让步、达成协议等方面往往比较容易，还可以提高谈判效率。

2. 谈判双方企业间的关系

双方企业之间的关系主要有四种体现：双方过去有过业务往来，关系很好；双方过去有过业务往来，关系一般；双方过去有过业务往来，但己方对对方印象不佳；双方过去没有业务往来。

（1）双方过去有过业务往来，关系很好。有了之前的交往做铺垫，开局往往很顺利，可以在轻松愉悦、诚恳信任的氛围中度过。谈判人员可以用亲切的话语和热情的态度来开局，内容围绕双方曾经的成功合作或人员交往，也可以从对方企业近几年快速发展的角度提出高度的赞扬，态度热情洋溢。在结束寒暄后，可以这样将话题切入实质性谈判："过去我们双方一直合作得很愉快，我想，这次我们仍然会合作愉快的。"

（2）双方过去有过业务往来，但关系一般。此种情况下，由于双方感情一般，因此开局的首要任务是创造良好、友善的气氛。比较适合采用自然气氛，注意不要过分热情。在内容上，可以提及双方过去的业务往来及人员交往，或者为了缓解紧张情绪，可以聊一聊日常生活中的兴趣和爱好，态度可以随和自然。寒暄结束后，可以这样把话题切入实质性谈判："过去我们双方一直保持着业务往来，我们希望通过这一次的交易磋商，将我们双方的关系推进到一个新的高度。"

（3）双方过去有过业务往来，但己方对对方印象不佳。这种背景下的开局气氛会比较紧张、严肃、庄重。由于双方的印象都不是很好，一旦礼节上有疏忽，很容易令人误会，因此己方谈判人员在行为举止上要注意礼貌，甚至可以表现出敬而远之。内容上可以就过去双方的关系表示惋惜，以及希望通过本次磋商建立起良好的合作关系。在态度上应该不矜不伐，与对方保持一定距离。在寒暄结束后，可以这样将话题引入实质性谈判："过去我们双方有过一段合作关系，但遗憾的是并不那么令人愉快，千里之行，始于足下，让我们从这里开始吧。"

（4）双方过去没有业务往来。为了以后的谈判能顺利进行，初次建立业务合作应给对方良好的、友善的、诚恳的印象，利用这种气氛来淡化和消除双方的陌生感以及由此带来的防备，打下良好的基础。因此，己方谈判人员在言行上应该表现得彬彬有礼，但又不失身份。内容上以天气情况、途中见闻、个人爱好等比较轻松的话题为主，也可以围绕个人在公司的任职时间、负责的范围、专业经历进行一般性询问和交谈，态度上沉稳中不失热情，自信但不傲气。寒暄后，可以这样将话题引入实质性谈判："这笔交易是我们双方的第一次业务交往，希望它能够成为我们双方发展长期友好合作关系的一个良好开端。我们都是带着希望来的，我想，只要我们共同努力，我们一定会满意而归。"

3. 谈判双方的实力

（1）谈判双方实力势均力敌。当双方的实力相当时，开局也是以和谐、友好为主，以防止刚一开始就过于强势，给自己树立敌人、设置障碍，影响最后的谈判结果。己方谈判人员在语言和姿态上要做到轻松又不失严谨、礼貌又不失自信、热情又不失沉稳。

（2）己方谈判实力明显强于对方。为了使对方能够清醒地意识到这一点，并且在谈判中不抱过高的期望值，从而产生威慑作用，同时，又不至于将对方吓跑，在开局阶段，己方在语言和姿态上，既要表现得礼貌友好，又要充分显示出自信和气势。

（3）己方谈判实力与对方相比差距过大。为了避免被对方处处压制，在气势上占上风，影响后面的实质性谈判，在开局阶段，己方一方面要表示出积极友好和乐于合作的态度；另一方面也要充满自信，举止沉稳，谈吐大方，不给对方轻视己方的机会。

5.1.3 商务谈判开局策略

开局策略是谈判者谋求谈判开局中的有利地位和实现对谈判开局的控制而采取的行动方式或手段。尽管谈判是多种策略的综合运用过程，在每一个阶段往往是多种策略纠合在一起，并不能具体明确在这个阶段到底采用哪一个具体策略，而且有的策略可能在谈判的各个阶段都会采用。但是在谈判的每一个阶段，往往会有一些经常使用的策略，会使得这些策略在这个阶段具有明显的主导性。常见的开局策略有以下几种。

1. 一致式开局策略

一致式开局策略，又称为"协商式开局策略"，是指在谈判开始时，为使对方对己方产生好感，以协商、肯定的方式，创造或建立起"一致"感，使双方在愉快友好的交谈中不断地将谈判引向深入的一种开局策略。这种开局策略遵循的心理学原理是，当人们观点一致或近似时，会拉近双方的距离，使相互之间产生好感，并愿意将自己的想法按照对方的观点进行调整。

要做到一致式开局，双方都要注意讲话的用语和语气，要注意房间的背景、色彩、基调、音乐和装饰品的搭配、对方的喜好、温度和湿度的控制等因素。这些因素如果能令对方心情大悦并对己方赞不绝口，那么这便是一个好的开始，将会助力之后的谈判进展，更好地达到预期目标。

运用这种方式需注意，开局时为了达成一致而向对方征求的意见，大多是无关紧要的问题，协商一致的结果并不会影响己方的利益。另外，己方向对方表达一致态度时，言行不要过于诡媚，要让对方感觉到自己是出于尊重，而不是奉承。一致式开局策略的适用情况为高调气氛和自然气氛，不宜在低调气氛中使用，在低调气氛中使用，容易使自己陷入被动。

案例 5-8

舒适的温度

日本前首相田中角荣在 20 世纪 70 年代为恢复中日邦交到达北京，他怀着等待中日最高首脑会谈的紧张心情，在迎宾馆休息。迎宾馆内气温舒适，田中角荣的心情也十分舒畅，与随从的陪同人员谈笑风生。他的秘书早饭茂三仔细看了一下房间的温度计，是 17.8 摄氏度。这使得他对中国方面的接待工作十分钦佩。在出发前，中国方面曾问及对爱出汗的田中角荣来说较适宜的室温，早饭茂三明确地回答 17.8 摄氏度。这舒适的温度使得田中角荣觉得心情舒畅，为之后谈判的顺利进行创造了良好的条件。

资料来源：聂元昆.商务谈判学[M].2 版.北京：高等教育出版社，2016.

2. 保留式开局策略

保留式开局策略是指在谈判开始时，对谈判对手提出的关键性问题不做彻底的、确切的回答，而是有所保留，从而给对手造成神秘感，以吸引对手步入谈判。它类似于三十六计中的"欲擒故纵"，先放着对方不管，让对方着急，认为非你不可的时候，就达到应有的效果了。那时主动权将在己方，有利于己方控制局面，以便达到己方的利益最大化。同时，要照顾对方的情绪，态度不能过于强硬，这样谈判过程将更加顺利。

使用保留式开局策略时切不可违背诚信原则。对于己方的重要信息，可以适当保留，可以模糊传递，但是不可以是虚假的或伪造的信息，否则会使自己陷入非常难堪的局面之中。

保留式开局策略适用于低调气氛和自然气氛，不适用于高调气氛。

案例 5-9

延缓回答的效果

著名律师麦克有一位货车司机朋友。有一次，当地因飓风过境受到的损害很大，这个朋友的房屋也没有幸免。不过好在房屋有保险，可以得到赔偿。司机想多要一些赔偿，但知道和保险公司打交道很难，而且自己也没有说服对方的信心。不得已之下，请麦克来帮忙。

麦克问司机，他的理想赔偿款是多少，以此确定朋友的最低标准。司机希望保险公司赔偿 300 美元就很好了。麦克追问："那么这场飓风导致你的房屋究竟损失了多少钱？"司机想了想，表示房屋损失肯定大于 300 美元了，不过保险公司是不可能给那么多的。

第二天，保险公司的理赔调查员来找麦克，并表明了自己的观点："麦克先生，据我了解像你这样的大律师都是专门谈判大数目的，不过恐怕我们不能赔太多。请问如果我们只能赔偿 100 美元，你觉得怎么样？"当麦克听到"只能"二字时，他就知道理赔调查员的心理了，多年的经验告诉麦克，对方的口气是说他"只能"赔多少，显然对方自己也觉得这个数目太少，不好意思开口。而且，第一次出价后必然还有第二次、第三次出价。所以麦克故意沉默了许久，然后反问对方："你觉得怎么样？"对方愣了一会儿，又说："好吧！真对不起你，请你别将我刚才的价钱放在心上，多一点儿，比方说 200 美元怎么样？"麦克又从对方回答的口气里获得了情报，判断出对方的信心不足，于是又反问道："多一点儿？""好吧！ 300 美元如何？""你说如何？"最后，以司机朋友希望数额的三倍多即 950 美元了结。

资料来源：林晓华，王俊超. 商务谈判理论与实务 [M]. 北京：人民邮电出版社，2016.

3. 进攻式开局策略

进攻式开局策略的最大特点是态度比较强硬，利用语言或者行动来表达己方盛气凌人的态度，给对方造成压力，从而获得谈判对手必要的尊重，使得谈判以有利于己方的趋势顺利地进行下去。

进攻式开局策略使用的情况比较单一，往往在谈判对手故意刁难，刻意制造低调气氛，形势十分不利于己方谈判时使用。当低调气氛被对方充分利用起来时，如果己方没有设法进行转变，将导致己方利益受到损害。因此要变被动为主动，打破对方咄咄逼人的气势。此时可以采取进攻策略，捍卫己方的尊严和正当权益，以便双方站在平等的地位上进行谈判。

进攻式开局策略的运用也需要一定的技巧，要做到反攻有理，反驳有据，不能毫无章法地胡乱攻击，容易刚开始就陷入僵局。在进攻时务必切中要害，对事不对人，充分体现我方尊重自己、尊重他人的态度以及充满自信，同时又不能过于步步紧逼，使谈判气氛过于压抑。一旦问题表达清楚，对方也有所改观，就应及时转换一下气氛，使双方重新建立起一种友好、轻松的谈判气氛。

进攻式开局策略可以改变己方被压制的低调气氛，使之走向自然气氛或高调气氛。

4. 挑剔式开局策略

挑剔式开局策略是指开局时，对对手的某项错误或礼仪失误严加指责，使其感到内疚，从而达到营造低调气氛，迫使对手让步的目的。

案例 5-10

韩国公司的应对

韩国一家著名的日用品公司在刚刚"登陆"法国时，急需找一家法国代理商来为其销售产品，以弥补他们不了解欧洲市场的缺陷。韩国公司找到了法国一家相关产品的代理公司，在第二轮谈判开始前，由于天气原因，韩国公司的谈判代表集体迟到了。法国公司的代表因为此事大发雷霆，以此要挟韩国公司，想要得到更大的让步。韩国公司代表退无可退，应对说："我们十分抱歉耽误了你方的时间，但是这绝非我们的本意，天气原因导致出行十分不顺利，是我们对客观条件了解不足，造成了这个不愉快的结果。我方认为不应该把时间浪费在无法改变的、已经过去的事情上，前面有更重要的事情等着我们去探讨。如果仅仅因为迟到而怀疑我们的诚意，那么我们只好结束谈判。不过，相信我方提出的优惠代理条件是不会在贵国找不到合作伙伴的。"韩国代表的一席话说得法国代理商哑口无言，法国人也不想失去这次赚钱的机会，于是谈判顺利地进行下去。

资料来源：林晓华，王俊超.商务谈判理论与实务[M].北京：人民邮电出版社，2016.

5. 坦诚式开局策略

坦诚式开局策略是指开局时就采用开门见山、开诚布公的方式将己方主张和意愿明确地向谈判对手表述，以便尽快打开谈判局面，进入实质性谈判。

坦诚式开局策略一般用在如下场景。一种是双方过去有过合作，而且合作取得了比较满意的结果，两方都比较认可对方的实力，将这种友好关系作为谈判的基础。在开局陈述时可以回顾过去，充分利用之前良好的合作关系，过渡到现在，适当地赞扬对方在商务往来中的良好信誉。由于双方互相了解，可以简化流程，省去礼节性的外交辞令，直截了当地陈述己方的观点以及对谈判的期望，增强双方的互信感。另一种是双方实力差距较大。如果是一方实力明显不如另一方，那就无须再遮遮掩掩了，直抒己见即可，明确己方的弱势和不足，将选择权抛给对方，使对方理智地考虑谈判目标。这种坦率和诚恳的做法，从侧面来说也体现了己方实事求是、相信自己、不惧怕对手压力的态度，这比"打肿脸充胖子"，大唱高调掩饰自己的弱点要好得多。坦诚式开局策略可以在各种谈判气氛中采用。

◉ 案例 5-11

柴油发电机组的竞标

北京议和工贸公司（以下简称"议和公司"）接到了中国移动甘肃公司发来的招标书，要求议和公司代理的加拿大辛普申发电机组于 5 月 10 日到兰州市参加竞标。议和公司了解到对方对柴油发电机组共发出四份标书，品牌有美国的卡特·彼勒、英国的威尔逊、加拿大的辛普申，还有一家国产品牌玉柴。各个品牌各有优势，为了开发并占领正在兴起的西部市场，显然会有激烈的竞争。

议和公司的王总在了解到甲方公司资金有些紧张的情况后，根据对方的需求，计划采取直接的、开门见山的谈判策略。在对方要求报价后，王总微笑着说："我们公司一直秉持高质量、高售后服务、高价格的销售策略，估计各位都是很了解的，我们一直以一套 180 万元的价格在其他省和地区销售。今天，我想表态，我们不想在价格问题上讨价还价，吵吵闹闹，那样的结果是伤和气，大家也很累。我们是第一次合作，我们愿意做一些让步，但不一定是价格。"

对方很感兴趣："那是什么，什么让步？"

王总说："我知道贵公司发展很快，需要采购的设备很多，财务一定有些压力。为了表示我们的诚意，我们愿意就付款方式让步。原来通行的做法是 3/6/1。我们不需要你们的预付款，设备安装调试运转无误后两个月后的第一天付款如何？相信没有哪一家有这样的优惠条件。"

在座的谈判对手也许习惯了那种整整一天都在讨价还价的场景，没有料到王总如此坦白，于是说："这样吧。你们的要求我向老总汇报一下，30 分钟后我们在这里继续。"就这样，议和公司赢得了谈判的成功，之后又很顺利地开辟了西部市场。

资料来源：朱春燕，陈俊红，孙林岩.商务谈判案例 [M].北京：清华大学出版社，2011.

5.2 商务谈判报价阶段策略

图 5-2 列举了商务谈判报价阶段的相关内容。

当开局阶段顺利完成后，谈判双方进入了下一个环节，即报价阶段。谈判中的报价，不仅体现在产品的价格方面，还包括除了价格外的整个交易的各项条件，如商品的数量、质量、包装、装运、保险、支付、商检、索赔、仲裁等。价格条件具有重要的地位，是商务谈判的核心。

报价阶段的主要工作是双方各自提出自己的交易条件。这种交易条件不是轻易提出来的，而是双方经过信息搜集、确定交易对象、讨论基本议题之后才提出的。报价也是阐明自己立场和利益需求的关键，具有非常重要的作用。商务谈判中的报价直接影响谈判结果，事关谈判各方最终获利的大小，是关系到商务谈判能否取得胜利的关键问题之一。

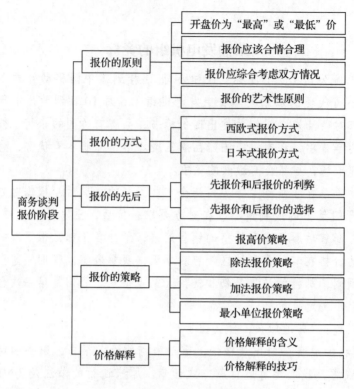

图 5-2　商务谈判报价阶段

报价阶段的策略主要围绕五个方面，分别是报价的原则、报价的方式、报价的先后、报价的策略以及价格解释。

5.2.1　报价的原则

为了能够更有力地向对方提出自己的交易条件，报价需要遵循以下几个基本原则。

1. 开盘价为"最高"或"最低"价

开盘价是"最高"价，这是针对卖方而言，需要报出卖方的最高目标，也方便后续一点一点地做出让步；与此相反，对于买方来说，开盘价必须是"最低"价。这是报价的首要原则。

2. 报价应该合情合理

报价应该讲得出道理，即便对方不需要价格解释也要明白为什么报这个价格。提出的条件应该符合谈判双方的能力，不可脱离实际。

3. 报价应综合考虑双方情况

为了提高报价的成功率，在综合考虑自身的成本及收益的同时，还需要详细评估该报价能否被对方所接受，对方对议价的接受程度等。

4. 报价的艺术性原则

报价也需要体现艺术性。首先，在态度上，报价方应该充满自信，毫不犹豫地提出交易条件，以给对方留下我方干脆而果敢的好印象。其次，报价应该简洁明了、完整明确，所用的概念、术语和提出的条件务必专业、严谨、无懈可击，以便对方能够准确了解我方的期望。

此外，报价时以简明准确、重点突出为主，无须过多的解释说明和辩解，因为不论我方报价是否含水分和含多少水分，谈判对方都会对相关内容提出质疑。切忌在对方还没有提出问题前，我方就主动说明，反常的举动会引起对方的注意，甚至会暴露我方最关心的核心问题，而这有可能是对方并未重点关注的。因此，有时过多的说明和解释，会使对方从中找到我方的破绽或突破口。

虽然报价时应该遵循上述原则，但是我们也应该考虑当时的谈判环境和与谈判对手的关系状况，做到具体问题具体分析。

5.2.2 报价的方式

在商务谈判中，有两种比较典型的报价方式：西欧式报价和日本式报价。

1. 西欧式报价方式

西欧式报价方式，也可称之为"吊筑高台策略"，是指卖方报的价格要高于其实际要求价格，制定了比较高的起点来与对手进行多次的价格磋商，一点一点做出让步，最后达成协议的谈判策略。具体做法是卖方在报价时，会提出一个较高的价格，后期再根据谈判双方的实力，综合该项交易的各种外部状况，如竞争对手信息等，通过数量折扣、价格折扣、佣金和支付条件方面的优惠（延长支付期限、提供优惠信贷等）来逐步接近买方的条件，双方达成一致认可的价格，最终成交。

卖方采取西欧式报价方式的原因如下。第一，制定高报价起点，目的是给卖方的要价确定一个最高的限度，同时也是谈判结果的终极上限。因为在谈判中，除极特殊情况外，不可出现报价之后再重新报价的情况，而且对方也不会接受卖方报价之后的提价。第二，卖方采取高报价策略，也是为了在此后的谈判中有一定的让步余地，以便在必要的情况下做出妥协，打破僵局。第三，报价太高令谈判对方对己方的潜力评价也会比较高。美国一位商业谈判专家曾和 2 000 位主管人员做过许多实验，结果发现这样的规律：如果买主出价较低，则往往能以较低的价格成交；如果卖主喊价较高，则往往也能以较高的价格成交；如果卖主喊价出人意料得高，只要能坚持到底，则在不致谈判破裂的情况下，往往会有很好的收获。可见，西欧式报价方式的运用，能使卖方处于有利的地位，有时甚至会收到意想不到的效果。需要注意的是，这种报价方式在使用时喊价要果断，让步要缓慢。凭借这种方法，谈判人员一开始便可削弱对方的信心，同时还能乘机考验对方的实力并确定对方的立场。至于谈判对手，可以要求对方出示报价的依据作为应对策略。

案例 5-12

高价带来的成功

1984年，美国洛杉矶成功地举办了第23届夏季奥运会，并盈利1.5亿美元，创造了奥运史上的一个奇迹。除了因为组织者——著名青年企业家彼得·尤伯罗斯（Peter V. Ueberroth）具有出色的组织才能和超群的管理才能外，更重要的是得益于他卓越的谈判艺术。

第23届夏季奥运会花费的巨额资金，可以说基本上是尤伯罗斯谈出来的。尤伯罗斯一开始就对经济赞助商们提出了很高的条件，其中包括每位赞助商的赞助款项不得少于400万美元。著名的柯达公司一开始自恃牌子历史悠久，只愿出100万美元赞助费和一大批胶卷。尤伯罗斯毫不让步，并果断地把赞助权给了日本的富士胶卷公司。后来柯达公司虽经多方努力，但其影响力远远不及获得赞助权的富士胶卷公司。很高的要价并未吓跑赞助商，由于奥运会的特殊地位和作用，其他各方面的赞助商纷至沓来，并且相互之间展开了激烈的竞争。最后，尤伯罗斯从众多赞助商竞争者中挑选了30家，最终轻松地解决了所需的全部资金，并使第23届洛杉矶奥运会成为奥运历史上第一次盈利的奥运会，从而提高了奥运会的身价，也增强了奥运会承办者的信心。

资料来源：林晓华，王俊超．商务谈判理论与实务[M]．北京：人民邮电出版社，2016．

2. 日本式报价方式

日本式报价，又称"抛放低球策略"。通常做法是，报价起点比较低，低于己方的真实需求，通过超低价格打败竞争对手，吸引目标，待目标真正上钩后，才开始真正的谈判，一步一步提高价格，迫使对手让步，达到自己的目的。具体做法是在最开始报价时，只报最低价，目的是吸引对方注意力，唤起对方的兴趣，而低价的构成主要来自对报价方最有利的结算条件，而对另一方来说，这种低价所提供的条件几乎无法满足对方的要求，此时只要对方提出改变交易条件，报价方就会相应地提高价格。因此，买卖双方最终成交的价格，往往高于报价方最初的低价。

这种报价方式的主要目的就是提高己方的竞争力，排除竞争对手。当其他竞争对手纷纷放弃时，买方市场的优势就不复存在了，买方想要实现一定的需求，只好任报价方一点一点地把价格抬高。

日本式报价方式的适用情况是：交易内容较多、成套设备交易、对方谈判水平不高、对市场行情不太了解。这种报价策略虽然最初提出的价格是最低的，但它却在价格以外的其他方面提出了最有利于己方的条件。对于买方来说，要想取得更好的条件，他就不得不考虑接受更高的价格。因此，报价低并不意味着卖方放弃对利益的追求。

不论是西欧式报价还是日本式报价，两者只有形式上的不同，而没有实质利益上的区别。一般而言，西欧式报价比较符合人们认可高价的心理，而日本式报价更有利于从竞争中脱颖而出。多数人习惯价格由高到低，逐步下降，而不是相反的变动趋势。

案例 5-13

是笑话还是陷阱

乔治是美国有名的富翁，他想承包一座矿场来拓展他的业务。几经努力，他终于选中了一座矿场，这座矿场市场价值 2 亿美元，可是竞争者很多，如果相互加价，价格就会相应抬高，怎样才能既得到这座矿场又使价格不被炒高呢？

于是，他找到了负责矿场销售的经纪人，表明了自己的意愿。

经纪人知道乔治是个有钱的主儿，便想狠狠地敲他一笔，说："这个矿场的优越性是无可比拟的，保证赚钱，看上它的人很多，如果乔治先生肯出 5 亿美元的话，我有很大希望让你可以买到。"

"5 亿美元吗？"乔治虽然内心了解行情，但还是做出毫不了解的表情，"才 5 亿美元吗？应该很值吧，我愿意购买。"经纪人兴高采烈地将这个情况向委托人做了报告，委托人也喜出望外地表示 5 亿美元的价格太赚了，所以毫不犹豫地回绝了其他的竞争者，而想购买这座矿场的人听说自己的竞争对手是大富翁乔治，也就纷纷知趣地退出了竞争。

可是后来乔治再也没有来找经纪人，经纪人迫不及待地多次找上门去，他总是避而不见，或者找借口说买矿场之事尚需斟酌，这可难坏了经纪人，不得不磨破嘴皮，希望乔治将买矿场之事赶快定下来。

乔治还是不予理睬，最后才说："矿场我当然要买的，不过价钱怎么算呢？"

"您不是答应过出价 5 亿美元吗？"经纪人赶紧提醒道。

"这是你开的价钱，事实上地价最多也只值 2 亿美元，你难道没听出我说'不贵'的讥讽意味吗？你怎么把一句玩笑话当真了呢？"

经纪人这才发现上当了，中了乔治的圈套，就照实说："这座矿场确实只值 2 亿美元，乔治先生就按这个数目付款如何？"

乔治回答道："真是笑话，如果按这个价格付款，我就不需要犹豫了。"经纪人进退维谷，由于其他人已退出竞争，如果乔治不买就无人来购买了，最后只好以 1.5 亿美元成交。

资料来源：李建民. 国际商务谈判案例 [M]. 北京：经济科学出版社，2016.

5.2.3 报价的先后

价格谈判首先要解决的就是先报价还是后报价的问题。商务谈判的实践证明，不论是先报价还是后报价，都有各自的好处和坏处，需要斟酌自己的情况后选取合适的方法。

1. 先报价和后报价的利弊

先报价的好处体现在两个方面。首先，价格一报出来，价格最高或者最低基准线基本上就随之出来了，不论最终的谈判结果是多少，几乎都不会跳出这个框架，会给谈判对手造成比较大的压力。例如，一批矿石，卖方报价每公吨 CIF[①] 上海 800 美元，双方

[①] cost, insurance and freight，成本加保险费加运费。

经过多轮的讨价还价后，最后的成交价格不会超过 800 美元；其次，报价如果设计得当，超出了对方的预料和设想，就会打乱对方原有的部署，甚至动摇对方原来的期望值，使其丧失信心，产生盲目、不知所措的感觉。例如，当卖方报价每公吨 CIF 釜山 800 美元，但是买方的心理价位只有 300 美元，与卖方的报价相去甚远时，即使经过磋商也很难达成协议，这种情况下买方只能或认可或放弃交易。综上，先报价在整个谈判中会持续地起作用，因此，先报价具有比较明显的优势。

先报价的缺点：当对方听了我方的报价后，很可能对他们自己的想法进行最后的调整，由于对我方的价格起点已经有所了解，他们就可以修改自己的报价，获得更多本没有想到的利益。例如，卖方先报价每公吨 CIF 釜山 800 美元，而买方预先准备的报价是 1 000 美元，毋庸置疑，此时买方会立即修改原计划，绝不会再以 1 000 美元成交，否则卖方因此收益受损。另外，先报价后，对方会第一时间得到我方的关键信息并集中力量对我方的报价发起进攻，逼迫我方一步一步地降价，却不泄露他们真实意图的价格。当然，这种情况是我们必须坚决拒绝的，我们应该让对方报价、还价，绝不能使谈判转变为一场围绕我方报价的防御战。

后报价的利弊与先报价相反。其有利之处在于，对方在明处，我方在暗处，可以根据对方的报价及时地修改我方的策略，以争取最大的利益；其不利之处也很明显，即被对方占据了主动，而且必须在对方划定的框架内谈判。

案例 5-14

贝尔的专利谈判

年轻的发明家贝尔获得了一项发明专利，该专利正好是某公司需要的，于是公司经理向他表达了购买这项专利权的意愿，并向他征询专利的价格。贝尔想，要是能卖到 5 000 美元，就可以继续他的发明和实验。因为其他实验还等着要用钱，所以再便宜些也肯卖。但他没有说出来，只是督促经理说："您一定知道我的这项发明专利权对公司的价值了，所以，价钱还是请您自己说一说吧！"经理报价道："30 万美元，怎么样？"还能怎么样呢？谈判当然是没费周折就顺利结束了。贝尔因此获得了意想不到的巨款，为日后的发明创造提供了资金。

资料来源：刘园. 国际商务谈判 [M]. 3 版. 北京：中国人民大学出版社，2015.

2. 先报价和后报价的选择

既然先报价和后报价都有利有弊，而且"利"与"弊"都和一定的条件相联系，那么，关于先报价和后报价孰优孰劣，要根据特定条件和具体情况灵活掌握。通常在评估先报价和后报价的利弊时，要考虑以下几点：

不论是先报价还是后报价，在友好合作的商务谈判背景下均可以，没有实质性区别；在高度竞争或高度冲突的场合，先报价有利；如果对方不是"行家"，以先报价为好；如果对方比己方更专业，以后报价为好；如果双方都是"行家"，则先后报价也无实质性区别。

另外，商业性商务谈判的惯例是：发起商务谈判者，一般应由发起者先报价；投标者与招标者之间，一般应由投标者先报价；卖方与买方之间，一般应由卖方先报价。

5.2.4 报价的策略

国际商务谈判报价的策略有很多，在选用时注意要充分考虑商品的定价影响因素和报价的影响因素。主要的报价策略有以下几种。

1. 报高价策略

报高价策略类似于报价方式中的西欧式报价，是卖方以最高期望价格作为报价的策略。俗话说"漫天要价，就地还钱"，就是指卖方要价很高，买方还价很低的意思。

在价格型的商务谈判中，有经验的商务谈判者为了拔高自己的要求或者压低对方的要求，往往采取这种策略。实践证明，大多数的最终协议结果往往在这两个价格的中间，或者以接近中间的价格成交。例如，一块手表卖主开价100元，买主还价60元，那么最后买卖可能在80元或接近80元的价格上成交。所以，高明的谈判者会在不导致谈判破裂的前提下，尽可能地报高价，从而争取更大的利益。

◉ 案例 5-15

铁娘子的成功

1975年12月，在柏林召开的欧洲共同体各国首脑会谈上，各国进行了削减英国支付共同体经费的谈判。

会议前，撒切尔夫人向共同体提出：英国对欧洲共同体负担的经费过多，要求举行商务谈判，削减英国支付的经费。各国首脑们原来以为英国政府可能希望削减3亿英镑，从商务谈判的惯例出发，撒切尔夫人会提出削减3.5亿英镑，所以，他们就在商务谈判中提议可以考虑同意削减2.5亿英镑。这样讨价还价下来，会在3亿英镑左右的数目上达成协议。

可是完全出乎各国首脑们的意料，撒切尔夫人狮子大开口，报出了10亿英镑的高价，使首脑们瞠目结舌，十分惊讶，一致坚决反对。可撒切尔夫人坚持己见，声称这10亿英镑是英国的钱。她在商务谈判桌上始终表现出不与他国妥协的姿态，共同体各国首脑们，简直拿这位铁娘子没有任何办法，不得不迁就撒切尔夫人，结果不是在3.5亿英镑，也不是在2.5亿和10亿英镑的中间数即6.25亿英镑，而是在8亿英镑的数目上达成协议，也就是同意英国对欧洲共同体每年负担的经费削减8亿英镑。撒切尔夫人获得了谈判的巨大成功。

资料来源：李建民. 国际商务谈判案例 [M]. 北京：经济科学出版社，2016.

2. 除法报价策略

除法报价策略是一种价格分解术，通常以商品的使用时间等概念为除数，以商品价格为被除数，得出一种数字很小的价格，使买主对本来不低的价格产生一种便宜、低廉的感觉。

如化妆品公司为向顾客推销面膜，宣传标语写"每天一杯奶茶的钱就可以换你青春永驻"。这种做法用的就是该策略。相反，如果说，每盒面膜100元，效果就差得多了，因为人们觉得100不是个小的数字。而用除法报价策略说成每天只需要一杯奶茶钱，人们听起来在心理上就容易接受了。

3. 加法报价策略

加法报价策略是指在商务谈判中，有时一次性报价过高的价格会吓跑客户，就把价格分解成若干层次渐进提出，使若干次的报价最后加起来仍等于当初想一次性报出的高价，类似于报价方式中的"日本式报价"。

例如，家具商向夫妻俩推销一套家具。如果他一次性报高价，夫妻俩可能根本不会买。但家具商可以先报餐桌的价格，要价很低；成交之后再商谈餐椅的价格，要价也不高；待餐桌和餐椅卖出之后，接着谈茶几价格，再谈电视柜，抬高价格。夫妻俩已经买了一部分家具，自然想"配套"，不忍放弃茶几和电视柜，在谈判中便很难在价格方面做出让步了。

采用加法报价策略，卖方多半是靠所出售的商品具有系列组合性和配套性。买方一旦买了组件1，就无法割舍组件2和3了。针对这一情况，作为买方，在谈判前就要考虑商品的系列化特点，谈判中及时发现卖方加法报价的企图，挫败这种"诱招"。

4. 最小单位报价策略

最小单位报价策略是指企业把同种商品按不同的规格包装，以最小包装单位量制定基数价格，谈判时，参考最小包装单位的基数价格与所购数量报价。一般情况下，包装越小，实际单位数量商品的价格越高；包装越大，实际单位数量商品的价格越低。

常见的如茶叶，就可以采用这种报价方法。如果某种茶叶为500克150元，消费者就会觉得价格太高而放弃购买。如果缩小报价单位，采用每50克为15元的报价方法，消费者就会觉得可以买来试一试。如果再将这种茶叶以125克来进行包装与报价，则消费者就会嫌麻烦而不愿意去换算出每500克应该是多少钱，从而也就无从比较这种茶叶的报价究竟是偏高还是偏低了。

最小单位报价策略的优点比较明显：一是便于消费者采购和使用，以适应不同场合下的不同需要，如便于携带的小包装食品、小包装饮料等；二是利用了消费者的心理错觉，因为小包装的价格容易使消费者误以为廉价，而实际生活中消费者也因为换算出实际重量单位或数量单位商品的价格比较麻烦，而不愿过于计较。

5.2.5 价格解释

1. 价格解释的含义

卖方报价后，买方可要求其对报价的内容进行详细的说明，这就是价格解释，即卖方需要就为什么报这个价格做比较明确的介绍、说明或解答，其依据是商品特点、价值基础、行情依据、计算方式等。价格解释的内容应根据具体交易项目确定，层次应清楚明了，最好按照报价内容的次序逐一进行解释。

2. 价格解释的技巧

价格解释的技巧主要有不问不答、有问有答、答其所问、简短明确。不问不答是指对方如果不主动提及，那么就不要主动去做解释，不能因怕对方不理解而做过多的说明，容易陷入"言多有失"的困境。有问有答是指当对方提出相关问题时，己方都要逐个做出回答，并且要迅速、流畅。如果回答问题避重就轻、言语模糊、欲言又止，容易引起对方的疑虑，甚至会提醒对方注意，从而穷追不舍。答其所问是指在回答时仅就对方所提问题做出解释说明，不要画蛇添足。简短明确就是在进行价格解释时要简明扼要、明确具体，以充分表明自己的态度和诚意，使对方无法从陈述中发现漏洞。

案例 5-16

令人信服的价格解释

日本某电机公司出口其高压硅堆的全套生产线，报价如下：设备成本报价 2.4 亿日元，设备服务费 12.5 亿日元，其中包括备件、技术培训与技术指导费 0.9 亿日元。谈判开始后，营业部长松本先生解释：设备服务费是按中方工厂获得技术后生产的获利提成计算出的。取数是生产 1 500 万支产品，5 年生产提成是 5%，平均每支产品销价 2.5 日元。设备费按工序报价，其中清洗工序 2 亿日元，烧结工序 3 亿日元，切割分选工序 4 亿日元，封装工序 2 亿日元，打印包装工序 1 亿日元，技术服务与培训费 250 万日元，技术指导人员费用 650 万日元。

资料来源：聂元昆. 商务谈判学 [M]. 2 版. 北京：高等教育出版社，2016.

本案例中，卖方价格解释做得较好，讲出了报价计算方法和取数，给买方评论提供了依据，使买方满意。由于细中有粗，给自己谈判仍留了余地，符合价格解释的要求。卖方采用的是分项报价、逐项解释的方式。

5.3 商务谈判磋商阶段策略

图 5-3 列举了商务谈判磋商阶段的相关内容。

报价阶段顺利完成后，就进入了磋商阶段，即讨价还价阶段，这一阶段是谈判的重中之重，也是最难以攻克的阶段。在一般情况下，当谈判一方报价之后，另一方不会无条件地全盘接受，势必要展开你来我往的交易磋商，这一磋商可以说是谈判双方实力、智力、技术、经验的具体较量。因此，这一阶段是谈判双方为了实现其目的而合理运用智慧和各种策略的过程。

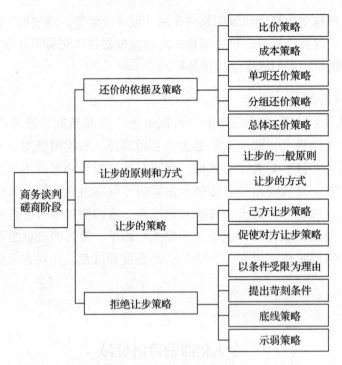

图 5-3　商务谈判磋商阶段

5.3.1　还价的依据及策略

还价，也称"还盘"，指针对谈判对手的首次报价，己方所做出的新一轮反应性报价。

还价以报价作为基础，在一方首次报价以后，另一方通常会根据对方的报价及价格解释，经过若干次商讨，分析虚报部分，推测对方让步程度，并按照一定的策略与技巧提出自己的反应性报价，即做出还价。

在还价过程中首先要明确还价的依据，以此确定还价的起点和幅度。还价的依据主要包括以下几点：第一，对方的报价。要设法明确对方报价的真实成分有多少，报价中的条件哪些是关键的，起决定作用的；哪些是附加的，重要程度偏低的；哪些是虚头或诱饵；甚至哪些仅仅是交换性的筹码。第二，己方的目标价格。己方的目标价格是己方根据自身利益制定，希望经过讨价还价达到的成交价格。第三，己方准备还价的次数。在每次还价的幅度已定的情况下，当己方准备还价的次数较多时，还价的起点就要较低；当准备还价的次数较少时，还价的起点就应较高。第四，谈判标的物的实际成本。交易价格必然以成本为起点，在满足成本的基础上，再加上合理的利润，最终构成了报价的重要因素之一。合理的利润到底是多少，则取决于谈判双方的讨价还价能力。

谈判人员要确保己方的利益要求，就必须采用不同的还价策略，常用的还价策略有以下几种。

（1）比价策略。以同类产品或者同类企业价格信息为基础，参照比较来还价。比价的关键在于千万不要选错比价对象，只有比价合理才能说服对方。这种方式的优点是既便于操作，又容易被接受。

（2）成本策略。成本策略指己方根据搜集到的产品成本构成的资料计算出所谈产品的成本，然后以此为基础，再加上一定百分比的利润作为依据进行还价。这种还价方式的关键是成本计算要确保准确性，成本计算得越准确，谈判还价的说服力越强。

（3）单项还价策略。这种策略是指对主要设备或商品以及其他各交易条款逐项逐个还价。如对包装费、运输费、工程设计费逐项还价；对成套设备，按主机、辅机、备件等不同的项目还价。

（4）分组还价策略。这种策略是指把谈判对象划分成若干项目，并按每个项目报价中所含水分的多少分成几个档次，然后逐一还价。对不同档次的商品或项目采用区别对待、分类处理的办法。

（5）总体还价策略。总体还价策略又叫"一揽子还价"，是指不分报价中各部分的差异，均按照一个总体去还价。

5.3.2 让步的原则和方式

谈判时，当出现不可避免的分歧时，最后的结果只有两个：谈判破裂，双方不再合作，或者其中至少一方做出让步。如果谈判双方不想就此结束，前功尽弃，他们就只能选择让步。能首先做出这种姿态的，并不是软弱与无能的表现，相反，善于妥协让步恰恰是谈判人员成熟的表现。但如何让步却很有讲究，有经验的谈判高手往往能以很小的让步来换取对方较大的让步，而且还会使对方感到心满意足。而有些谈判人员在谈判中即使做出了较大的让步，也不能让对方满意。如何使谈判中的让步达到预期的目的和效果，关键是要遵循让步的原则，同时充分利用让步策略。

1. 让步的一般原则

妥协让步固然是必要的，但在让步之前，作为谈判人员，应该反复考虑：现在是否应该让步，应该如何让步，让步能给己方带来什么利益。

（1）不要轻易放弃自己的利益。即使是屡战屡胜的谈判人员，也有不得不让步的时候。但是高明的谈判人员不会轻易提出让步，因为首先做出让步会使对方信心倍增，加大攻势，从而使己方丧失谈判的主动权。而且盲目的让步会影响双方的实力对比，让对方占有某种优势。

（2）让步要随附条件。在做出不得不做出让步的决定之前，要对让步附加某些条件，获得回报的让步才是有意义的让步，以有换有。从追求自身经济利益最大化的角度出发，只要有可能，就应该是每一次让步都有或大或小的回报，即换取最后的利益。

（3）让步是有效的。商务谈判实践表明，在让步时应考虑做到有效的让步，使己方的让步不至于使对方得寸进尺，同时也迫使对方不得不让步。

（4）让步要恰到好处。让步要让在刀刃上，让得恰到好处。能使己方以较小的让步，获得对方较大的满意。这是因为人的心理：如果是耗费大量资源和时间成本得到的东西，就会格外珍惜和欣赏。

（5）让步应有明确的利益目标。让步应体现对己方有利的宗旨，无谓的让步会被对手视为无能。当然让步不是目的，而只是实现目的的手段，任何偏离目标的让步都是浪费。没有交换，决不让步，这是一个谈判人员首先应该遵循的原则。

（6）让步应遵循以小换大的原则。谈判中忌讳承诺做出同等程度的让步。因为这种让步所达成的协议仅是双方盲目妥协得来的，不是谈判的理想状态。谈判中在需要让步时应该做到每次让步是以牺牲眼前利益，换取长远利益，或是以己方小的让步，换取对方更大的优惠。

（7）让步要区分主要次要。对谈判的各项议题进行梳理，主要的、迫切需要让步的问题才能进行让步。而涉及原则问题、重大问题或不是特别急切的事项放到最后，当迫不得已必须出让利益时再做进一步考虑。在己方认为重要的问题上力求使对方先让步，而在次要或无关紧要的问题上，根据需要，己方可以考虑先做让步，但要尽量让对方提出，并表明其要求。许多情况下，你会发现对方的要求其实没有你想象的那么高。

（8）接受让步要心安理得，问心无愧。在对方让步时要坦然接受，无须有负疚感，更不要考虑及时做出一定的让步给予回报，如果这样，你争取到的让步就没有意义了。

2. 让步的方式

在商务谈判实践中，人们总结出了8种常见的让步方式，见表5-1。由于每一种方式传递的信息不同，对不同的对象也就有不同的结果。选择、采取哪种让步方式，主要考虑以下几个因素：谈判对手的经验、准备采取的谈判方针和策略、做出让步后期望对方做出的反应。

现模拟场景：某品牌钢笔，厂商初始报价180元，计划实现价格为120元，该卖方为达到计划目标需做出60元的让步，让步谈判共设计了四轮，表5-1列举了8种常见的让步方式。

表5-1　8种常见的让步方式

序号	第一轮	第二轮	第三轮	第四轮	让步方式
1	0	0	0	60	冒险式
2	60	0	0	0	底牌式
3	15	15	15	15	等额式
4	7	12	19	22	逐增式
5	22	19	12	7	逐减式
6	40	7	1	12	反弹式
7	56	0	0	4	断层式
8	52	8	−2	2	讨回式

（1）冒险式。这是一种强硬坚定的让步方式。它的特点是在价格谈判的前期和中期，无论买方作何表示，卖方始终坚持初始报价，不愿做出丝毫的退让，使对方感觉一直没有妥协的希望。而到了谈判后期才迫不得已做出大的退让。当采用此种方式时，买卖双方往往都要冒着陷入僵局的危险，甚至可能导致谈判的中断，因此称为冒险式。它适用于对谈判投入少，在谈判中有优势的一方，换句话说，当不怕谈判失败时可以采用。

（2）底牌式。这是一种开始便把自己所能做出的全部让步和盘托出的方式。采取这种让步方式，一开始就向对方亮出底牌，优点是比较容易打动对方，采取回报行为，促成和局。但是缺点更大，这种让步操之过急，给买方传递出一种尚有利可图的信息，会在谈判初期大大提高买方的期望值，而且也没有给卖方留出丝毫的余地。而后几轮完全拒绝让步，既缺乏灵活性，又容易使谈判陷入僵局。另外，开始即做出全部让步，也会使卖方可能损失本可力争的利益。这种让步方式在实际谈判中采用较少，一般适用于关系持久友好的谈判双方。

（3）等额式。这是一种以等额或近似等额的幅度逐轮让步的方式。这种方式的特点是让步的数量和速度都是均等的、稳定的，使买方每次的要求和努力都能得到满意的结果，容易在利益均享的情况下达成和局。但这种方式谈判效率较低，双方每讨价还价一次，都有等额利益让出，会令对方产生只要有耐心就会有更大利益获取的心理，导致谈判耗时长，成本高。这种方式使用较普遍，适合在缺乏谈判经验或陌生谈判时运用。

（4）逐增式。这是一种让步幅度逐轮增长的方式。每一轮谈判都比上一轮让步的幅度更大一些，在实际价格谈判中，应尽量避免采取这种让步方式。因为这样会使买方的期望值越来越大，并会认为卖方软弱可欺，从而助长买方的谈判气势，很可能使卖方遭受重大损失。

（5）逐减式。这是一种让步幅度逐轮减少的方式。首轮让步较大，后续每一轮均小幅度递减地做出让步。这种让步方式一方面符合商务谈判讨价还价的一般规律，比较自然，易于被对方接受；另一方面也体现出卖方让步的谨慎性，立场越来越强硬，留给买方的余地越来越小，避免买方无休止的进攻策略。

（6）反弹式。这是一种开始先做出一次大的退让，然后让步幅度逐轮急剧减少，在最后一轮又做较大让步的方式。这种让步方式往往表示卖方在适当条件下愿意妥协，但不会轻易让步，第三轮传达的信息可以理解为几乎无利可让，此时比较容易使对方产生获胜感而促成协议。但是若仍不能达成协议，最后再让出稍大利益，往往会使对方满意而使最终谈判成功。其特点是，它既向买方显示出卖方的谈判诚意和妥协意愿，同时又巧妙地暗示出卖方已做出了巨大的牺牲和最大的努力。此方式适用于以合作为主、互惠互利为基础的谈判，在开始时做出较大让步有利于创造良好氛围。

（7）断层式。该让步方式的特点是，最初的让步幅度就很多，接下来则坚守立场、毫不退让，仅在最后一轮谈判时再象征性做微小让步。这种让步方式，刚开始就明确了卖方希望合作达成的意愿，后续的断层也向买方表明过多的讨价还价没有意义，白费功夫，坚守了自己的利益。不过，卖方在谈判第一轮就做出的巨大让步也会给买方带来可以进一步降价的错觉，虽然之后卖方态度转为强硬会很快消除这一期望，可是买方很高的期望一旦立即化为泡影往往又会难以承受，导致谈判难以继续。另外，开始就做出巨大让步，也要注意避免卖方丧失较高价位成交的可能性。

（8）讨回式。这是一种开始做出大的让步，接下来又做出让步，之后安排小小的回声，最后又被迫做一点让步的方式。这是一种较为特殊和冒险的让步技法，在第一轮和第二轮的谈判中，已经完全让出可让利益，第三轮并非消极拒绝，而是诱惑性地让出本来不该让的一小部分利益，在最后又从另外的角度进行讨价还价，通过提供一些附加价值又收回该部分利益。这种方式往往能操纵买方心理。它既可表明卖方的交易诚意和让步已达到极限，又可通过一升一降使买方得到一种心理上的满足。适用于陷入僵局或者危难的谈判。

可以看出，不同的让步方式传递着不同的信息，对对方形成不同的心理作用，也对谈判进程和结果具有不同的影响，在不同的谈判场合、不同的谈判情境下，可灵活运用。

案例 5-17

A 公司设备转让

A 公司想以每台 60 万~70 万元的价格转让几台车床加工设备，该批设备性能良好，操作简单，市场需求很旺盛。谈判时，A 公司首先报价为 120 万元/台，以观察买方的反应。其实买方事先已对该批设备进行过估价，也调查过同类产品的市场价格，一般行情应该在每台 58 万~60 万元。随后买方提出 50 万元/台的出价，由于 A 公司急于将这批设备脱手，随即同意把价格降为 80 万元/台，即原来价格的三分之二。事与愿违，由于卖方第一轮磋商就让出了比较大的利益，所以在接下来的谈判中就失去了主动性，买方多次大幅度还价，A 公司只有招架之功，并无还手之力。最终结果是以 55 万元/台的价格成交。事实上，这批设备至少可以按 58 万元/台的价格转让。

上述案例表明，A 公司不应该那么快就做出大幅度的让步，使得买方坚定对这批设备价格的信心，迫使 A 公司多次做出让步。因此，在商务谈判中，即使需要让步，也不要轻易先做出让步，未经施压就做出的让步毫无意义，对方会把它看成是争取其他让步的起点。不可做无谓的让步，导致不理想的结果。

资料来源：张国良. 商务谈判与沟通 [M]. 北京：机械工业出版社，2021.

5.3.3 让步的策略

谈判双方在不同利益问题上相互做出让步，以达成谈判和局为最终目标，通常的让步策略有以下几种。

1. 己方让步策略

己方让步策略常见的方式有三种，分别是：互利互惠让步策略，即以己方的让步换取对方在另一问题上的让步;远利近惠让步策略,即以未来利益上的让步或承诺换取对方近期利益上的让步;己方无让步得利策略,其含义是谈判一方以不做任何让步为条件而获得对方的让步。

(1)互利互惠让步策略。谈判的目的是双赢,如果一方让渡了利益,必然期望另一方也有相应的表示,以此获得更大的让步。所以谈判桌上的谈判人员,需要争取做到互利互惠让步。互利互惠让步最大特点是,让步是附带条件的:如果我方做出了让步,那么你方能给予我们的优惠是什么?

另外,在洽谈互利互惠时,如果一个问题谈不下来,谈判人员就需要有灵活的应变思路,通观全局,灵活地使自己的利益在其他方面得到补偿。

为了能顺利地争取对方互利互惠的让步,商务谈判人员可采取以下两种技巧。第一,当己方谈判人员提出让步时,应向对方表明做出这个让步是与公司主管的指示相悖的。因此,己方若同意这样一个让步,对方也必须在某个问题上有所回报。第二,把己方的让步与对方的让步直接联系起来,表明只要对方在己方关注的问题上让步,己方就可以做这次让步,其他就不存在问题了。相比较而言,前一种技巧言之有理,言中有情,易获得成功;而后一种则直来直去,比较生硬。

(2)远利近惠让步策略。还有一些谈判,可以通过许诺未来的利益来换取目前的利益,即为了避免现实的让步而承诺给对方长远利益。例如,当对方要求己方做出让步时,己方可以强调双方长期合作能带来的远期利益,前提是本次合作能顺利而友好地发展下去,向对方说明远利和近利之间的利害关系,如果对方是精明的商人,多数会取远利而弃近惠。

(3)己方无让步得利策略。这个策略是指在谈判过程中,己方由于条件所限,无法对等给出让步承诺,但是由于理由充分,解释得当,受到对方的认可,同样可以换来对方的让步。当谈判对方就某个交换条件要求己方让步,其要求言之有理,而己方又很难做出实质性的让步时,可以采用。具体做法是,当对方表达意愿时,要专心对待,洗耳恭听对方的诉求,并表示充分理解,也认同该要求的合理性,但务必表达清楚就己方目前的条件而言,实在难以接受对方的要求,同时保证己方给客户的条件目前已是最优,希望对方能够谅解。

谈判是具有一定艺术性的,人们对自己争取某个事物的行为的评价,并不完全取决于最终的行为结果,还取决于人们在争取过程中的感受,有时感受比结果还重要。己方虽然没有在关键问题上做出让步,但是给予了对方十足的尊重,保证其条件待遇最优,进一步强化了这种受人尊敬的效果,迎合了人们的心理需求,也可以带来较好的结局。

2. 促使对方让步策略

谈判中的利益可分为三部分:一是可以放弃的利益,二是应该维护的利益,三是必须坚持的利益。对于第二、三部分的利益,实际中往往需要通过艰苦激烈的谈判才能获得。通常迫使对方让步可以采取的策略有:

（1）利用竞争。同时与几家企业谈判，使之产生竞争，造成对己方有利的态势。己方可以在商务磋商谈判过程中和与项目有关的其他几个企业同时谈判，并且在谈判中向对方不失时机地透露出己方正在与它们的竞争对手谈判，那么利用对方与它们之间的相互博弈的心理，很显然达到了有利于我、不利于对手的局面。

（2）软硬兼施。谈判中不仅要据理力争、义正词严地与对方讨价还价，逼迫对方就范，还要注意用展示软弱点的方式来与对方谈判。

（3）虚拟假设。运用虚拟的假设条件，使对方认识到适当让步是较为理性的选择。己方可以大量运用虚拟的假设条件来诱导对方降低价格。例如，在货物买卖中，己方可以虚拟地假设说"如果贵方不按照这个价位把商品卖给我，那么我可以选择其他家来购买"。目的就是要让对方意识到如果不让步就是不理性的选择。

（4）疲劳战术。商务谈判的磋商其实就是一场"拉锯战"，比的就是耐力与毅力。己方要不间断地讨价还价，采用"车轮战术"让对方感到身心疲惫。当对方感觉到为了一点蝇头小利而付出如此大的代价是不理智的时候，往往会妥协就范，从而达到己方的目的。

（5）吹毛求疵。吹毛求疵策略是指故意挑剔别人的缺点，寻找错误。如先用苛刻的、并不一定真实的条件质疑对方，给对方增加压力，使其产生疑虑、无望的心态，大幅度降低对手的期望值，接下来通过数轮谈判找准时机逐步给予优惠或让步。在这种情况下，由于对方的心理得到了满足，便会做出相应的让步。

案例 5-18

买桃子

在桃子大量上市的时候，水果贩的店里有一个采购员在讨价还价：

"多少钱1千克？"

"3.6元。"

"3.2元行吗？"

"少一分也不卖。"

这个采购员走了。不久，又一个采购员走上前来："多少钱一千克？"

"3.6元。"

"整筐卖多少钱？"

"零买不卖，整筐3.6元一千克。"

接着这个采购员挑出一大堆毛病来，如桃子的质量一般、形状不圆等，其实是在声明：瞧你的商品质量可不好哦。水果贩显然不同意他的说法，在价格上也不肯让步，采购员却不急于还价，而是不慌不忙地打开筐盖，拿起一个桃子掂量着、端详着，不紧不慢地说："你看这个，个头还可以，但颜色不够红，这样上市卖不上价呀！"接着伸手往筐里掏，摸了一会儿摸出一个小桃子："老板，您这一筐，表面是大的，筐底可藏着不少小的，这怎么算呢？"边说边继续在筐里摸着，一会儿，又摸出一个带伤的桃子："看，这里还有虫咬，也许是雹伤。您这桃子既不够红，又不够大，算不上一级，勉强算二级就不错了。"这时，卖主沉不住气了，说话也和气了："您真想要，还个价吧。"双方最终以3.2元每千克的价钱成交了。

资料来源：林晓华，王俊超.商务谈判理论与实务[M].北京：人民邮电出版社，2016.

两个采购员都去买水果，结果却大相径庭。第一个采购员遭到拒绝，而第二个采购员却能以较低的价格成交。这是为什么呢？

关键在于，第二个采购员在谈判中，采取了吹毛求疵策略，讲明还价的原因。这种吹毛求疵策略，是利用多次挑剔，提出一大堆问题来实现的，尽管有的是真实的，有的是虚张声势，但都可以成为讨价还价的理由，达到以攻为守的目的，促使卖方降价，是买方精明强干的体现，从而提高买方的谈判效果。

（6）最后通牒。在谈判双方互不相让，都不愿意做出让步时，为了迫使对方接受己方条件，可以采取发最后通牒的策略，即如果对方在某个期限内不接受己方的交易条件并达成协议，己方就宣布谈判破裂并退出谈判。

在谈判过程中，谈判人员通常都会抱有只要坚持就会获取更大利益的想法，因此对现实的讨价还价不肯轻易放弃。若能想方设法让对方放下这种期待，就会使对方做出让步。最后通牒策略就是针对这种情况的一种好办法。

运用最后通牒策略必须注意以下几点：确保自己处于相对强势的地位，对方比己方更期待这笔交易的达成。这是该策略的基础和必备条件。只有在谈判的最后阶段或最关键时刻才能使用最后通牒策略，因为经过多轮谈判，对方的人力、物力、财力和时间均有大量消耗，如果谈判最终失败，沉没成本过于庞大。对方若能充分考虑谈判破裂带来的消极后果，将会意识到达成协议是最好的选择。最后通牒的提出，必须非常坚定明确、不存在异议，打破对方的任何幻想。当然，己方也要做好对方绝不让步而退出谈判的思想准备，以免谈判失败时惊慌失措。

案例 5-19

最后的打款

利宏家电是本市最大的家电经销商，拥有全市最大的电器卖场。该家电卖场经营的冰箱品牌较多，有新飞、海尔、美的等很多知名品牌。利宏家电经销容声冰箱12年之久，卖场与厂家一直合作愉快，但近一个月厂家业务员却发现卖场一直没有打款开单，他对此感到疑惑，遂去了解情况。

原来，近期美的冰箱出台了较为优惠的政策，部分资金被分流。业务员与经销商多次沟通，都无济于事。经销商的理由是，价格政策没有美的品牌好，美的品牌的外观、性能、价格优于容声品牌，容声品牌货源短缺，还有没钱等一些让人气愤的理由。

业务员进行了冷静、客观的分析，经销商的资金实力很雄厚，没钱的理由应该不存在；容声品牌给经销商的政策也比较有竞争力，只是特价机的价格略高了一点，但容声有较强的品牌拉力。因此，业务员得出结论：卖场与美的品牌有了某种协议，想给美的品牌冲量。于是业务员决定孤注一掷，给经销商一点颜色看看。

业务员最后与经销商摊牌："你做了12年的容声品牌，你靠容声品牌吸引了多少顾客，赚了多少钱，你自己清楚，而现在你却说容声品牌不好，这个理由显得很苍白，很可笑，这个月必须按任务打款15万，否则就不要做了。"

业务员说完，转身就走。可没等业务员走出门口，经销商马上把业务员拉了回来，还赔上笑脸。第二天，经销商把货款如数打出，运作如常。

资料来源：高定基. 实战谈判秘诀（6）：不打款就不要做[EB/OL]. (2012-3-12) [2021-12-15]. http://www.emkt.com.cn/article/550/55019.html.

通过分析我们知道，业务员在这里运用的是最后通牒策略。在这个策略下，如果对方拒绝妥协，谈判就彻底破裂，以后双方将不再合作。这个策略的目的不是退出，而是通过施加压力让对方接受让步条件。这个策略要成功运用，有一个条件应该谨记：对方是不愿意放弃的，对方对合作和谈判还是有诚意的，并不想真的放弃，只是在拖延，在要求更好的政策和优惠。如果能够抓住对方的这种心理，就可以使用这个策略。最后通牒是一种退出策略的升级版。

但是，如果没有这个把握，在使用这个策略时，切记要准备备用方案，以防对方不接招给自己带来较大损失。

5.3.4　拒绝让步策略

拒绝就是不做让步，属于谈判中的防守策略。谈判中实施拒绝让步策略不代表宣布谈判破裂，而是否定对方的进一步要求，蕴含着对前期商议或让步的肯定。

一般我们可以明确地对对方说"不"的情况有以下几种：我方在攻防力量对比中明显占上风；我方处于不相称的弱者地位；除了对方，还有很多同质企业可以展开谈判。

为了在谈判中争取到对自己有利的谈判地位，我们常常需要对对方说"不"，但是又要维护谈判成果，这时就需要一定的策略，主要有以下几种。

1. 以条件受限为理由

谈判中，当对方进攻有理有据，己方无力反驳时，可以以某种客观理由或条件的制约而无法满足对方的要求为由，阻止对方的进攻。此时对方就只能根据己方所拥有的权限来考虑这笔交易。商务谈判中，经常运用的限制因素有权力、资料、环境、时间、技术等，当种种条件受限时，谈判人员更容易说"不"。

值得注意的是，经验表明，该策略使用的频率与效果是成反比的。拒绝让步策略运用得过多，会使对方怀疑己方没有谈判诚意，或者要求己方具备一定条件后再谈判，这样会使己方陷于被动。

案例 5-20

最终请示

小李刚装修好新房,计划买一套家具。

家具销售人员都是经过谈判培训的。刚开始,小李就开了一个极低的价格,打算在对方的底线附近打拉锯战。销售人员处变不惊,不断用各种赠送换取价格的提升。最后,当双方差不多达成一致时,你认为小李应该怎么办?直接签约?还是说:"再送我一个抱枕,就成交"?

答案是,都不对!小李可以对销售说:"你真是个厉害的销售,我被你说服了。那就这样定了吧。你再等我打个电话,我向我们家的领导最终请示一下。"

其实,这就是一种谈判技巧——权力有限策略。

这时候,销售人员为了挽留客户,通常会说:"稍等,我也打个电话给我的领导,看看是不是能再给你申请特别折扣。"

这就是权力有限策略。一句"对不起啊,虽然我理解你的立场,但是你的要求实在是太过分了,我没有权力答应你",会让对方大伤脑筋。受限的谈判权力,才会有真正的力量,比全权谈判人员更处于有利的状态。

资料来源:潘肖珏,谢承志.商务谈判与沟通技巧[M].2版.上海:复旦大学出版社,2006.

2. 提出苛刻条件

拒绝让步代表否定了对方的进一步要求,但并不代表磋商谈判的破裂。为了使谈判在良好平和的气氛中继续进行而不陷入僵局,己方可以不直接拒绝对方的要求,而是提出些更为苛刻的条件变相拒绝对方的要求。这样,谈判既没有破裂,可以继续进行,又给对方和自己留有一定的余地和继续谈判的机会。

3. 底线策略

如果对方开出来的条件真的十分苛刻,己方完全没有接受的可能,那么,己方可以明确地告知对方自己的底线是多少,超过了这个底线是绝对不能接受的。一定要明确、直截了当地说明,这样对方会意识到自己的价位确实过高或过低以至于买方或卖方不可能接受,相应地做出让步。

4. 示弱策略

很多时候,出于天生的同理心,对于实力较差的一方,人们都会在力所能及的范围给予一定的帮助,而不是趁火打劫将其逼到绝境。有些商人会利用人性的这一特点,把它作为谈判中阻止对方进攻的一种策略。

当谈判对方就某一问题提出让步要求,而己方又找不到合适的理由拒绝时,就可以用楚楚可怜的态度乞求对方放弃要求。例如,"若按贵方的要求去办,公司必将破产倒闭""你这样的要求若是我答应了,那本人就会被公司解雇",等等,尽量要求对方高抬贵手。

需要注意的是，这种策略取决于对方谈判人员的个性以及对示弱者所谈内容的信任程度，因此具有较大的冒险性。

5.4 商务谈判僵局策略

图 5-4 列举了商务谈判僵局策略的相关内容。

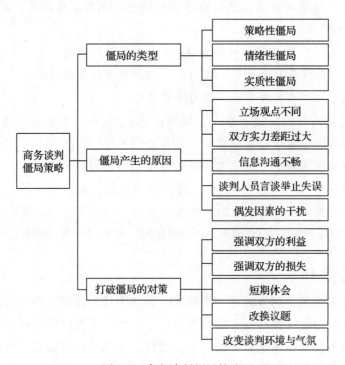

图 5-4　商务谈判僵局策略

在谈判进入实质的磋商阶段以后，各方往往由于某种原因相持不下，陷入进退两难的境地。我们把这种谈判搁浅的情况称为"谈判僵局"，产生僵局的主要原因就是不同的谈判方有不同的利益诉求，当谈判涉及关键利益问题时，每组谈判人员都会基于自己的立场争取最大的利益，当双方都不认可己方做出让步时，僵局就产生了。

出现僵局是每一个谈判人员都不愿发生的，但是一旦产生了，也不可视而不见，需要想办法解决，否则就会对谈判的顺利进行产生影响，那么如何处理僵局呢？

5.4.1 僵局的类型

商务谈判中的僵局大致可以分为三种类型：策略性僵局、情绪性僵局及实质性僵局。

1. 策略性僵局

这是谈判技巧之一，若运用得当，将事半功倍。它是谈判的一方有意识地制造一些矛盾，给对方造成心理上的压力，从而逼迫对方降价或者要求对方答应己方的要求，为己方争取时间和创造优势的延迟性质的一种策略。

策略性僵局发生于谈判双方实力差距比较悬殊时，实力比较弱的企业，它在谈判桌上的话语权比较小，相应利益会受到损害。当大企业施压时，小企业要么选择顺从，要么选择反抗，但是其自身反抗能力又不大，易形成僵局。

2. 情绪性僵局

谈判的过程中出现冲突是在所难免的，有时语言比较犀利，态度比较生硬，此时若一方的情绪控制不佳，会导致冲突升级，出现针锋相对、咄咄逼人的局面。一些有经验的谈判专家认为，许多谈判人员维护个人的面子甚于维护公司的利益。在谈判中，如果一方感到丢了面子，他就会奋起反击来挽回面子，甚至不惜退出谈判。这时，争吵中的各方心态都处于一种激动不安的状况，态度也特别固执，语言也具有攻击性，双方毫不妥协退让，使谈判陷入了僵局。

化解情绪性僵局的办法之一，就是要给对方留面子。特别需要指出的是，如果对方是高层领导，就更要让他有一种居高临下的感觉，充分满足他的虚荣心，这样就不容易产生情绪性僵局了。

3. 实质性僵局

实质性僵局是我们在谈判中最常遇到的僵局类型。双方在谈判的过程中涉及商务交易的核心利益时，意见分歧较大，难以达成一致意见，而且双方又故步自封，都认为对方应该出让利益，而不是己方。实质性僵局主要出现在下述几种情况：第一，谈判双方实力不相上下，两方关注的利益点也重合。比如，买卖双方都关注商品价格、付款方式，此时哪一方让步的可能性都很小，很容易在此问题上讨价还价、互不相让，形成僵局。第二，双方在谈判的关键点诉求差别非常大，也易陷入僵局。第三，立场过于僵化，两方都只站在自己的立场进行磋商，一方宣称要做什么、不做什么，另一方也针锋相对，这就大大缩小了双方回旋的余地，增加了妥协的难度，产生僵局也就不难理解了。

5.4.2 僵局产生的原因

了解谈判僵局出现的原因，避免僵局出现，一旦出现僵局能够运用科学有效的策略和技巧打破僵局，重新使谈判顺利进行下去，是谈判人员必须掌握的重要技能。

1. 立场观点不同

僵局产生的最常见原因，就是双方各自坚持自己的立场观点，不认同对方的立场观点，形成僵持不下的局面。在谈判过程中都只考虑自身，否定对方，互相不肯让步，势必会引起纷争，使谈判陷入僵局。只考虑立场观点，忽视真正的利益需求本就无法顺利达成交易，而双方又为了维护自己的面子，不但不愿做出让步，反而坚决不承认己方的失误，指责对方，要求对方改变立场观点，谈判就变成了不可相容的互唱反调。谈判人员甚至为了捍卫立场观点的正确而以退出谈判相要挟。

如果这种僵局处理不好，就会破坏谈判的合作气氛，浪费谈判时间，甚至伤害双方的感情，最终使谈判走向破裂。

2. 双方实力差距过大

若谈判双方实力差距过大，一方向另一方施加强迫条件，被强迫一方越是受到逼迫，就越不退让，从而形成僵局。当一方占有一定优势时，会有更大的话语权，向对方提出不合理的交易条件，强迫对方接受，否则就威胁对方。被强迫一方出于维护自身利益或是维护尊严的需要，拒绝接受对方强加于己方的不合理条件，反抗对方的强迫。这样双方僵持不下，使谈判陷入僵局。

3. 信息沟通不畅

谈判过程是一个信息沟通的过程，只有双方信息实现正确、全面、顺畅的沟通，才能互相深入了解，正确把握和理解对方的利益和条件。但是实际上双方的信息沟通会遇到种种障碍，造成信息沟通受阻或失真，使双方产生对立，从而陷入僵局。

信息沟通障碍指双方在交流信息的过程中由于主客观原因所造成的理解障碍。其主要表现为：由双方文化背景差异造成的观念障碍、习俗障碍、语言障碍；由知识结构、教育程度的差异造成的问题理解差异；由心理、性格差异造成的情感障碍；由表达能力、表达方式的差异造成的传播障碍等。信息沟通障碍使谈判双方不能准确、真实、全面地进行信息、观念、情感的沟通，甚至会产生误解和对立情绪，使谈判不能顺利进行下去。

4. 谈判人员言谈举止失误

谈判人员行为的失误常常会引起对方的不满，使其产生抵触情绪和强烈的对抗，使谈判陷入僵局。例如，个别谈判人员在工作作风、礼节礼貌、言谈举止、谈判方法等方面出现严重失误，触犯了对方的尊严或利益，对方就会产生对立情绪，使谈判很难顺利进行下去，造成很难堪的局面。

5. 偶发因素的干扰

在商务谈判进行的期间内有可能出现一些偶然发生的情况。当这些情况涉及谈判某一方的利益得失时，谈判就会由于这些偶发因素的干扰而陷入僵局。例如，在谈判期间外部环境发生突变，某一谈判方如果按原有条件谈判就会蒙受利益损失，于是他便推翻已做出的让步，从而引起对方的不满，使谈判陷入僵局。由于谈判不可能处于真空地带，谈判人员随时都要根据外部环境的变化来调整自己的谈判策略和交易条件，因此这种僵局的出现也就不可避免了。

以上是造成谈判僵局的几种因素。谈判中出现僵局是很自然的事情，虽然人人都不希望出现僵局，但是出现僵局也并不可怕。面对僵局不要惊慌失措或情绪沮丧，更不要一味指责对方没有诚意，要弄清楚僵局产生的真实原因是什么，分歧点究竟是什么，然后运用有效的策略、技巧打破僵局，使谈判顺利进行下去。

5.4.3 打破僵局的对策

如果谈判人员不希望谈判破裂,那么在陷入僵局时,谈判人员需要了解打破僵局的一些对策,以期谈判顺利进行。

1. 强调双方的利益

在多数冲突中,强调业已取得的和潜在的共同利益是促使僵持各方再次坐在一起谈判的战术。有时在讨论具体事件时,谈判人员很容易被表面的现象所迷惑,甚至会为了某些与根本利益并无太大关系的问题发生冲突,结果导致真正的共同利益受损。在这种情况下,谈判人员适时地向对手指出双方的利益所在,使关注的焦点回到关键问题上来,是引导僵局出现转机的重要措施。

2. 强调双方的损失

如果谈判中出现僵局所引起的共同损失比相互间的利益更大,谈判人员可以对负面的结果进行剖析,引导对方一起进行比较。不过,谈判人员在运用这种手段时要避免让对方误以为你在威胁他。较好的办法是,抓住要害,避免唠叨,给对手一些思考的时间,这比一味地讲理更有效。

案例 5-21

艾柯卡打破僵局

美国汽车业三驾马车之一的克莱斯勒汽车公司拥有近 70 亿美元的资金,是美国第十大制造企业,但自进入 20 世纪 70 年代以来该公司却屡遭厄运,从 1970 年至 1978 年的 9 年内,竟有 4 年亏损,其中 1978 年亏损额达 2.04 亿美元。在此危难之际,艾柯卡出任总经理。为了维持公司最低限度的生产活动,艾柯卡请求政府给予紧急经济援助,提供贷款担保。

但这一请求引起了美国社会的轩然大波,社会舆论几乎众口一词:克莱斯勒赶快倒闭吧。按照企业自由竞争原则,政府绝不应该给予经济援助。最使艾柯卡感到头痛的是国会为此举行了听证会,那简直就是在接受审判。委员会成员坐在半圆形高出地面八尺的会议桌上俯视着当事人,而当事人必须仰着头去看询问者。参议员、银行业务委员会主席威廉·普洛斯迈质问他:"如果保证贷款案获得通过的话,那么政府对克莱斯勒将介入更深,这与你长久以来鼓吹得十分动听的主张(指自由企业的竞争)不是自相矛盾吗?"

"你说得一点也不错,"艾柯卡回答说,"我这一辈子一直都是自由企业的拥护者,我是极不情愿来到这里的,但我们目前的处境进退维谷,除非我们能取得联邦政府的某种保证贷款,否则我根本没办法去拯救克莱斯勒。"

他接着说:"我这不是在说谎,其实在座的参议员们都比我清楚,克莱斯勒的请求贷款案并非先例。事实上,你们的账册上目前已有了很多的保证贷款,因此务必请你们通融一下,不要到此为止,请你们也全力为克莱斯勒争取贷款吧,因为克莱斯勒是美国的第十大制造企业，它关系到 60 万人的工作机会。"

艾柯卡随后指出日本汽车正乘虚而入，如果克莱斯勒倒闭了，它的几十万职员就得成为日本公司的佣工。根据财政部的调查材料，如果克莱斯勒倒闭的话，国家在第一年里就得为所有失业人口花费 27 亿美元的保险金和福利金。所以他对国会议员们说："各位眼前有个选择，你们愿意现在就付出 27 亿美元呢，还是将它的一半作为保证贷款，日后全数收回？"持反对意见的国会议员无言以对，贷款终获通过。

资料来源：新浪财经. 艾柯卡与克莱斯勒的起死回生 [EB/OL]. (2019-07-03)[2021-12-15]. http://finance.sina.com.cn/stock/usstock/c/2019-07-03/doc-ihytcerm1022400.shtml?cref=cj.

案例 5-21 中，艾柯卡和国会谈判时，对可能产生的负面结果进行了阐释，让国会明白为什么要支持，双方有什么共同利益所在，成功说服国会通过贷款。

3. 短期休会

无论谈判人员是强调双方的共同利益还是强调双方可能的损失，都不要指望对方立刻表态。处在僵局中的人对需要立刻表态的情形都十分敏感，因为他们面对的不仅是对方，还有内部的质疑和压力。

运用好休会战术是一个破解僵局的好办法，这使得双方都有机会反省一下自己先前的决定和判断，也有机会征求周边人的意见。如果是团体之间的谈判，更提供了一个让双方的人员互相沟通的机会，可以对在正式谈判中没有说清楚、不便说清楚、不能公开说出来的理由进行解释。同时，休会也有利于各方考虑其他解决问题的途径。而且休会可以起到放松心情的作用，主方的一些会务安排，例如让服务生送上水果茶点、赠送一些小礼品、播放轻松的背景音乐、介绍一位双方都敬重的权威人士、邀请对方领导人单独出去走走等，有助于为恢复谈判营造有利的气氛。

在谈判僵局中运用好休会战术具有积极的意义。谈判人员一定要意识到，休会不等于简单的休息。

4. 改换议题

谈判陷入僵局时，改换另一个问题进行谈判，有助于找到破解僵局的机会。比如，暂时推迟对胶着问题的讨论，先讨论那些容易解决的问题。例如，双方在价格条款上互不相让，僵持不下，可以把这一问题暂时抛在一边，转而洽谈交货日期、付款方式、运输、保险等条款。如果在这些问题的处理上，双方都比较满意，就可能坚定解决问题的信心。如果一方特别满意，很可能对价格条款做出适当让步。

5. 改变谈判环境与气氛

谈判气氛紧张，易使谈判人员产生压抑、沉闷甚至烦躁不安的情绪。作为东道主，可以组织谈判双方参加一些放松的活动，例如游览观光、文娱活动等，使紧张的神经得到缓解。这当中，谈判双方可以不拘形式地就某些僵持问题继续交换意见，在融洽轻松的气氛中消除障碍，使谈判出现新的转机。

5.5 商务谈判成交阶段策略

谈判在经历了准备阶段、开局阶段和磋商阶段，并顺利打破僵局后，即进入成交阶段。成交阶段也就是谈判的结束阶段，在这一阶段双方下决心按磋商达成的最终交易条件成交。这一阶段的主要目标有三个：一是力求尽快达成协议；二是尽量保证已取得的利益不丧失；三是争取最后的利益收获。为达到这些目标，可以采用以下谈判策略。

1. 场外交易策略

场外交易策略是指当谈判进入成交阶段，双方将最后遗留的个别问题的分歧意见放下，东道主一方安排一些宴请，以缓解谈判气氛，争取达成协议的做法。

在谈判后期，如果仍然把个别分歧问题摆到谈判桌上来商讨，往往难以达成协议。经过长时间的谈判，谈判桌上紧张、激烈、对立的气氛及情绪令人烦闷，会影响谈判人员的情绪，相应地也会影响谈判协商的结果。此时，运用场外交易策略是最为恰当的。

场外轻松、友好、融洽的气氛和情绪很容易缓和双方剑拔弩张的紧张局面。轻松自在地谈论自己感兴趣的话题，交流私人感情，有助于化解谈判桌上激烈交锋带来的种种不快。这时适时、巧妙地将话题引回到谈判桌上遗留的问题上来，双方往往会很大度地相互做出让步而达成协议。

需要指出的是，在运用场外交易策略时，一定要注意谈判对手的不同习惯。有的国家的商人忌讳在酒席上谈生意，因此必须事先弄清，以防弄巧成拙。

2. 慎重地对待协议

成果要靠严密的协议来确认和保证谈判结果。协议是以法律形式对谈判成果的记录和确认，它们之间应该完全一致，不得有任何误差。

但实际上，常常有人有意无意地在签订协议时故意更改谈判的结果，如故意在日期上、数字上以及关键概念上做文章。如果己方对此有所疏忽，在有问题的协议上签了字，那么，协议就与以前的谈判无关了。因此，将谈判成果转变为协议形式的成果是需要花费一定力气的，不能有任何松懈。所以，在签订协议之前，应与对方就全部的谈判内容、交易条件进行最终的确认。在协议上签字时，要将协议的内容与谈判结果一一对照，在确认无误后方可签字。

案例 5-22

"一车"是多少

广东省某单位与港商签订了一份买卖矿渣的合同，其中有关数量的概念是这样表述的：港方每天拉一车，每天拉一次，共拉十天。开始港方是用翻斗车拉矿渣（约一吨），第二天改用小卡车（约两吨）拉，第三天改用大卡车（五吨以上）拉，与第一天的运输量相比，增加到五倍以上。这个单位的人受不了了，去找港方交涉，可港商拿出合同，说上面明明白白写着：每天拉一车，我们是严格执行合同的规定，每天仅仅拉一车的呀！这个单位的人哑口无言，说不出话来。结果仅仅因为一车的数量单位不清楚、不明确、不科学，该单位白白损失了90万元。

资料来源：李建民. 国际商务谈判案例 [M]. 北京：经济科学出版社，2016.

★ 思政小栏目

医保谈判的背后是人民至上

"你们再降一块钱都降不成吗？""底价是不能改的，请拿出最大诚意为老百姓让利""为了患者一分一厘都会争取"……一段时间以来，医保谈判的砍价场面，在网上赢得一片叫好声。对于医保谈判来说，过去的2020年是有史以来入围谈判药品数量最多、惠及治疗领域最广泛的一年。

现场谈判是确定医保支付价格的临门一脚，尤其是面对那些价格高昂、科技含量高的国际知名药品时，一分一厘也需锱铢必较。纵览谈判目录，不仅有刚上市的创新药、专利药，还有首次展开谈判的年销售金额超过10亿元的独家药品，总共162种药品。谈判过程扣人心弦、牵动人心，毕竟这关系到13.6亿参保人的用药，大量救命救急的好药能否经过谈判降价进入医保，关系到患者的生命安全和家庭的稳定安宁。可以说，医保谈判就是为民砍价，尽最大努力提供性价比最优的药品，满足人们基本用药需求，这背后是人民至上的信念。

价格谈判中分离变化，叠加庞大的患者基数，都意味着巨大利益的调整，其难度可想而知。为了最大限度地用好有限的医保资源，在坐上谈判桌前，医保谈判方需要收集大量的谈判药品信息，了解生产使用情况、临床使用证据、国内外价格信息等，做到知己知彼，为百姓赢取更大降价空间。这是一个专业而有担当的过程。近年来，我国开始利用药物经济学等专业工具评估药品价值，同时有支付标准测算组，结合国内外情况、可替代性、医保承受能力等，综合评估谈判药品的真实价值，测算进入医保后的量价效应，最终确定一个预期底价。

医保谈判公正平等，实现双赢是共识。因而，2020年医保谈判还加大了与企业的沟通力度，增加企业申报环节，组织企业进行沟通，并将纳入谈判范围的药品上市时间延长到公布调整方案的时间。细致完善的谈判规则给了企业更多阐述产品价值的机会，上市时间范围放宽以及每年一次的动态调整机制，给了创新企业更足的信心。于是，这次获批上市不久甚至获批就经过谈判纳入医保的创新药品较多，药品的可及性大大提高，群众得以及时享用到最新的创新成果。

在谈判桌上，要谈下预期底价，谈判现场的技巧、策略非常重要。现场谈判中，最重要的是不被其他任何因素干扰，为群众争取最大的实惠。谈判专家不仅会用话语、手势，还会用眼神、表情，不断引导企业让利、再让利，一直降到预期的医保测算底价。3天时间里，从早到晚高强度的百余场谈判，考验体力、脑力，在谈判专家的坚持和付出下，尽最大努力的医保谈判终于为老百姓收获了119种药品的保障权益，成功率达到73.46%，平均降价50.64%，可谓收获满满，硕果累累，大大增强了人们的获得感。

我国人口世界最多[一]，参保人数世界最多，但我国仍是发展中国家，人均筹资水平有限。要用有限的医保资源满足最多人口的基本需求，不仅是一道世界难题，同时也考验着医保人的勇气、决心和责任担当。唯有怀着人民至上的信念，秉持为民谋取最大利益的坚定立场，才能赢得谈判，让人民的保命钱用得好、花得值。

资料来源：李红梅.医保谈判的背后是人民至上.[N].人民日报，2021-01-14（5）.

关键术语

商务谈判开局阶段　报价　商务谈判磋商阶段　让步方式　谈判僵局

本章小结

1. 商务谈判开局阶段：开局阶段的主要任务、开局阶段的影响因素、开局阶段适用策略。
2. 商务谈判报价阶段：报价的原则、方式、先后、策略、价格解释。
3. 商务谈判磋商阶段：还价的策略、让步的方式、让步的策略、拒绝让步策略。
4. 商务谈判僵局策略：僵局的类型、僵局产生的原因、打破僵局的对策。
5. 谈判成交阶段：成交阶段策略。

综合练习题

一、单项选择题

1. （　　）对谈判气氛的影响最为强烈，它奠定了谈判的基础。
   A. 开局阶段　　　B. 报价阶段　　　C. 磋商阶段
   D. 成交阶段
2. 你认为哪一种谈判策略会收到更好的谈判效果？（　　）
   A. 坚持立场，毫不让步
   B. 利用我方优势，给对方造成压力
   C. 巧妙地运用灵活变通的策略
   D. 激怒对方，使他丧失理智
3. 迫使对方让步的最有效方法是（　　）。
   A. 创造竞争条件　　　　　　　　B. 承诺给对方个人的好处
   C. 以退出谈判威胁对方　　　　　D. 乞求对方同情
4. 商务谈判的成功与完成的实际标志是形成合同文本、（　　）。
   A. 达成协议　　　　　　　　　　B. 双方负责人在合同上签字
   C. 合同开始履行　　　　　　　　D. 合同履行结束并获得利益
5. 商务谈判中，立场和利益的关系应该是（　　）。
   A. 立场服从利益　　　　　　　　B. 利益服从立场
   C. 两者同样重要　　　　　　　　D. 都不重要

[一] 2020年统计数据。

二、多项选择题

6. 在商务谈判过程的接触摸底阶段，应采取以下步骤（　　）。
   A. 营造谈判气氛　　　　　　　　B. 摸清对方人员状况
   C. 修正谈判计划　　　　　　　　D. 摸清对方实力

7. 当商务谈判陷入僵局时，以下技巧有助于改变气氛的有（　　）。
   A. 改变谈判话题　　　　　　　　B. 改变谈判环境
   C. 更换谈判人员　　　　　　　　D. 改变谈判日期

8. 在谈判报价时，下列各种做法中不合时宜的有（　　）。
   A. 报价后即主动进行解释　　　　B. 做出书面说明
   C. 对方要求时再做出解释　　　　D. 只进行口头说明

9. 在谈判开始时，征求谈判对手的意见，并按其意见开展工作，这种方式不属于下列的（　　）。
   A. 坦诚式开局　　　　　　　　　B. 保留式开局
   C. 挑剔式开局　　　　　　　　　D. 一致式开局

10. 在谈判让步时，下列做法中哪些是正确的？（　　）
    A. 不做无谓的让步　　　　　　　B. 要与对方做同等幅度的让步
    C. 一次让步的幅度不要过大　　　D. 先让步次要的，再让步较重要的

三、简答题

11. 在商务谈判中，先报价有哪些好处？
12. 商务谈判中的让步策略有哪些？
13. 商务谈判开局阶段气氛有几种情况？
14. 商务谈判中为什么会产生僵局？

四、案例分析题

某饮料厂欲购买固体橘汁饮料酶生产技术与设备，当时能提供这种技术与设备的有甲、乙、丙三个厂家。该饮料厂经过初步调查，得知甲厂的报价最低，于是该饮料厂就决定与甲厂进行谈判。经过几轮谈判，该饮料厂发现他们的很多要求不能得到满足，如果想改变条件满足自己的要求，甲厂就会提高价格。最后该饮料厂以高于原价15%的价格购买了技术与设备。

15. 甲厂采用了哪种报价战术？
16. 该种报价的一般模式是什么？
17. 对卖方来说该种报价的优点是什么？

扫码阅读
参考答案

CHAPTER6　第 6 章

商务谈判沟通技巧

 本章要点

- 商务谈判思维
- 商务谈判沟通
- 商务谈判语言沟通技巧
- 商务谈判非语言沟通技巧
- 商务谈判线上沟通技巧

导入案例

一块触屏联通人大代表的活动阵地

步入昆明市人大常委会机关的办公大楼,你一定会留意到放置在机关一楼大厅里显著位置的一块电子大屏,当轻触大屏翻阅信息时,便会发现你的指尖已联通全市各级人大代表的活动阵地。

近年来,昆明市人大常委会积极顺应信息化时代发展大潮,率先启动代表活动阵地信息化建设。在按照"八有"标准推进全市各级代表工作站建设时,加强网络信息化建设,依托代表履职服务平台,将网上代表工作站、代表建议办理系统及远程会议系统等资源充分整合布局。目前,经过对全市各级人大代表工作站信息化设备的升级改造,昆明市人大常委会机关的触控大屏终端已部署至全市各级人大代表活动阵地现场。群众通过设置在昆明市人大常委会机关一楼大厅的触控大屏,就能浏览昆明市人大代表工作站所在县(市、区)人大的工作要闻,获取省、市、县、乡四级驻站代表的信息,了解驻站人大代表接访群众的活动预告,还可通过语音在线向代表工作站留言。此外,人大代表参与接访活动时使用触控大屏进行扫描签到,签到情况也会被纳入代表履职活动统计。

人大代表活动阵地是人大代表闭会期间学习交流、履行职责的重要平台,随着代表工作站标准化建设的不断推进,代表活动站的设施功能不断完善。特别是昆明市人大常委会依托人大代表履职服务平台,积极探索利用信息技术建立起"网上代表工作站",已全面打通

代表工作的"最后一公里"。如今，昆明市各县（市、区）的代表履职、培训、收集办理意见都不再受地域和空间的制约。"网上代表工作站"不但成为代表们履职的"充电站"，更是倾听社情民意，收集群众心声的"收集站"。

下辖12个村委会、78个村民小组的石林县板桥街道距石林县城9公里，在这个少数民族聚居的街道，群众生活、工作中遇到什么难处都愿向当地的人大代表反映。石林县板桥街道代表活动站将板桥代表团的23名代表分为6组轮流进站值班接待群众，根据板桥街道周二、周五赶集日方便群众的原则，确定每月第一周的周二为代表接待选民群众活动日，实行定期、定人、预告式接待。特别是在建设开通"网上代表工作站"后，群众想了解人大工作资讯、代表履职情况，或需要了解向代表们反映问题、提交建议的办理情况，只要打开"网上代表工作站"，相关信息一目了然。据统计，自代表活动站正式运行以来，板桥街道已开展人大代表进站接待选民群众活动7次，接待选民群众77人次，参加进站代表40人次，收集选民群众反映的问题意见34条，给予解释答复解决的30件。

资料来源：杜仲莹."线上＋线下"联动 打通联系沟通服务"最后一公里"[N].昆明日报，2021-06-30（14）.

商务谈判的过程是谈判人员的沟通交流过程。沟通在商务谈判中犹如桥梁，占有重要的地位，它往往决定了谈判的成败。因而在商务谈判中如何恰如其分地运用沟通技巧，谋求谈判的成功，是商务谈判必须考虑的主要问题。

6.1 商务谈判的思维模式及策略

思维最初是人脑借助于语言对事物的概括和间接的反应过程。思维以感知为基础，又超越感知的界限。通常意义上的思维，涉及所有的认知或智力活动。它探索与发现事物的内部本质联系和规律性，是认识过程的高级阶段。

商务谈判就是谈判人员各方思维的较量。思维方式大相径庭，但却贯穿始终，要想谈判顺利进行，双方必须贯彻正确、理性的思维。一个成功的谈判人员必须能够正确认识谈判双方在谈判中所处的地位、相互作用的形式、性质、条件及其发展趋势，并根据这些变化采取相应的策略，这些均需要在一个正确的思维模式下进行。

6.1.1 谈判思维要素

大量的实践证明，商务谈判中最为有效的思维方法是辩证逻辑思维方法。正如党的二十大报告所提出的"坚持运用辩证唯物主义和历史唯物主义，才能正确回答时代和实践提出的重大问题"。辩证思维是一种科学的思维形态，它要求人们客观、全面地看问题，从概念、判断、推理、论证四个环节进行全面、合理的推断。在谈判的过程中，概念是思维的基础细胞和出发点，并由概念组成判断，由判断组成推理，再由推理组成论证。推理和论证是概念、判断的转化形式。辩证思维的基本形式就是从概念出发，进行判断、推理、论证的过程。

1. 概念

概念是谈判人员对谈判客观对象普遍的、本质的、概括的反映，是谈判思维的第一环节。概念要明确内涵和外延，厘清概念是谈判人员抓住论题本质及其内在联系的基础，谈判人员概念混淆，则会使谈判发生方向性的错误。因此，切忌因概念上的差异而带来重大的经济损失。例如，货物买卖谈判中涉及重量单位"吨"时，一定要明确是英制还是美制，因为不同的度量衡下"吨"的概念完全不一样。

2. 判断

判断是谈判人员对谈判情形做出的一种确定性的识别和认定，这种识别和认定在思维中就形成了判断。辩证逻辑思维坚持"是中有否""否中有是"的动态观点，表现在四个对立统一的方面：同一与差异、肯定与否定、个别与一般、现象与本质。这四个方面同时也是判断的工具。在谈判中，这四个对立统一的思维判断无处不在，商务谈判策略的正确实施与运用，正是构建在谈判人员的正确判断的基础之上的。

3. 推理

推理是在分析客观事物矛盾运动的基础上，从已有的知识中推出新知识的思维方式。无论是辩证思维还是形式思维，都由前提和结论构成。也可以说，推理由概念和判断构成。从思维活动的角度看，商务谈判的过程就是一个复杂的推理过程，谈判决策与谈判策略的变换，是类比、归纳和演绎推理思维链条的最后环节。因此，在谈判过程中，不仅存在如何认识推理过程的问题，而且还存在如何运用推理方式的问题。辩证逻辑是按辩证逻辑方式而非形式逻辑方式进行推理的，主张推理的客观性、具体性和历史性，是一种科学的推理。

4. 论证

逻辑学中的论证是指引用论据来证明论题的真实性的论述过程，是由论据推出论题时所使用的推理形式。通过论证，达到认识矛盾、解决矛盾的目的。论证一般由论题、论据和论证方法三个因素构成，论证过程对谈判策略的实施和运用具有更为重要的意义。

6.1.2 谈判思维模式及策略

商务谈判有不同的思维模式，针对不同的思维模式可以有灵活的应对策略。

1. 发散思维

发散思维又称"辐射思维""放射思维""扩散思维"或"求异思维"，是指大脑在思考时呈现的一种扩散状态的思维模式。它表现为思维视野广阔，思维呈现出多维发散状，如"一题多解""一事多写""一物多用"等。发散思维可以从多个角度对谈判议题进行全方位的理性确认。在谈判中，运用发散思维可以开阔谈判思路，消除谈判死角，化解谈判症结，打破谈判僵局。

2. 超前思维

超前思维方法又称"提前预计的思维方法"，是对将要到来的认识对象早做预计或提前反应的一种思维方法。谈判中，如果能在思维上领先对方一步，超前考虑到某些问题，准确地预见到某个事物的变化发展趋势，那么必然在谈判中占有极大的主动权，并获得巨大的利益。

3. 跳跃思维

跳跃思维是指打破事物固有的联系和逻辑关系，突然跳到看起来好像毫不相关的其他事物和问题上的一种思维方式。跳跃思维本质上属于发散思维，但是它除了具有灵活、新颖、变通等发散思维的特点以外，超越常规思维程序、省略某些中间环节是它的主要特征。跳跃思维因其"跳跃性"和"不同寻常性"，是创新、创意的重要方式，当事物陷于矛盾的混沌中时，如果因袭传统的路径就很难解决问题，此时必须运用跳跃思维来谋求新的途径、新的方法。

跳跃思维在谈判中主要用于两方面：一是当谈判陷于困境时寻求新路径、新方案；二是利用跳跃思维打乱对方的思维节奏，增强己方的主动权。

4. 逆向思维

逆向思维也称"求异思维"，它是对司空见惯的似乎已成定论的事物或观点反过来思考的一种思维方式。敢于"反其道而思之"，让思维向对立面的方向发展，从与对手立场及议题结果对立的角度思考、判断、推理。主要手段是反问、否定与反证，既可用于进攻，又可用于防守。在谈判中运用逆向思维方式容易发现一些在正常思维条件下不易发现的问题，这些问题可以作为与对方讨价还价的条件或筹码。

5. 换位思维

换位思维是指在谈判中善于站在对方的角度来思考问题，设身处地考虑对方的想法和要求，避免单向思维，发现双方共同的利益与需求。这是克服双方矛盾、化解双方分歧、追求谈判双赢的重要法则，是一个优秀的谈判人员必须具备的思维方式。

6. 创新思维

创新思维是指打破固有的思维模式，从新的角度、新的方式去思考，得出不一样的并且具有创造性结论的思维模式。其本质在于将创新意识的感性愿望提升到理性的探索上，实现创新活动由感性认识到理性思考的飞跃，是思维的高级形式，是探索事物本质，获得新知识、新能力的有效手段。党的二十大报告指出"创新是第一动力"，落实到谈判中，就是谈判人员要培养创新意识，锻炼创新思维，提升创新能力，为谈判的顺利进行提供条件。

6.2 商务谈判沟通概述

6.2.1 商务谈判沟通的含义

所谓沟通,即人们通过交换语言和非语言信号来分享信息的动态过程。在工作、生活、学习中,沟通无处不在、无时不有。

商务谈判沟通是谈判双方为了达成使双方均获得局部利益的一致协议而进行的信息交换与信息共享过程。

6.2.2 商务谈判沟通的方式

沟通方式是由发送者选择的,是借以传递信息的通道。不同的信息内容要求使用不同的通道。如政府工作报告,就不宜通过口头形式而应采用正式文件作为通道。常见的沟通方式有语言沟通、非语言沟通、线上沟通。

1. 语言沟通

语言沟通是在一定的环境背景下谈判人员之间直接对话的语言形式,是最直接、最灵活、运用最普遍的沟通方式。它在谈判活动中能及时、充分地表达出谈判人员的要求、愿望或意图,无论是正式谈判还是非正式谈判,公开谈判还是秘密谈判,或者是其他任何类型的谈判,均可以运用口头谈判语言进行。口头谈判语言的特点是:它的语意受到特定语言环境(语种、文化、现场环境、谈判对象、语气等)的影响,许多交流背景因素决定了口头谈判语言的构成,谈判人员彼此默认或熟悉的背景因素越多,语言构成就越简单;口头谈判语言传递的信息弹性较大,不容易形成具有约束力的条件。

2. 非语言沟通

非语言沟通即通过人的行为、形体、姿态等非发音器官来表达意识的沟通方式,一般可理解为身体语言。这种沟通借人的视觉来传递信息、表示态度、交流思想等。在商务谈判中运用得当,可以为语言沟通提供帮助,产生珠联璧合、相辅相成、绝妙默契的效果。

3. 线上沟通

近年来随着科技的进步,互联网势头迅猛,促进了线上交易的发展,而近年来得益于各个应用软件功能的强大又兴起了新的谈判方式,即线上沟通。商务谈判中的线上沟通主要是指利用互联网等虚拟媒介而实现的一系列没有发生面对面交谈交互的情况与动作,其目的是进行商务谈判并顺利签订合同。

6.3 商务谈判语言沟通技巧

语言是商务谈判人员交流、沟通、协商的基础。商务谈判人员要善于运用语言本身的规律，了解商务谈判中语言的技巧，使谈判语言成为商务谈判的有效工具。从这个意义上讲，谈判的过程是口才较量的过程，也是双方运用语言能力的较量过程。因此，要想取得商务谈判的成功，就必须掌握各种语言沟通技巧。

6.3.1 提问的技巧

提问亦称发问，是人们在各类谈判中经常运用的语言表达形式。在谈判中，获得信息的一般手段是提问。在商务谈判中，常运用提问作为摸清对方需要、掌握对方心理、表达己方感情的手段。通过诸如"这次谈判你的目标是什么""你对本次谈判的期望有哪些""你们公司的经营范围有哪些"等提问，既可以获得许多信息，还常能发现对方的需要，这些都对谈判有积极的指导作用。

1. 提问的方式

（1）一般封闭式提问，是指在一定范围内引出肯定或否定问题的答复。这类提问简单明了，可以使发问者得到特定的信息资料。例如，"我方给出的价格，你们能否接受？""这批货物急用，能否保证5月底发货？"

案例 6-1

首相的头发

在第二次世界大战中期，日本决定选举新一任的首相，西方记者都急于知道选举的结果。因为整个投票选举过程都是秘密进行的，并且新的首相将会影响整个战争局势的发展，所以西方记者全都紧紧地追随参加议会的内阁大臣们，希望能够打探出究竟谁是新任首相，但是大臣们都守口如瓶。有一个西方记者问："请问内阁大臣阁下，新任的首相是不是秃顶？"这名记者根据对方迟疑、思考的表现，判断出来新任日本首相的人选。（固定的候选人一共有三个：一个是秃顶，一个满头白发，还有一个是半秃顶。）

资料来源：李奭. 商务谈判[M]. 北京：人民邮电出版社，2017.

（2）澄清封闭式提问，这是针对对方的答复重新措辞，以便对方进一步澄清相关问题或使对方补充其原先答复的一种提问方式。例如，"你刚刚的意思是不是只要我们改成木箱包装，您就能订1 000套产品？""你所表述的意思是不是可以理解为：如果我们再多订300台你们就可以无偿提供技术支持？"

（3）选择封闭式提问，是指给对方提出几种情况，让对方从中选择的提问方式。例如，"您可接受的交货时间是五月还是六月？"它对提问者较为有利，是谈判中常用的问话方式。由于选择封闭式提问一般都有一定的强迫性，因此在使用时应注意语调得体，措辞委婉。

案例 6-2

咖啡还是牛奶

一家咖啡厅经营咖啡和牛奶,刚开始营业员总是问顾客:"先生,喝咖啡吗?"或者是"先生,喝牛奶吗?"得到的回答往往是否定的。后来,营业员经过培训换了一种问法:"先生,想喝咖啡还是喝牛奶?"结果其销售额大增。

资料来源:潘肖珏,谢承志.商务谈判与沟通技巧[M].2版.上海:复旦大学出版社,2006.

(4)暗示式提问,是指提问本身已强烈地暗示预期答案的提问方式。商务谈判人员在要求对方赞同自己的观点时常用这种提问方法,答案已包含在问句中,主要目的是督促对方表态。例如,"既然商谈如此愉快,我们是不是可以签订协议了?"

(5)一般开放式提问,是指在广泛的领域内,引出广泛的答复。这类提问因为不限定答复的范围,所以对方能够畅所欲言,己方能发现更多的信息。例如,"您对我方的产品还有什么意见或建议?"

(6)协商开放式提问,是指为使对方同意自己的观点,采用商量的口吻向对方提问的方式。这种方式语气平和,对方易于接受。例如,"我方把售后再延保一年,您愿意接受吗?"

(7)启发开放式提问,是指启发对方说出对某一问题的看法和意见的提问。这类提问主要针对想知道但对方又没有提到的问题,以便针对性地吸收意见和建议。例如,"说到运输不得不说包装方式,说说你的看法?"

2. 提问的技巧

第一,提前准备好问题。因为临时想出来的问题往往不是最好的问题。即使在临场时想起某些问题,也要仔细考虑好再提问,没有考虑好的问题,最好不要提问。

第二,有效发问模式。据交际学家分析,人们的任一发问,几乎都可化为一种"有效发问"模式,即先将疑问的内容力求用陈述句式表述,然后在陈述句式之后附以一些疑问语缀,与此同时配以赞许的一笑。其模式可以表述为:

$$有效发问 = 陈述语气 + 疑问语气$$

这种发问方式能调动对方回答的积极性,充分满足对方被"社会赞许"的心理,而最后的问句又具有征询、洽商的意味,同时满足了对方希望被人尊重的心理。

技能提示

以下几句发问,怎样用有效发问的模式来修正?

"你凭什么认为你能提出一个切实可行的方案呢?"

修正为"你能提出一个切实可行的方案,这很好,能先说一下吗?"

"你对这个问题还有什么意见吗?"

修正为"你是能帮助解决这个问题的,想听一下你的意见,好吗?"

"不知各位还有什么意见?"

修正为"不知各位意下如何,愿意交流一下吗?"

<small>资料来源:潘肖珏,谢承志.商务谈判与沟通技巧[M].2版.上海:复旦大学出版社,2006.</small>

第三,把握好提问的时机。交谈中出现某一问题时,应该等对方充分表达之后再提问,过早或过晚提问会打断对方的思路,而且显得不礼貌,也影响对方回答问题的兴趣。掌握提问的时机还可以控制谈话的方向。如果你想从被打岔的话题中回到原来的话题,那么,你就可以运用发问的方式。如果你希望别人能注意到你提的话题,也可以运用发问,并借连续的提问,把对方引导到你所希望的结论上。

第四,要敢于提问。首先,要敢于提出某些似乎是很笨的问题,这不会丢你的面子,相反这种态度往往会鼓励对方给你一个好的答案;其次,要有勇气反复提出对方回避的问题;最后,假如对方的答案不够完整或故意转移话题,你要有耐心和毅力继续追问,坚决请对方对你的问题给予直接的、全面的回答。但是,对方忌讳的问题,不要提及,更不要追问。

第五,提问后应该保持沉默,等待对方回答。这好比把球踢给了对方,下面轮到对方把球踢回来。你提问后保持沉默,就是要求对方回答你的问题。如果对方拒绝回答你的问题,就要对谈判中的僵局负责。所以,千万注意不可在对方未回答之前又提出第二个问题,或者说出自己的意见。

第六,可以提出某些你已经知道答案的问题,这将会帮助你了解对方的诚实程度,也可以再次确认某些问题的答案,尤其是事关重大的要害问题,这种重复绝不是多余的,因为这种提问可以防止以后产生麻烦。

第七,注意提问方式,避免对方否定回答。事实上,当一件事得到对方的肯定时,气氛往往会缓和下来。如果对方连续说了好几遍"是",他就会不知不觉地消除对你的戒备,对你的意见逐渐变得乐于接受。相反,如果总是让对方用"不"来回答你的问题,谈判气氛就会越来越紧张,对立情绪也会越来越明显,而想要说服对方就变得更加困难了。因此,为了保证谈判能向着有利于自己的方向发展,就要努力把问话组织为能获得对方肯定式答复的形态,以免遭到"不"的打击。比如想问"你同意吗?"如果估计对方会回答"不同意",就改用反义疑问句"你不同意吗?"这样,对方就会回答"是的",自然就避免了"不"字的出现,不至于让双方的情绪受到影响。

案例 6-3

苏格拉底问答法

苏格拉底问答法之一:用提问引导对方时,应尽量促使对方连连说"是",防止他说"不"。

运用这个"是,是"的方法,纽约一家银行的出纳员成功地说服了一位阔绰的储户。

一位储户到银行来存款,按照银行规定填写存款申请表格,但有些内容他拒绝填写。出纳员看到了，做出回应——自己的意见跟他完全一样，他不愿填写的内容，出纳员也认为并不十分必要。但是，出纳员又对那位顾客说："若是你去世后，你有钱存在我们银行，你可愿意让银行把存款转交给你最亲密的人？"那客人马上回答："当然愿意。"出纳员接着说："那么你就依照我们的办法去做如何？你把你最亲近的人的情况，填在这份表格上，假若你不幸去世，我们立即把这笔钱移交给他。"那位顾客又说："是，是的。"

那位顾客态度软化的原因，是他已知道填写这份表格完全是为他着想。他离开银行前，不但在表格中填上了所有信息，而且还接受了出纳员的建议，用他母亲的名义另开了一个信托账户。

资料来源：财经头条，欲擒故纵，引导客户从"不"到"是"，2017-12-25。

6.3.2 回答的技巧

沟通时，有问就会有答。问有艺术，答也有技巧。谈判中的回答，是一个证明、解释、反驳或推出己方观点的过程。

通常，在谈判中应当针对对方提出的问题，实事求是地予以回答。但是，由于商务谈判中的提问往往千奇百怪、五花八门，多是对方处心积虑、精心设计之后才提出的，可能含有谋略、圈套、难测之心，如果对所有的问题都正面提供答案，并不一定是最好的答复，所以答复也必须遵循一定的原则并运用一定的技巧。

1. 回答的原则

（1）答复之前一定要确保自己有一定的思考时间。对方抛出的问题，往往陷阱重重，一旦草率回答，可能导致意料不到的后果。

（2）在没有听清问题的真正含义之前不要回答问题。没有听清对方的问题就贸然回答，是谈判之大忌。

（3）有些问题纯属无须回答的问题，还有些问题有时只需对其中的某一部分做出回答。

（4）对于不知道或者不了解的问题，不要回答。对方为了获取信息，占据主动，自然会利用提问来套取有利于他的信息而诱你上钩，所以问话中往往深藏"杀机"，如果你贸然回答，很可能会掉进陷阱，把不该说的事情说了出来。在谈判中，答话一方的任何一句话都近似于一句诺言，一经说出，在一般情况下很难收回。因此，一定要考虑充分以后，字斟句酌，慎重回答。

（5）回答问题时要有所保留，忌讳"全盘托出"。在谈判中针对问题所做出的回答未必就是最好的回答，有时回答越明确、全面，就越是愚笨。回答的关键在于该说什么和不该说什么。如果你老老实实地"全盘托出"，就难免暴露自己的底细，使己方处于被动的地位。同时，当你"全盘托出"之后，对方不需要继续提问就获得了对他们有用的信息，这样就失去了对方向你继续反馈和与你进行进一步交流的可能。

2. 回答的技巧

答话虽然受到问话的限制，在谈判中处于被动地位，但是一个优秀的谈判人员可以通过巧妙的答话，变被动为主动，变被动控制为反控制，在谈判中抢占上风。

（1）无意义回答法。从谈判技巧的角度来研究，无意义回答法是对不能不答的问题的一种行之有效的答复方法。所谓无意义回答，就是表现上仍以口头语言进行答复，但是在答复中没有任何有意义的内容，信息量等于零。

明朝的刘伯温，是个堪与诸葛亮相比的聪明人。有一次明朝开国皇帝朱元璋问他："明朝的江山可坐多少年？"刘伯温寻思，无论怎么回答都可能招致杀身之祸，不由汗流浃背地伏地回答说："我皇万子万孙，何须问我。"他的这个回答用"万子万孙"的恭维话作为掩护，实际上却是以"何须问我"的托词做了无意义回答，朱元璋抓不到刘伯温的任何把柄，自然也就无可奈何。以无意义回答进行回避的方式是多种多样的，但它都需要表达者的机警与沉着。

（2）模糊答案法。商务谈判中，有时会遇到一些很难答复或者不便于答复的问题。对于此类提问，有时使用含糊其词、模棱两可的回答，或使用富有弹性的回答，效果更理想。

我国古代有一则寓言故事：三个考生进京赶考，路上问一个算命的道士，他们三人谁能考中。道士闭上眼向他们伸出一根手指，却不说话。考生们莫名其妙，以为天机不可泄露，只好走了。考生们走远，道童好奇地问："师父，他们三人到底几个得中？"道士说："怎么说都行，既可理解为只中一个，也可理解为一个不中，还可以解释为一齐中，或一个也没中。"这则寓言告诉我们，将希望寄托在算命上实属可笑，而道士的故弄玄虚更不可取，但是运用模糊语言，却也回答了一个无法回答的问题，显示了模糊回答的灵活性。

（3）以问代答法。商务谈判中有时可以以问代答。此法如同把对方踢过来的球又踢了回去，请对方在自己的领域内反思后寻找答案，是对付那些在商务谈判中难以回答、不想回答的问题的方法之一。

在一个公开场合，刚果民主共和国前总统蒙博托被一位记者提问："你很富有，据说你的财产达30亿美元，是吗？"显然，这个提问是针对蒙博托政治上是否廉洁而来的。对于这个极其严肃的敏感问题，蒙博托发出长时间的大笑，然后反问道："一位比利时议员说我有60亿美元，你听说过吗？"

他的这个回答，是把对方提问的话题稍加修饰后又反问过去，既让对方抓不住任何把柄，又给自己留下了充分的回旋余地。

（4）沉默法。在谈判中有些问题不便回答，就可以采取沉默这种特殊的回答方式。像得体的语言一样，恰到好处的沉默同样可以取得奇妙的效果。因为你的沉默，将使对方感到不安。沉默往往给人一种无形的压力，对方为了打破沉默，有时就只好中止自己的要求，或是提出新的方案，或是自己转移话题。这便是沉默的力量。鲁迅先生曾经说过，沉默是最有力的回答。

沉默不仅可以回避对己不利的答复，又可以使对方摸不清己方的情况，因而容易取得出乎意料的成功。但是要注意，在采用沉默的方式时一定要慎重。因为如果谈判双方关系友好，这样做就显得不太礼貌，会使对方产生反感。而当对方提出的问题充满恶意，甚至损害了国家、团体和个人的尊严时，沉默会让人觉得软弱可欺。而且，在谈判处于紧张、激烈的过程时，双方都力争主动，尽可能地掌握发言权，这时如果一味采取沉默方式应答，实际上就意味着放弃发言权，很容易在谈判中处于劣势。

案例 6-4

无声胜有声

1945 年 7 月，苏、美、英三国首脑在波茨坦举行会谈。会谈休息时，时任美国总统杜鲁门对斯大林说："美国研制出一种威力非常大的炸弹。"暗示美国已经拥有原子弹。此时，丘吉尔在一旁两眼死盯着斯大林的面孔，观察其反应。斯大林像没听见一样，以至于许多人回忆说："斯大林好像有点耳聋，没听清楚。"其实，斯大林不仅听清了这句话，而且听出了这句话的弦外之音。但在这个时候，任何方式的回答，都不如沉默应对的效果好。

资料来源：李爽. 商务谈判 [M]. 北京：人民邮电出版社，2017.

6.4 商务谈判非语言沟通技巧

谈判不仅是语言的交流，同时也是行为的交流。因此，在商务谈判中，语言表达信息如果没有非语言的配合，那也是达不到顺利地表达出自己的需要的效果的。正确地理解对方的意图，除了利用好语言这一有效方便的工具外，还要发挥好非语言的作用。非语言包括很多内容，如神态、语气、服饰、仪表等，本章主要指形体语言。

6.4.1 面部语言

人的表情中，最精密、变化最明显和最微妙的是面部表情。两个人交谈之前，会先用眼睛，而不是耳朵或嘴巴。心理学家有一个有趣的公式：一条信息的表达 =7% 的语言 +38% 的声调 +55% 的表情动作。这些微妙的面部语言，也能决定商务谈判的成败。

面部表情集中于五官，尤其是眉眼。舒展眉毛表示欢快；皱眉表示愁苦；扬眉表示满意；竖眉表示愤怒；低眉表示悲怨；怀疑时眉毛收缩；喜悦或大笑时，眼睛半闭或全闭；惊讶时两眼张开，以扩大眼界，准备应付；愤怒时双眼收缩，集中视线以攻击敌方；不赞成时两眼下垂或左右看，像避开厌恶的东西。

除了眉毛和眼睛的变化，嘴、鼻子的变化也传递着不同的信息：噘嘴表示不快；抿嘴表示害羞；努嘴表示暗示或者指示；撇嘴表示不愿意或蔑视；歪嘴表示不服；不赞成会咬咬嘴唇；咧嘴表示高兴；愉快会张嘴露齿；愤怒会咬牙切齿、张开鼻孔；恐惧则屏息敛气；对某个人或某件事表示轻蔑则嗤之以鼻等。每一个面部表情所代表的意思会在对方用言语表达内心感受之前更加正确地传达给接收者。

在商务谈判中，一方的谈判人员面无表情的时候也是心理活动最难捉摸的时候，这时会使谈判的另一方得不到信息反馈而不知所措，也是谈判最难进行下去的时候，最后可能不欢而散。

6.4.2 肢体语言

肢体语言主要指四肢语言，它是人体语言的核心。通过对肢体动作的分析，可以判断对方的心理活动或心理状态。

手和臂膀是人体比较灵活的部位，也是使用最多的部位。借助手势或与对方手的接触，可以帮助我们判断对方的心理活动或心理状态。同时，也可帮助我们将某种信息传递给对方。例如，拳头紧握，表示向对方挑战或自我紧张的情绪；用手指敲打桌面，或在纸上乱涂乱画，往往表示对对方的话题不感兴趣、不同意或不耐烦的意思；两手手指并拢并搁置于上胸的前上方呈尖塔状，表示充满信心；两臂交叉于胸前，表示保守或防卫；两臂交叉于胸前并握紧，往往是怀有敌意的标志。

腿和足部往往是最先表露意识情感的部位，主要的动作和所传达的信息如下：站立时两腿交叉，往往给人一种自我保护或封闭防御的感觉；相反，说话时双腿和双臂张开，脚尖指向谈话对方，则是友好交谈的开放姿势；架腿而坐，表示拒绝对方并保护自己的势力范围；而不断地变换架脚的姿势，是情绪不稳定或焦躁、不耐烦的表现；女性交叉双臂并架脚而坐，有时会给人以心情不愉快甚至是生气的感觉；笔直站立，上身微微前倾，头微低，目视对方，表示谦恭有礼，愿意听取对方的意见；坐着的时候无意识地抖动小腿或脚后跟，或用脚尖拍打地板，表示焦躁、不安、不耐烦或为了摆脱某种紧张感。

6.4.3 其他姿势的语言

除了以上几种外，还有以下几种非语言表达。

（1）交谈时，对方头部保持中正，时而微微点头，说明他对你的讲话既不厌烦，也不十分感兴趣；若对方将头侧向一边，尤其是倾向讲话人一边，则说明他对所讲的事情很有兴趣；若对方把头垂下，甚至偶尔合眼似睡，则说明他对所讲的事情兴趣索然。

（2）交谈的过程中，对方咳嗽常有许多含义。有时是焦躁不安的表现；有时是稳定情绪的缓冲；有时是掩饰说谎的手段；有时因为听话人对说话人表示怀疑或惊讶，用假装清清喉咙来表示对他的不信任。

（3）洽谈的过程中，若是戴眼镜的对方将眼镜摘下，或拿起放在桌子上的眼镜，把镜架的挂耳靠在嘴边，两眼平视，表示他想用点时间稍加思考；若摘下眼镜，轻揉眼睛或轻擦镜片，常表示对争论不休的问题厌倦或是喘口气准备再战；若猛推一下眼镜，上身前倾，常表示因某事而气愤，可能进行反攻。

（4）交谈时，对方扫视室内的挂钟或手腕上的表，收起笔，合上本，抬眼看着对手的眼睛，似乎在问"可以结束了吧？"这种表现足以说明"别谈了"的意思；给助手使个眼神或做个手势（也可小声说话），不收桌上的东西，起身离开会议室或在外面抽一支烟、散散步，也表明对所言无望，可以结束谈判了。

6.5 商务谈判线上沟通技巧

和传统的商务谈判不同，进入互联网大数据时代后，企业需面临更多在网络上和客户沟通的情况。线上谈判兼具电话谈判快速、联系广泛，又有函电内容全面丰富、可以备查之特点，可使企业、客户掌握他们需要的最新信息，同时有利于增加贸易机会，开拓新市场。

6.5.1 线上谈判的特点

1. 有利于慎重决策

线上谈判以书面形式提供议事日程和谈判内容，又能几秒钟抵达，使得谈判双方既能仔细考虑本企业所提出的要点（特别是那些谈判双方可能不清楚的条件能书面传递，事先说明），又能使谈判双方有时间同自己的助手、企业领导及决策机构进行充分的讨论和分析，甚至可以在必要时向那些不参加谈判的专家请教，有利于慎重地决策。

2. 降低了成本

采用线上谈判方式，谈判人员无须四处奔走，就可向国内外许多企业发出网络即时通信、召开视频会议，分析比较不同客户的回函，从中选出对自己最有利的协议条件，从而令企业大大降低了人员开销、差旅费、招待费以及管理费等，甚至比一般通信费用还要省得多，降低了谈判成本。

3. 改善了服务质量

降低谈判成本还不是商务谈判的主要目的和收获，改善与客户的关系才是最大的收获，这样才能获取丰厚的回报。线上谈判所提供的是一年365天、每天24小时的全天候即时沟通方式。

4. 提高了谈判效率

对于线上谈判，由于具体的谈判人员不见面，他们互相代表的是各自的企业，双方可以不考虑谈判人员的身份，不揣摩对方的性格，而把主要精力集中在己方条件的洽谈上，从而避免因谈判人员的级别、身份不对等而影响谈判的开展和交易的达成。

当然，线上谈判也有其弊端，主要表现在：一是商务信息公开化，导致竞争对手的加入；二是互联网的故障、病毒等会影响商务谈判的开展。

6.5.2 线上谈判技巧

1. 及时回复

及时回复能反映出公司的工作效率及对客户的重视程度,表明在工作中出现问题会及时处理和解决,给对方留下好的印象。

2. 注重细节,适时调整

线上谈判回复时要有逻辑性,清楚明了,语言简练,并注意细节。若为线上文字交流,可进行文字校对,注意字体、格式等,因为文字是否规范代表着公司的形象,严谨、有条理的回复会倍受欢迎。另外,在跟进中应分析对方意图并适时调整。在沟通过程中,猜测并分析陷入僵局的真正原因和对方的顾虑,调整跟进过程中沟通的内容,有针对性地进行解决。

例如,线上谈判时,己方发了一份报价后,对方再也没有回应了。这个时候,直接放弃是最不明智的选择,可以选择发邮件给对方,探明原因,灵活地调整。

3. 重视语气语调的作用

面对面谈判过程中的一些细节问题,如停顿、重点、强调、速度等,往往容易被人们忽视,但是通过线上非视频方式沟通时就会受到关注,对谈判产生一定的影响。一般来讲,如果说话要强调谈判的某一重点,停顿是非常有效的。说话声音的改变,特别是恰到好处的抑扬顿挫,会让人消除枯燥无味的感觉,吸引听话者的兴趣。此外,清晰准确的发音,圆润动听的嗓音也有助于提高讲话的效果。在线上商务洽谈中,应注意根据对方是否能理解你的讲话以及对讲话重要性的理解程度,控制和调整说话的速度。总之,你想收到良好的说话效果,就要注意提高语音质量。

案例 6-5

智者的谈判技巧

有一位智者,他的谈判技巧是采用对谈的方式,用澄清彼此观念和思想的方法,核心是穿插轻松、诙谐的语调,屡屡让人陷入推理的自我矛盾中,达致澄清的效果。

在谈话中,智者偏重于问,他不轻易回答对方的问题。他只要求对方回答他所提出的问题,他以谦和的态度发问,由对方回答中的内容导引出其他问题,直至最后由于不断地诘问,使对方承认自己的欠缺。以下是一段智者与失恋者的对话。

智者:"孩子,为什么悲伤?"

失恋者:"我失恋了。"

智者:"哦,这很正常。如果失恋了没有悲伤,恋爱大概也就没有什么味道了。可是,年轻人,我怎么发现你对失恋的投入甚至比你对恋爱的投入还要多呢?"

失恋者:"到手的葡萄给丢了,这份遗憾,这份失落,您非个中人,怎知其中的酸楚啊。"

智者:"丢了就丢了,何不继续向前走去,鲜美的葡萄还有很多。"

失恋者:"我要等到海枯石烂,直到他回心转意向我走来。"

智者:"但这一天也许永远不会到来。"

失恋者:"那我就用自杀来表示我的诚心。"

智者:"如果这样,你不但失去了你的恋人,同时还失去了你自己,你会蒙受双倍的损失。"

失恋者:"您说我该怎么办?我真的很爱他。"

智者:"真的很爱他?那你当然希望你所爱的人幸福吗?"

失恋者:"那是自然。"

智者:"如果他认为离开你是一种幸福呢?"

失恋者:"不会的!他曾经跟我说,只有跟我在一起的时候,他才感到幸福!"

智者:"那是曾经,是过去,可他现在并不这么认为。"

失恋者:"这就是说,他一直在骗我?"

智者:"不,他一直对你很忠诚。当他爱你的时候,他和你在一起,现在他不爱你,他就离去了,世界上再也没有比这更大的忠诚。如果他不再爱你,却要装着对你很有感情,甚至跟你结婚、生子,那才是真正的欺骗呢。"

失恋者:"可是,他现在不爱我了,我却还苦苦地爱着他,这是多么不公平啊!"

智者:"的确不公平,我是说你对所爱的那个人不公平。本来,爱他是你的权利,但爱不爱你则是他的权利,而你想在自己行使权利的时候剥夺别人行使权利的自由,这是何等的不公平!"

失恋者:"依您的说法,这一切倒成了我的错?"

智者:"是的,从一开始你就犯错。如果你能给他带来幸福,他是不会从你的生活中离开的,要知道,没有人会逃避幸福。"

失恋者:"可他连机会都不给我,您说可恶不可恶?"

智者:"当然可恶。好在你现在已经摆脱了这个可恶的人,你应该感到高兴,孩子。"

失恋者:"高兴?怎么可能呢,不过怎么说,我是被人给抛弃了。这总是叫人感到自卑的。"

智者:"不,年轻人的身上只能有自豪,不可自卑。要记住,被抛弃的并不是就是不好的。"

失恋者:"此话怎讲?"

智者:"有一次,我在商店看中一套高贵的西服,可谓爱不释手,营业员问我要不要。你猜我怎么说,我说质地太差,不要!其实,我口袋里没有钱。年轻人,也许你就是这件被遗弃的西服。"

失恋者:"您真会安慰人,可惜您还是不能把我从失恋的痛苦中引出。"

智者:"是的,我很遗憾自己没有这个能力。但,可以向你推荐一位有能力的朋友。"

失恋者:"谁?"

智者:"时间,时间是人最伟大的导师,我见过无数被失恋折磨得死去活来的人,是时间帮助他们抚平了心灵的创伤,并重新为他们选择了梦中情人,最后他们都享受到了本该属于自己的那份人间之乐。"

失恋者:"但愿我也有这一天,可我第一步应该从哪里做起呢?"

智者:"去感谢那个抛弃你的人,为他祝福。"

失恋者:"为什么?"

智者:"因为他给了你忠诚,给了你寻找幸福的新的机会。"

资料来源:搜狐网,苏格拉底与失恋者的对话,一则让人回味无穷的对白,2017-07-12。

思政小栏目

5G助力讲好中国故事:连接中外,沟通世界

如何深刻认识新形势下加强和改进国际传播工作的重要性和必要性,下大气力加强国际传播能力建设?2022年8月9日,作为"世界5G大会"的先导分论坛,主题为"5G助力国际传播能力提升"的"世界5G大会媒体论坛",在黑龙江省哈尔滨市线上线下同步召开。

论坛上,来自国内外的知名媒体、传播学者和科技企业精英,从全球化视角共同探讨5G技术与国际传播的深度融合发展,研判媒体利用5G技术适应新时代需求的国际传播发展方向,并就如何依据国际受众需求,制定有针对性的国际传播策略,把全球更多传播主体带入国际传播场域中进行了深入分析和探讨。

"以移动互联网、5G、人工智能等为代表的新一轮技术革命,在全球范围内不断演进发展,正在推动国际传播向社交化、可视化、移动化、数据化、智能化方向发展,成为影响新一轮媒体生态变革与舆论格局重塑的重要力量。"中国外文出版发行事业局局长杜占元指出,新形势下构建具有中国特色的战略传播体系,需要高度重视科技赋能,要充分发挥5G等新技术变革的作用。

"媒体往往领风气之先,最早感知脉搏,是5G最先带动的垂直领域之一。"杜占元认为,加快5G应用,就要创新国际传播形态。他举例,北京冬奥会采用低延时直播、多视角呈现实时观看、高清画质呈现,背后都是5G网络的强大支撑。此外,拓展5G覆盖,重塑国际传播新格局,中国媒体要主动拥抱技术浪潮,通过5G等新技术赋能,深度参与国际舆论场,提供更多国际受众喜闻乐见的新型文化产品,提升中国信息投送效能,不断提升传播力、影响力。

"作为承担连接中外、沟通世界职责使命的中国主流媒体,既要加快建设与综合国力和国际地位相匹配的全媒体传播矩阵,讲好中国故事、传播好中国声音,也要高举人类命运共同体大旗。"科技技术部党组成员、科技日报社社长张碧涌指出,数据新闻的高效生成,视频直播内容的快速传递,已逐渐成为中国媒体走向国际舆论场中心的好帮手、好伙伴。他强调,"5G支撑下的国际传播,正在为国际形势注入更多正能量。"2022

年是 5G 应用规模化发展、技术全面迭代升级的关键之年。随着短微视频、云直播、语音播报等多元信息发布形式逐渐兴起，5G 将更广泛地应用于提升媒体传播效率，帮助受众快速、便利地了解全球时事新闻。

正如论坛主持人、科技日报社总编辑许志龙所说，把握技术力量驱动下国际传播的新规律，理顺全球话语体系构建的新逻辑，是所有致力于信息互通、平等互信、开放合作、互利共赢的中外媒体面临的共同课题和挑战。

在 5G 技术赋能下，媒体的采集信息、传播信息结构和能力随之发生变化，媒体定义在实践中获得了广泛延伸，进而产生了独特的价值与核心创新力。新华网、中国外文局、科技日报社、光明日报社、中国日报社、美通社（PR Newswire）等国内外知名媒体平台，积极布局 5G 技术应用平台，建设移动端新闻 app，打造沉浸式、互动式新闻产品，为全球媒体行业融入 5G 生态，在探索实践中做出了先行示范。

"未来已来，把握 5G 时代的革命浪潮，抢占国际舆论格局，是时代赋予我们所有媒体人的责任和使命。"新华网党委常委、总编辑钱彤提出，加快 5G 应用探索，抢占国际传播高地，要在全息化传播、精准化传播、场景化传播上着力。

杜占元介绍，近年来，中国外文局结合 5G 通信特点，加快建设国际传播大数据智慧服务平台、全媒体传播平台、国家级智慧级翻译平台等基础平台，发起成立元宇宙国际传播实验室，还同科技日报社共同建设了国际科技传播中心，通过不断探索 5G 条件下的传播条件创新，旨在推动形成国际传播影响力。"实践证明，有了好内容就会有好传播。"光明日报社副总编辑赵建国认为，5G 时代的国际传播，要以高品质的内容为基础。媒体要深耕传播内容，以新闻的精度、深度、广度助力新型主流媒体建设，通过技术融合拓展业务、定位受众、预测阅读，在国内国际两个舆论场的关联互动中发挥作用。

"本报光明网与一流电信网络公司开展合作，在 5G 高清采集服务、5G 云编辑、5G 云媒体管理、AR 智能化写作、AR 虚拟化主播、5G+AR 视频方面发力，接地气，更富亲和力，取得积极进展。"赵建国介绍说，《光明日报》正积极布局 5G 技术平台建设，开启 AR 行业大数据智能采集等新业务应用窗口，在一些重大报道任务中一起发力，以访谈等多元手段开展流媒体报道，实现大珠小珠落玉盘，用富有特色的话语体系解读中国方案，传递中国声音，展示中国智慧。

"我们要把握国际传播领域移动化、社交化、可视化的趋势，在构建对外传播话语体系上下功夫，在乐于接受和易于理解上下功夫，让更多国外受众听得懂、听得见、听得明白。"中国日报社副总编辑孙尚武强调，把握 5G 发展机遇，要加快推动国际传播的移动化、社交化、可视化发展。

他举例说，近年来，《中国日报》坚持首发平台《中国日报》英文客户端的建设，目前在全球 180 多个国家和地区的下载量达到 3 700 万人次。此外，随着社交媒体在人们生活中日益占据主流地位，2021 年，《中国日报》与 TikTok 平台合作新编乐曲，带动亚洲"一带一路"国家参与，共吸引音乐视频超过 13 万条，实现海外传播总量近 4

亿次。

世界之变、时代之变、历史之变下，构建具有中国特色的传播体系，需要充分发挥5G等新技术的变革作用。

"5G时代国际传播能力的提升，既有利于中华文化的创新表达，又需要前沿科技持续突破。"腾讯公司副总裁陈发奋表示，以IP生产力与文化连接力，助力提升国际传播力。

陈发奋举例说，腾讯一直在探索利用5G时代的内容、技术与工具优势，推动中华文化的创造性转化与创新性发展。比如，通过释放新场景，推动文化传播。2022年6月，腾讯与北京故宫博物院深度合作，将故宫打造成国际文化大IP。其中，利用虚拟现实等技术制作数字故宫小程序，一年内吸引500万名客户体验，打开了世界了解故宫的新方式。此外，通过平台优势与技术连接力打破时空界限，探索文化传播的新形态，推出了传递中国春节仪式的幸福照相馆线上活动，推出用户沉浸式体验的云游长城小程序等，对外展现了中华文化魅力。

如何用5G讲好中国故事？中兴通讯股份有限公司副总裁陈志萍认为，新技术的发展为传媒行业在用户分析、内容生产、渠道分发及沉浸式体验的互动上，带来很多创新机会。在庆祝香港回归祖国25周年之际，中兴通讯与新华社一起用5G+AR技术，以现实世界和虚拟世界相融合的方式，在故宫故事的讲述中，为观众带来了身临其境的体验。

高通公司全球副总裁侯明娟说，5G与AI结合，将从全新维度给人们日常生活体验带来重要影响，而二者与XR进一步结合则将带来一个更沉浸、更智能、更互联的未来。这些技术的结合，对媒体而言也同样意味着巨大的变革。高通公司与生态合作伙伴共同打造的5G无界XR赛事体验方案，将赋能"工体元宇宙"项目应用落地。

资料来源：张伟.5G助力讲好中国故事[N].中国高新技术产业导报，2022-08-15（1）.

关键术语

谈判思维　语言沟通　面部语言　肢体语言　线上沟通

本章小结

1. 商务谈判思维模式主要有发散思维、超前思维、跳跃思维、逆向思维、换位思维。
2. 商务谈判沟通中提问的方式有一般封闭式提问、澄清封闭式提问、选择封闭式提问、暗示式提问、一般开放式提问、协商开放式提问、启发开放式提问。
3. 商务谈判沟通中回答的技巧有无意义回答法、模糊答案法、以问代答法、沉默法。
4. 线上谈判技巧有及时回复；注重细节，适时调整；重视语气语调的作用。

综合练习题

一、单项选择题

1. 推理的形式不包括以下哪一种？（ ）
   A. 归纳　　　　　　B. 演绎　　　　　　C. 类比　　　　　　D. 逻辑分析
2. 商务谈判中最为有效的思维方法是（ ）。
   A. 辩证逻辑思维　　B. 逆向思维　　　　C. 发散思维　　　　D. 换位思维
3. 下列哪个是针对收集材料的发问？（ ）
   A. 您能否谈谈您所需产品的规格和性能
   B. 您不知道吗？我们的原料都是小包装的
   C. 您是否有这种设备呢
   D. 您不知道吗？我们需要的是进口材料
4. 谈判开始时，当你见到对方，开场白为（ ）。
   A. "见到你是我有生以来最大的荣幸"　　B. "现在我们开始谈判"
   C. "见到你我真高兴"　　　　　　　　　D. "唉，又见面了"
5. 面部表情是良好的非语言沟通形式，"扑克脸"表示什么？（ ）
   A. 表示冷漠和自信　　　　　　　　　　B. 表示不希望我们知道他的感情
   C. 表示高傲和自信　　　　　　　　　　D. 表示紧张和焦虑

二、多项选择题

6. 提问技巧有（ ）。
   A. 把握提问的时机　　　　　　　　　　B. 要看提问的对象
   C. 要注意提问的逻辑性　　　　　　　　D. 由难到易
7. 下列聆听者的哪些非语言符号可以给讲话者一种支持和鼓励的表示？（ ）
   A. 微笑　　　　　　B. 注视讲话者　　　C. 轻轻点头　　　　D. 昂头
8. 提问的时机有（ ）。
   A. 在对方发言时及时打断提问　　　　　B. 在对方发言停顿和间歇时提问
   C. 在议程规定的辩论时间提问　　　　　D. 在对方发言完毕后提问
9. 回答的技巧有（ ）。
   A. 无意义回答　　　B. 模糊回答　　　　C. 答非所问　　　　D. 以问代答
10. 巧妙的回答策略有（ ）。
    A. 缜密思考　　　　B. 准确判断　　　　C. 礼貌拒绝　　　　D. 避正答偏

三、简答题

11. 举例说明谈判中的一般封闭式提问。
12. 举例说明谈判中的一般开放式提问。
13. 简述商务谈判中的沟通方式。
14. 简述商务谈判中非语言沟通的作用。

四、案例分析

一个农夫在集市上卖玉米。因为他的玉米棒子特别大,所以吸引了一大堆买主。其中一个买主在挑选的过程中发现很多玉米棒子上都有虫子,于是他故意大惊小怪地说:"伙计,你的玉米棒子倒是不小,只是虫子太多了,你想卖玉米虫呀?可谁爱吃虫肉呢?你还是把玉米挑回家吧,我们到别的地方去买好了。"

买主一边说着,一边做着夸张而滑稽的动作,把众人都逗乐了。农夫见状,一把从他手中夺过玉米,面带微笑却又一本正经地说:"朋友,我说你是从来没有吃过玉米咋的?我看你连玉米质量的好坏都分不清,玉米上有虫,这说明我在种植中,没有施用农药,是天然植物,连虫子都爱吃我的玉米棒子,可见你这人不识货!"接着,他又转过脸对其他的人说:"各位都是有见识的人,你们评评理,连虫子都不愿意吃的玉米棒子就好吗?比这小的棒子就好吗?价钱比这高的玉米棒子就好吗?你们再仔细瞧瞧,我这些虫子都很懂道理,只是在棒子上打了一个洞而已,棒子可还是好棒子呀!我可从来没有见过像他这么说话的虫子呢!"

他说完了这一番话语,又把嘴凑在那位故意刁难他的买主耳边,故作神秘状,说道:"这么大,这么好吃的棒子,我还真舍不得这么便宜地就卖了呢!"

农夫的一席话,把他的玉米棒子个大、好吃,虽然有虫但是售价低这些特点表达出来了,众人被他的话语说得心服口服,纷纷掏出钱来,不一会儿工夫,农夫的玉米销售一空。

15. 上述案例对你开展商务谈判有何启示?

扫码阅读
参考答案

第 7 章

国际商务谈判礼仪与风格

本章要点

- 国际商务谈判的含义和特征
- 国际商务谈判礼仪的惯例及要求
- 国际商务谈判中各地商人的谈判风格

导入案例

谈判的礼仪和氛围

日本一家著名汽车公司刚刚在美国"登陆",急需寻找一个美国代理商来为其推销产品,以弥补其不了解美国市场的缺陷。当日本公司准备同一家美国公司谈判时,谈判代表因为堵车迟到了,美国谈判代表紧紧抓住这件事不放,想以此为手段获取更多的优惠条件,日本代表发现无路可退,于是站起来说:"我们十分抱歉耽误了您的时间,但是这绝非我们的本意,我们对美国的交通状况了解不足,导致了这个不愉快的结果,我希望我们不要再因为这个无所谓的问题耽误宝贵的时间了,如果因为这件事怀疑我们合作的诚意,那么我们只好结束这次谈判。我认为,以我们所提出的优惠条件,是不会在美国找不到合作伙伴的。"日本代表的一席话让美国代表哑口无言,美国人也不想失去一次赚钱的机会,于是谈判顺利进行下去了。

资料来源:聂元昆.商务谈判学[M].北京:高等教育出版社,2009.

7.1 国际商务谈判的含义和特征

随着市场经济和全球化的发展,人们的眼界越来越开阔,国际交往和贸易往来也日益频繁。中国经济已成为世界经济体系中的重要组成部分。当今的国际商务活动,涵盖了建设项目、技术引进、跨国投资、货物贸易、金融保险、国际运输以及其他服务内容。这些都不可避免地需要中外双方对计划中的未来业务进行谈判,以达成双方都能接受的协议,这就是我们常说的国际商务谈判。

国际商务谈判属于一项社会经济活动，既需要具有一定的理论基础，也需要实践经验。因此，探讨谈判技巧的正确运用，总结国际商务谈判的经验教训，研究国际商务谈判的规则，妥善处理谈判中出现的各种问题，是开展国际商务活动的重要组成部分。

国际商务谈判涉及项目合作或交易的内容、价格、义务和责任等条件，必须通过协商确定。双方协商达成的协议具有法律约束力，不能轻易更改。因此，谈判的结果将直接影响双方的利益。国际经济工作者及谈判人员需要了解并掌握国际商务谈判的原则和方法，善于运用谈判艺术，遵守谈判的礼仪。

中国有着悠久的礼仪文化与历史，经过数千年的发展与积淀，形成了以尊老敬贤、礼貌待人、容仪有整为特征的中华文明礼仪体系。礼仪在规范人们行为、促进社会交往、维护社会稳定等方面都发挥着重要作用。而面向世界、促进各国贸易往来的商务礼仪则越来越受到大家的关注和重视。作为商务工作者，如果想在变幻莫测的国际市场中应付自如，在激烈的竞争中取得成功，就必须深入、全面、系统地学习和掌握商务谈判礼仪。

7.2　国际商务谈判礼仪的惯例及要求

7.2.1　商务谈判的礼仪

在商务谈判礼仪中，不光要严于律己也要尊重他人。这也是维护自尊，展示文化修养的方式。只有时时守规矩，处处讲规矩，事事有规矩，双方才能感受到彼此的重视，从而更加尊重彼此。商务谈判礼仪的功能主要体现在三个方面：首先可以营造良好氛围，拉近彼此间的距离；其次可以加深理解，增进友谊；最后还可以塑造良好形象，实现交易的成功。

商务谈判中的礼仪很多，包含的内容很广，有许多细节问题需要国际经济工作者注意。在商务谈判礼仪中，最基本的理念是尊重导向、信守承诺、善于表达、形式规范。

📍 **谈判技巧**

塑造融洽的开局气氛

第一印象不论是在平时的人际交往中还是具体的谈判交往中都很重要，如果对方在与你初次交往中，对你的言行举止、风度、气质反应良好，就会对你产生好感、信任，并愿意继续保持交往；反之，就会疏远你，而且这种印象一旦形成，就很难改变。因此，要创造相互信任的谈判气氛就要争取给对方留下良好的第一印象。你认为自己给别人的第一印象怎么样？你对自己给别人的第一印象满意吗？

1. 商务谈判准备礼仪

谈判是一项非常复杂的工作，面对复杂多变的国际局势，想要完成国际商务谈判，就要事先做好万全的准备。首先要关注的就是礼仪。良好的礼仪风范既显示了我们对对方的尊重，也表现出了我们的文化素养。

首先，谈判地点的选择。谈判地点主要分为主场、客场、第三方地点，以及主客场轮流。一般国际商务谈判都由东道主选定谈判地点。若是大型的谈判可在双方所在地轮流进行，以示平等；也可在第三地进行，以示公正。谈判必须在一个良好的环境中进行。一般商务谈判会在会议室进行，有时也可以安排在会客室。大型的谈判，要选择宽敞明亮、整洁安静的场所。精心布置的会场也表示了对对方的尊重。会场的桌子可以采用长方形或椭圆形，桌上应设置席位卡，以便引导入座。要注意座次的安排，大型的会议非常正式，对座次的安排非常讲究，注重双方或各方的平衡与对等。

其次，在进行商务谈判之前，有必要确定商务谈判人员与对方的身份和位置。商务谈判人员应具备良好的综合素质。谈判人员初次相见时，双方可能对彼此并不了解，这时候通常会通过对方的仪容仪表、举止言谈来判断对方，并通过对方来分析其所代表的企业可信程度，进而影响与其交往的程度。男士应该面部整洁，穿西装或白衬衫，女士可以穿西装套裙，可以化淡妆，切忌花哨艳丽，既要干净整洁，又要庄重大方。最重要的是需要准时赴约，不能随便迟到。第一印象对彼此接下来的合作尤为重要，千万不能掉以轻心。谈判人员应充分准备商务谈判的主题、内容和议程，制订详细计划、目标和商务谈判策略，这些也是谈判应具备的礼仪表现。

2. 商务谈判中的礼仪

商务谈判是人际交往与沟通的过程，恰当的礼仪是良好形象的标签，以诚相待、尊重对方，有利于取得理想的结果。谈判人员应热情周到，大方得体地接待客户，设身处地为对方考虑，帮助对方解决困难，解决疑问，尊重对方，使对方感受到我方的诚意，从而乐于同我方打交道。在了解谈判对象情况时，一是要了解谈判对手与对方公司的情况，了解对方人员，尤其是主谈人的个人情况，如年龄、资历、地位、职务、性格特点，对己方持有的态度等。同样，作为谈判的基础，对方的法人资格、资信状况、业务范围、产品性能、公司规模、经营水平、市场竞争状况等也必须了解。二是要了解对方的文化背景和礼仪习惯，"入国问禁，入乡随俗"，充分了解并尊重对方的文化传统、礼俗习惯，可拉近双方的距离，有利于沟通感情，增加信任，对谈判起到积极作用。

在开局阶段，要注重创造和谐的气氛，这是谈判的起点，起着引导作用，关系到能否取得谈判的控制权和主动权。在双方互相都不熟悉、不了解的情况下，作为东道主要积极主动地展现热情态度，主动进行互动，缓解对方紧张的心情；作为远来的客人，也应当积极配合，营造舒适的氛围。

在报价阶段，要讲清楚、讲正确规则，不能弄虚作假。在会议之前就应确定好报价，在此期间不应更改，如果对方接受了价格，就不应临时改变。

在交流过程中，首先准备好适当的问题，选择在一个轻松的氛围中，诚实地说出自己的态度。不要在气氛比较冷淡或紧张时询问，不要咄咄逼人或粗鲁无礼，避免引起对方的反感甚至愤怒。此外，我们应该不做违背原则的事情。谈话时不可随意打断对方，要及时感谢解答者。我们必须遵守一定的会话礼仪规则，尊重他人，善于倾听，待人友善。个人形象在一定程度上代表着企业的形象。因此在商务谈判活动中双方人员高尚的道德品质、彬彬有礼的言谈举止，都会给对方留下深刻的印象，并由此对对方企业产生好感，推动交易成功。

在磋商阶段，双方在这个关键的节点大都会为了自己的利益据理力争。我们恰恰需要在这个时机展现自己的礼仪，在争论不休时维持住自己应有的风度，注重行为举止，保持清醒的头脑；互谅互让，心平气和地探讨解决分歧的路径，使双方有充分回旋的余地；态度诚恳，求同存异，寻求双方都能接受的共同点。言语文字和行为举止都要有礼貌。在参与谈话时，应认真倾听对方的陈述，可以用点头的方式表示对对方意见的理解和赞同，使对方保持愉快的心情，不能左顾右盼、漫不经心。会谈过程中的用语十分重要，谈判中需灵活运用礼貌的交际语言、专业的交易语言和诙谐语言。

在发生冲突、双方相持不下的时候，也要注意说话的方式方法。通过理解和与对方积极沟通，缓和自己的态度，找到彼此都能接受的方案，要保持耐心和冷静，只有这样，提出的解决办法才具有说服力。

当谈判出现冷场的时候，要运用灵活方式打破僵局，一般可以穿插几句幽默诙谐的话，缓和气氛，也可以与对方互动，或是暂时改变主题，给予双方一些休息时间。主办方应主动提出议题，不要让沉默持续太久。可以利用休会时间组织双方人员共同游览观光，进行娱乐活动等。在双方情绪转换过来以后再进行商谈。

3. 谈判后签约礼仪

双方经过协商谈判，就某项重要交易或合作项目达成一致，就需要把谈判成果用准确、规范、符合法律要求的格式和文字记录下来，经双方签字盖章形成具有法律约束力的文件。

在签署合同前，要确定好参加仪式的人员。一般来说，双方参加的人员数量和身份应大致对等。客方应提前主动协商出席签约仪式的人员，以便主方进行相应工作的安排。一般由主方准备待签的合同文本，提前布置好签字现场并安排好签字座次。

一定要提前确认签约的时间，并按时出席。所有参与签约仪式的双方人员应一起进入会场。双方都要有助签人员，站在签字人外侧。除各方签字人外，其他人站在双方签字人的后面。助签人员帮助签字人打开文本并指引签字位置。双方在各自的文本上签字，然后互相交换文本，在对方的文本上签字。签订协议后，各方签字人应热情握手，祝贺协议的成功签订。同时全场人员应鼓掌表示祝贺。

通过交易，双方建立信任，成为长期的合作伙伴。即使交易不成，由于待人真诚、礼仪有加，双方也会建立友谊，日后会寻找其他的合作途径。商务谈判人员在开展商务谈判时，除了要提高自身的素质修养外，还必须遵守尊重、自律、宽容、平等、真诚、守信等商务谈判礼仪基本准则，同时还要关注仪表、礼貌、内涵等方面的礼仪修养。只有这样才能达到提高素养，增进感情，展示个人与企业良好形象的目的，从而维护和促进良好的商业伙伴关系，更容易促进双方达成交易。

4. 迎送礼仪

迎送礼仪是商业谈判中的基本礼仪。当应邀前来参加商务谈判的人士抵达时，一般都要安排相应身份的人员前去迎接，以表尊重和热情。在谈判结束后，要安排合适的人送行。

首先，需要依据前来谈判人员的身份（合作伙伴或竞争对手）及其他因素确定迎送的规格。除了商务惯例，还需要考虑对方是否提出其他特殊的要求。主要迎送人的身份和地位通常应与来访者相差不多。如果之前有合作的经验，要选择与对方熟悉的人迎送；若当事人因故不能出面，要及时变通，由职位相当的人员出面，并礼貌做出解释。

其次，迎接人员需要提前与对方联系，准确掌握对方抵达的时间、地点等，事先准备好接站牌，并注明姓名及单位名称，提前到达接站地，以示尊重。待客人露面，应主动上前打招呼问候，同时做自我介绍，引导客人顺利抵达会面地点。

在送别对方时，必须事先了解对方离开的时间和地点，提前安排陪同人员，安排车辆陪客人一同前往机场、码头或车站。在客人离开之前，送行人员应按一定顺序同客人一一握手话别。在送行车辆开动之后，送行人员应挥手致意，直至车辆在视野中消失，方可转身离开。

5. 宴请礼仪

在现代社会，商务交往越来越普遍和频繁，宴请是其中一个极其重要的形式。在商务交往和现实生活中，商务人士须通晓宴请礼仪，有利于促进交易的成功。

首先，要合理选择宴请的形式。宴请形式包括宴会、招待会、茶会、工作餐等，每一种宴请形式都有对应的要求。其次，要根据宴请的目的确定宴请的对象、宴请的人数等，并通过征求主宾的意见，确定宴请的时间。既要热情待客，又要量力而行；既要突出档次，又要避免铺张浪费。最后，宴请的地点可依据宴请的目的、客人的身份和重要程度确定，通常选择环境优雅、整洁卫生、服务优良的饭店或宾馆。

在国际惯例中，在就餐时排列座次，通常采用圆桌，并且各桌的就餐者宜为双数。在正式的宴会厅安排宴请，要遵循"面门为上，居中为上，以右为上，以远为上"的原则。正式宴请分为迎宾、致辞、席间交流、送别等几部分。在安排菜单时，要了解客人的个人禁忌、民族禁忌，既要照顾到客人的口味，又要体现特色与文化。由于东西方文化的不同，在选择中餐宴请还是西餐宴请时，应着重注意就餐礼仪。在餐桌上，举止要优雅，做到文明礼貌。参加宴会时要准时赴宴，切记不可迟到。就座时应等长者、女士坐定后，方可入座，一般从椅子左边进入。离席时，应帮助隔座长者或女士挪开座椅，等待长者或女士离席后再顺序离席。

6. 馈赠礼仪

我国在人际交往中很重视礼尚往来，商务谈判中更是如此。得体的馈赠可以促进双方的友谊，维系双方的情感。在馈赠礼仪方面，不仅要注意馈赠礼品的时机，还要特别注意礼品的选择，正确的馈赠礼仪能使商务谈判锦上添花。商务馈赠的基本原则有四点。一是注重轻重原则。在馈赠时可入乡随俗地根据馈赠目的选择不同轻重的礼物，不同的礼物可以反映出交往人的诚意和情感的浓烈程度。各国对于礼物价值的要求有所不同。在美国，一般的商业性礼物的价值不宜过高，而亚洲、非洲、中东地区的客商与欧美客商相比却有所不同,他们往往比较注重礼物的货币价值。二是时机原则。送礼要注意把握好馈赠的时机,包括时间与机会的选择。时间贵在及时,机会贵在事由和情感及其他目的的需要,所以要在合适的时间送合适的礼物。三是效用性原则。要依据受礼者的经济状况、物质生活水平等有针对性地选择礼物,还要根据对方的喜好与习惯,选择富有感情,既有中国民族特色,又有一定纪念意义的礼物。要注意对方的习俗和文化修养,充分考虑对方的文化习俗与禁忌。要注意包装,男士包装和女士包装有所不同,礼物包装要精美。对方收到后会充分感受到你的用心。四是抓好避忌的原则,由于价值观念、历史传统、宗教信仰、风俗习惯、生活经历及性格爱好的不同,不同的人对同样的礼物的态度可能也不同,因此我们要把握好投其所好、避其禁忌的原则。另外,有些国家会有一些数字禁忌。

在国际商务谈判中,我们要懂得运用礼仪之法,既要注意场合,也要表现得体。同时,要掌握自己的情绪和心理,只有能有效地控制自己的情绪和心理,才能更好地察言观色,取得谈判进展。此外,关于接受礼物的礼节也不可或缺,在收到礼物后,不管喜欢与否,首先要对对方表示感谢,可以赞美礼物的精致优雅或实用,或是夸奖赠礼者的周到和细致。有理有节的馈赠活动有利于拉近双方的距离,进而分析对手的性格,把握主动权,一举促成谈判的成功。

📍 思政小栏目

谈判文化之"巴乡清"酒

公元前316年,秦灭巴,两年后置巴郡。秦昭襄王年间(前306年—前251年),有白虎巴人首领率众叛乱,意欲复国,秦王采取以夷制夷之策,宣布能杀掉叛乱巴人首领者"赏食邑万户,黄金丝绸无数"。后何射虎、秦精等率领手下射杀了叛乱的巴人首领,平息战乱。当要兑现奖励时,秦王却临时反悔,声称嫌弃他们是蛮夷之人。

于是双方重新谈判约定:"免除租赋徭役,伤人者按情节轻重论罪,杀人后可以用钱赎死。"此外,双方还歃血为盟:"秦犯夷,输黄龙一双;夷犯秦,输清酒一钟。"黄龙即用黄金铸成的龙形金块,或用黄玉制作的龙形饰器;清酒即巴国名酒"巴乡清",称只有贵为天子才配享用,甚为珍贵。巴人酿制的清酒品质一流,名头响亮,如果其违背盟约,只需用酒赔偿,足见其贵重。清酒一钟,绝非一盅、一盏或一壶,而是百余公斤。一种"巴乡清"能抵两块黄金或黄玉,也算物有所值。

至此,先秦与巴人定有君子盟约,约定互不侵犯,秦国毁约,罚黄龙一对,巴人毁约,罚清酒一钟。

7.2.2 各国交往的禁忌

1. 行为禁忌

在不同的国家,同样的行为可能会有不同的含义。在中国,伸舌头通常会被认为是可爱的面部表情,看起来是无伤大雅的,但美国人却认为这是不礼貌的表现。在美国,在别人面前整理袜子、拉扯袜带、脱鞋或是赤脚等，都是不知礼节的行为。还有一些行为是其他国家的禁忌，比如，日本人的忌讳是三人合影，这种行为在他们看来是会倒霉的；同非洲人握手只能用右手，他们的习俗忌讳用左手握手；他们的审美和现如今的中国也大有不同，例如女士大都希望自己是丰盈的。

2. 数字禁忌

文化和语言的不同让各个国家形成了自己的特殊性，但很多禁忌却是共通的，中国人有数字的忌讳，其他国家也有。一些受到宗教习俗影响的美国人会忌讳数字"13""3""周五"等。日本的忌讳数字就更多了，在日语的发音中，"4"同"死"，而"9"同"苦"，"42"的发音是死的动词形式，受欧美国家影响，有些人也觉得"13"这个数字不吉利，因此这些都是日本人忌讳的数字，故而在谈判中要谨慎使用这些数字。

3. 颜色禁忌

不同的国家对颜色也有不同的看法。中国人喜爱红色，一般来说有欢庆之意，但美国人最忌讳红色。在商务谈判或是赠送礼物时，最好不要带有纯红色，因为他们觉得红色有挑衅等不良意图。日本人忌讳绿色和紫色，觉得这两种颜色带有悲伤色彩，在赠送礼物时最好巧妙地避开这些颜色。

4. 花卉禁忌

在商务谈判期间，可能会有送花的机会，因此需要了解花卉的禁忌。英国人忌讳白百合，这种花在英国象征着死亡。在日本，荷花有着同样的含义，因此不能送给日本人荷花。还有一个特殊的禁忌，日本皇室的标志是菊花，因此普通身份的日本人是不能接受带有此种花的图案的东西或礼物的。印度人同日本人一样，忌讳荷花和菊花。有些欧洲国家也和印度一样，认为它们是送死者的虔诚悼念品。墨西哥人和法国人忌讳黄色的花，他们觉得黄色暗含断交、不忠诚的意思。在意大利、西班牙和拉丁美洲，绝不收带有菊花图案的礼物，他们认为这是不祥之花。在巴西，不要送紫色的花，因为那是主要用于葬礼的花。不能送郁金香给德国外宾，会让他们误以为我方想要断交。也不要将红玫瑰送给来自德国或瑞士的女士，会造成误会，她们认为这种花代表爱情。

在中国，人们大都喜欢送双数的花，而在俄罗斯等国，人们只能送单数的花，因为他们的习俗认为双数是不吉利的。罗马尼亚人也是如此，但过生日时是例外，放两支鲜花是最好的祝福。

7.3 国际商务谈判中各地商人的谈判风格

7.3.1 各地区谈判的风格

1. 美国人的谈判风格

美国人的风格是很有特色的。美国在很长一段时间内一直维持着世界第一大国的地位,很多国际贸易往来也是采用美元结算。因此,美国人通常从内心深处有一种乐观、自信、拼搏的精神。他们的谈判特点有鲜明的风格,做事很干脆,不会拖泥带水,一般喜欢有话直说,不擅长委婉地表达。他们注重结果和效率,重视既得利益,与他们沟通不需要太多的客套话与奉承言语;他们不重视形式上的东西,也不要遮遮掩掩、语句委婉、故作谦虚,一定要清楚了当。如果有我方不能同意的条款,言辞必须要坚决肯定,有模糊的地方一定要询问清楚,不能模棱两可,以免造成后续纠纷。我们最好能够做到先发制人,同时也不要故作谦虚。同美国人建立友好的关系,最好营造一个良好和谐的氛围,可以对他们适度赞美,这与他们热情的天性是相符的,更能加快推进谈判局面。在恰当时机,我们可以采取激将法,使他们逐渐向我方期盼的局面靠拢。美国人的谈判方法往往是先降低价格,提高我们的期待值,先总后细,先确定最终的价格,再细化具体条款。我们的应对方法最好是注意确定所有的条款,谨慎思考,在进行决策与商量时可以协调统一地推掉一些不愿接受的项目和条件。并可用我方的一些合适条件,让对方同意一些我方的其他需求。

同美国人沟通和谈判有一些特殊情况。和美国人沟通,有时会感叹他们的直接,有问题直截了当,不会拐弯抹角,但是他们不一定会把全部的东西都告诉你。美国人很独立,也很注重隐私,有时他们的谈判技巧是不会暴露于他人面前的,他们喜欢单独进行谈判,可能一个团队来,负责谈判的人员却只有一个。美国人大多骨子里透着优越感,他们不喜欢承认自己的弱点,希望被他人用崇拜的眼光看待。他们谈判时一贯喜欢讲英语,因此谈判时最好找一些英语好的成员或是翻译。他们不喜欢拖拖拉拉,在谈判时希望尽快出结果,不喜欢冷场或沉默。美国人不太重视职位高低,比较看重效率和能力。若不能帮组织创造价值,则很快就会被替换。因此,美国人与人之间的关系也不甚亲密,不会在这方面花费太多精力。如果他们去认真选礼物并送给你,那一定表明他感觉和你的关系是亲密的,或者是因为你赠送给对方礼物,他感觉到了你的重视,觉得有必要回礼。因此,在商务谈判过程中互送礼品也是和他们拉近距离、建立良好关系的一种方式。

2. 日本人的谈判风格

日本人的思想观念具有鲜明的特点。由于在地理上与中国邻近,因此他们的一些宗教和民族文化的传统习俗受到我国的影响。他们具有严格的等级观念,注重礼节,有强烈的集体意识。他们有一定的礼仪修养,崇尚强者。现代的日本人兼具东西方国家的思想观念,他们一般有责任感,也很注重人际关系,做事有耐心和恒心,能够吃苦耐劳,遇到困难时有坚持到底的决心与毅力;有强烈的上进心,敢于拼搏,精明能干,工作细心谨慎。但大多数人性格较为内向,不容易和外人建立亲密联系。日本人的性格特征在谈判中较为容易达成合作,他们有耐心也有毅力,会通过努力达成商务谈判的合作共识。

日本人的企业通常会讲究资历,重视有经验的老人,一般能作为代表人物参加商务谈判的都是有资历的人。他们不但要求自己的企业这样,还要求谈判对手也要身份对等，年龄、资历相仿。他们认为年轻人不具有企业事项的决定权，不愿与其商谈。他们甚至希望迎接自己的谈判代表在企业的职位与之相当或是略高于自己，这样更能显示对方对自己的尊重和对此次谈判的重视。

我们可以根据日本人的特性，有计划地采取应对措施，从而达成对我方有利的合作。日本人一贯崇尚集体主义，相信团队合作和伙伴意识，他们认为个人的力量远远比不上团队的力量。他们也认为中国人的思维和文化在很多时候都是占据优势的，有一种不会退缩的强大力量。因此在谈判时，他们的心理素质可能会处于下风。我们只需要分散对手，单独地进行一对一接触，逐步击破他们的防线，就能取得一定的先机。由于日本人进行谈判时习惯于集体做决定，每个代表都有自己擅长的领域，但不能直接代表企业做决定，他们没有任何一个人可以对最终的决定负责。因此，我们在与每个人进行商讨时，只能获悉他负责部分的信息，不过，利用好这一特点，也会令我们的谈判有一定程度的优势。

日本人对于商务合作与谈判有独到的精明之处，他们认为做生意不能贪图小利，要想保持长期合作关系，获得更多的利益，就要在合作初期有一定程度的让步来麻痹对手。因此谈判时他们一般会采用给对手折扣或者报低价的办法来显示他们的"诚意"。而事实上他们早就提前为自己留有一定的余地，让步的利润也在设计之内。此时我们就需要更为严谨的判断，提前把日方的报价与市场上的其他报价相比较，从而预防其设下圈套，避免掉入陷阱，图小利而吃大亏。在与日本人的沟通过程中也具体有一定的特殊性。他们具有自己独特的语言习惯，不要觉得他们说"嗨嗨"就是同意了你的条件，这只是他们日常生活语言的习惯，只能代表他们听到了而已。一般情况下，双方礼貌寒暄，对方说什么他们都会说"嗨"。因此我们在与其对话时最好不要询问简单的选择问题，而是选用开放式的提问，让他们可以回复一定的内容，这样我们可以更多地获得一些信息，有助于达成更有利的谈判。

3.德国人的谈判风格

德国是一个追求精益求精的国家，其经济发展水平在世界范围内也是名列前茅的，这缘于他们有自强不息、勇敢、自信的民族精神。他们十分敬业，做事严谨，效率极高，周到细致且具有计划性。他们在谈判前一定会做好充分的准备工作。他们会充分调查研究对方公司的底细，包括经营情况及盈亏状况。德国人一般行事都比较稳重，在谈判中也从不会有随心而定的决定，一切决定都是在深思熟虑之后做出的。签订合同更是谨慎，他们一定会认真推敲，研究细节和漏洞，确认无误才会签约。相反地，这样就造成了他们缺乏一定的灵活性，谈判期间基本不会变通，因此我方的条件若与他们心中的目标差距较大，很容易在开局便失去合作机会。不过这样的特性对他们的合作者来说，也并不全是劣势，他们一旦决定合作定价，基本上是不会有改动的，双方达成了合作，他们更会严于律己，坚决执行，不会中途变卦。同样，他们要求合作伙伴也要严格履行合约条款，否则会在他们心中的形象大打折扣，很难达成长期合作关系。

通过德国人的特性我们可以随之制定相应的对策。正因为他们不会变通的特点，他们不喜欢讨价还价、拖拖拉拉，对自己的想法自信且固执，提出的要求和报价基本不会更改和妥协，所以我们在谈判之前，最好先在市场上进行摸底，货比三家，提前做好预判，并在谈判之初就表明我方的态度，而且态度一定要坚定。他们不喜欢和懦弱的伙伴一起共事，他们喜欢立场坚定、自信、勇敢、热情开朗的人。要有效利用我方的筹码，给出能接受的价格，掌握主动权。哪怕有谈不拢的情况，也要尽量避免和他们针锋相对，要用委婉柔和的方法，以柔克刚，赢得谈判的胜利。

在会谈中，双方的职位称呼一定要非常明确，设计的标牌一定要标明对方头衔，这样才会令对方感到受到了重视。他们会优先专注于当前的事情，所以在谈判过程中他们会把所有注意力集中在合同上，对合作伙伴、谈判的环境、宴请食物等都不会太在意，他们会把合同条款设计得非常详细。他们比较慢热，初相识并不会很热络，但交流相处后会逐渐改变这种情况。

4. 韩国人的谈判风格

韩国是亚洲一个比较重要的国家，虽然其自然资源并不富裕，人口基数大，密度也大，但近年来经济发展得较好。尤其对于国际贸易，韩国人比较有经验，善于审时度势，处于下风时会努力达成自己的目的。他们在谈判之前都会对对手进行一定的了解。他们会努力打听、研究对手公司在所属市场的发展水平、商品质量、价格，以及公司的规模与经营管理等内容。韩国人喜欢选择有名气的谈判地点，他们会觉得受到了重视。如果由他们自己决定地点，通常他们都会提前到达进行准备。相反，如果是对方定的地点，他们就会晚一些到达，以便对方能做好准备迎接他们。他们也重视谈判的气氛，开始时会努力创造良好和谐的氛围，也会积极地向对方介绍己方的人员情况，会主动迁就对方，食物会选择适合对方的口味，也会主动寻找话题，谈论风土人情、天气、风景等。他们做事严谨、有条理性，重视规矩和纪律，所以见面时可以很容易地判断出韩国团队的决策者和团队核心成员，他们一般走在最前面。韩国人逻辑性很好，他们的谈判过程一般跟随主次顺序，会先确定好主要议题，再根据条款逐条逐项落实，或者根据两方提出的建议共同商议，确定条款，最终确定合同。他们很擅长讨价还价，争取自己的利益，有韧性，不到最后一刻不会放弃自己的坚持。虽然如此，他们也不是一味地死板，他们会用一些其他的商业策略，如"声东击西""疲劳战术"等，有时还会以退为进来达成自己的目标。在最终确定合同时，他们喜欢用韩语、英语和对方国家的语言来签订合同，以显示其重视的程度。总体来说，韩国人的谈判方式和我国谈判方式并没有太大的不同，谈判时可结合我国习惯综合考量。

5. 英国人的谈判风格

英国人比较独立，不喜欢团队活动，他们重视自己的个人空间，对朋友的选择也很谨慎，并不轻易和他人建立亲密联系，不会轻信他人。商务的会晤和交流都是公事公办，不会在公共场合吐露个人情况，也不会特意打听他人私事，对陌生人很防备。他们注重隐私，认为商业活动交往有一定的行为准则，和私人交往是完全分隔开的，在商务谈判时不会问对方私人的问题，同样，他们也不喜欢别人询问与公事无关的问题。他们认为商务工作是比人际交往更重要的，因此，工作一般不会掺杂个人交情。他们坚信自己的国家是世界强国，有强烈的民族自豪感与排外心理，他们生活淡然，却又自信高傲。按照我国的谈判习惯，一般都需要联络感情，但英国人的特性会让他们防备陌生人的热情，因此，维系关系要更加努力。但是一旦和他们建立起友谊，他们就会无条件地信任你，并且进行长期的友好合作。

英国人重视纪律和秩序，等级观念强，有严谨的阶级区分和权利流动程序，一般只有上层才能进行商务谈判的决策。因此他们在谈判时，希望对方的代表团队也可以拥有同样的身份，这样他们会觉得受到了尊重，也更能进行决策，提高工作效率。他们重视对手的能力、背景和经历，也很看重对方在商务往来之中的表现，这决定了他们之后是否还会进行长期合作，因此，选择一位有能力的决策代表更能促进合作的顺利进行。

英国人的生活很严谨、有规律，他们的日常生活离不开日历和记事本，对时间的掌控严苛，所以在进行会面时一定要提前确定好时间，并准时到达地点，绝不能出现迟到早退的情况。他们稳重的态度和美国人的自由率性形成了鲜明对比，他们不喜欢美式英语，觉得语速太快。不管是做事还是交谈，他们都喜欢优雅缓慢，做事要一步一步，不会匆匆忙忙。我们最好也能配合对方的步调，沉稳从容，这样更容易得到对方的认同。他们重视礼仪和个人品行，很绅士，如果谈判方有女士，他们会更为彬彬有礼，还会为其拉椅子、开车门等。

6. 拉美人的谈判风格

拉丁美洲是美国以南的美洲地区，包含33个国家和地区。由于国家众多，所以较为多样化。如阿根廷比较欧化，秘鲁人时间观念较弱，巴西人喜欢娱乐。各个国家内部环境较为不同，经常发生政变，经济发展困难，贫富分化严重。他们的经济发展差异较大，贸易倾向于保守，进出口较为谨慎，手续相对复杂。有时合同中规定的事项不会严格按期限完成，甚至到期付款时还会讨价还价，令对方感到头疼。但是他们的感情很丰富，容易建立亲密的合作关系，建立友谊后，商务合作时会对你进行优先考虑，并且可能会因为感情对物质利益做出一些让步。他们思想一般相对保守，做事的节奏较慢，不喜欢麻烦，有时候会把生意委托给代理商进行，所以我们要和他们合作，最好审核一下代理机构的能力，可能会有签订合同却无法执行的情况。

7.3.2 不同文化背景对国际谈判方式的影响

1. 不同文化背景影响谈判决策方式

我们在能够预测对方决策的情况下，一般能较为容易达成我方需要实现的目标。不同的思维方式必然会影响谈判的决策方式。比如，有些国家的谈判方式较为保守，可能需要谈判之后再进行集体讨论，而有些国家却不需要，在谈判时直接由领导人决定即可。日本就是比较注重团队力量的国家，其一般进行群体决策。可能这种方式会使谈判时间较长，但这种方式也会更好地执行签订的合约。他们分工不同，协同作战可以使执行任务更有效率。我们在谈判时更需要小心，可能每位成员都有其独特的优势，必须耐心、谨慎地周旋。与之相反的是英国人，他们阶级分明，有明确的等级制度，每个人都很骄傲、自信。决策者一般都是独立做出决定，不会有他人干涉。因此谈判时决策较为迅速，干脆利落。

2. 不同文化背景影响谈判冲突的解决方式

在谈判产生冲突时，不同文化背景也会影响谈判冲突的解决方式。有些国家的文化是平和内敛的，有些是激进自主的，面对不同的文化背景，我们只有充分了解，才能在发生冲突时以最佳策略应对。有些人在合作的过程中需要的是自由和自尊，发生冲突时不能一味地与他们辩驳，要以退为进，有时可以巧用规则和法律，解决冲突。中国人一贯是聚合型的社会文化，这让我们在解决冲突时更崇尚以和为贵，擅长采用委婉柔和的方式解决冲突，比如依靠有权威的、两方认同的第三方来调解。不过，中美双方看待调解人的观点有很大的不同，美国人喜欢求助于公正公平的专业调解人，他们认为有效的调解人可以事半功倍。而中国文化属于聚合型文化，更加重视集体，人与人之间的关系崇尚和谐自然，遇见冲突会因为面子而隐忍，因此在冲突发生时往往会求助于对双方都有联系且有经验的长者，让他做出一个公平公正的决断。不管用什么方式，谈判时一旦发生了冲突，一定要根据对方的文化背景及时做出合理决断，掌握主动权。

3. 不同文化背景影响谈判语言的选择与运用

语言是文化的基石，没有语言就没有文化。不同的文化背景又造成了世界上有各种各样的语言（语言主要用来传递信息），无论是国家文化还是民族精神都和使用的语言有着千丝万缕的联系，语言与文化相互影响，相互作用。在跨文化商务谈判中，要适应不同文化背景下语言的选择与运用，这对谈判效果有着举足轻重的作用。

文化背景的不同造成了语句理解的不同，对于不同文化的人，同一个词或同一种表达方式可能具有不同的含义。一般中国人谈判，会比较重视友好关系的发展，不会主动制造冲突，即使拒绝也会委婉柔和，关注双方的面子，不会造成尴尬的局面。中国是礼仪之邦，十分注重礼仪修养，即使双方观点不能统一，也不会直接拒绝，而是辗转委婉地表达自己的想法，希望双方建立长久稳定的关系，有一个和谐的氛围。运用中文来进行谈判，措辞都会巧妙委婉，充分展现历史魅力与礼仪修养。美国人却恰恰相反，他们热情主动，言辞犀利，滔滔不绝，日常生活也很喜欢辩论。他们喜欢直截了当地表达自己的想法，不会含糊其词。他们比较自信，有强烈的求胜欲，如果谈判条件不符合他们的要求，他们会严词拒绝，不会模棱两可。美式英语恰恰证明了他们的特性：语速很快，直接简单。

此外，交流不仅仅靠语言，身体体态的语言也是沟通时很重要的一项交流。大到肢体动作，小到脸上的表情，甚至目光都会影响商务谈判的局势，传递不同的信息。微笑握手表示欢迎，点头表示赞同，在中国和美国，人们公认这些动作表示上述含义。这些动作也是谈判过程中的一部分，肢体语言同语言一样都是文化的组成部分。但是不同的文化中，同样的肢体语言含义却不同。例如点头在尼泊尔人和斯里兰卡人眼中，其含义表示拒绝；在大部分人眼中，大拇指和食指捏成一个圆圈表示"好，OK"等含义，而日本人将其视为钱的符号；阿拉伯人觉得站得很近是表示友好，而英国人相反，他们会往后退。因此谈判对象不同，手势表达出来也不同，要谨慎使用。西方人性格坦率，高兴与否看他的表情很容易看出来，而东方人含蓄内敛，可能在遇到冲突时沉默不语，看表情并不能看出他们心中的想法，让对手难以判断形势。哪怕对方精明善辩，也难以抵挡这一心理攻势，这种心理策略很容易反败为胜。

4. 不同文化背景影响协议内容与谈判协议的执行

不同的文化背景造成了思想观念的不同，很容易影响协议的内容和执行的过程。有些西方国家的人做事谨慎小心，因此会在签署合同前反复推敲，条款项目列出几十条甚至几百条，他们要确定在执行过程中没有漏洞。他们信奉法律法规，重视原则。而东方人往往更为看重人情往来，他们在谈判时可能会看重原则上的统一，善于求同存异，以退为进，重点关注与对方达成良好关系，以谋求长期合作，他们签订的合同可能并不会十分细致，因为相信在后续的往来中可以加深联系，互相理解商议达成协定。

此外，在文化背景的影响中，宗教文化也是影响协议内容与执行情况的一大因素。在商务谈判中，宗教对谈判者影响很大。如德国人通常比较严谨、沉稳，这与他们是虔诚的基督教徒有很大的关系。他们在签订契约时一丝不苟，签订后也会严格要求自己，无论是时间或是质量都会按照合约履行签订的承诺。当然，作为合作方也需要谨守合同条款，否则会影响在他们心中的形象，觉得你是不守承诺的合作方，很难再长期合作。因此，谈判人员要了解宗教对谈判者的影响，尊重对方的宗教信仰。

7.3.3 国际商务谈判中应遵循的原则

1. 建立跨文化谈判意识

客观地说，建立跨文化的商务谈判对于发展经济是必要的，文化具有多元属性，世界上有各种各样的国家和民族，其在生存发展过程中形成了自己独特的文化思想。如果要在国际经济中取得良好效果，必须建立跨文化谈判意识，与不同文化背景的谈判者进行谈判。文化的差异是在人们日常生活、工作、学习中逐渐形成的，如果希望取得谈判的成功，必须要将不同谈判对手及其文化研究透彻。此外，经济全球化进程的加速也是进行跨文化商务谈判的直接原因。随着经济日益全球化，人们不断积极寻求国际投资和贸易，国际商务合作形式日益多样。想要进行国际商务活动就必然需要进行国际商务谈判，来自世界各国、各地区的参与者具有自身独特的谈判方式，只有提前了解其文化背景，不管作为对手还是竞争者，我们才能从容面对。此外，建立跨文化意识，不光要接受和了解文化差异，还要有足够的尊重和重视，这样可以更好地提高谈判效率，节约时间和成本，也为公司声誉和品牌提供有利的影响，扩大知名度，更好地制定正确的、有效的谈判战略。针对不同国家不同文化的不同特性，制定有效的战略和决策，对预期效果的实现有着有力的推动作用。只有建立跨文化谈判意识，认识到不同文化背景的谈判者在需求和信念上的不同，学会了解并尊重对方文化，才能为正确制定谈判战略和策略奠定坚实的基础。由于跨文化谈判受到文化因素的影响，可能在日常生活中涉猎较少，公司中的涉外谈判者最好能接受正确的跨文化谈判意识的指导，使自己的谈判方式能够适应各国各种族的不同文化，及时应对谈判中的突发状况。例如，如果谈判对手来自德国，要小心谨慎，尽量做到面面俱到；如果谈判对手来自新加坡，可适当地加深联系，赠送小礼物，以谋求后续发展；若是谈判对手来自阿拉伯国家，更要谨慎，他们大都受男权文化影响，不要派出女性谈判代表，在谈判期间也尽量不要涉及女性话题。有些国家的人会要求谈判时穿正装，以示尊重，有些国家会要求谈判时不要涉及私人话题，这些都需要提前准备，了解其文化背景。

2. 克服跨文化障碍

在国际商务谈判中，由于文化的差异，很容易导致谈判双方产生误解，进而成为达成协议的障碍。首先，在国际商务谈判中，必须克服思维的障碍才能确保谈判的顺利进行。美国人具有抽象分析和实用的思维取向，思维过程是从具体事实出发，进行归纳概括，从中得出结论性的东西。他们注重事实，在谈判过程中人事分明；欧洲人更看重思想和理论，喜欢运用逻辑手段从一个概念导出另一个概念，依赖思想的力量，他们逻辑性强，谈判细节环环紧扣；东方人则偏好形象思维和综合思维，习惯将对象的各个部分联合为整体，全盘考虑。如果谈判者无法适应对手的思维方式，会导致谈判进程的延缓或终止。

其次，跨文化的主要障碍就是语言的障碍，语言表达得清晰和直接尤为重要。由于东方人比较喜欢委婉表达，为了减少摩擦甚至不会直接拒绝，这在其他国家谈判者眼中可能并不是拒绝之意，很容易造成误会。而我们也需要了解其他国家的文化背景，克服语言的沟通障碍。不了解美国人的率直与日本人的含蓄，可能会使谈判无所深入。除了了解彼此沟通的风格，还要注重的是翻译的质量，一个良好的翻译不但不能生搬硬套，而且还要了解对方国家的国情，以避免发生一些鸡同鸭讲的情况。

最后，不同的文化背景还会让我们有不同的商务价值观。不管是对待商品还是股票的价值观，或是时间与金钱的价值观，都会让我们的沟通产生障碍。要克服跨文化的价值观念，还需要了解不同国家的评价尺度。比如中国人崇尚集体主义，以集体利益为最高价值，而美国人则不同，他们认为个人主义至上。不同的价值观让我们提出的条件和价码是不同的，对于报价的策略也会有所出入。

3. 敏锐洞察谈判对手的文化准则与禁忌

不管在何时何地，如果需要与外国友人进行合作谈判，就需要我们尽可能多地了解他们的习俗与禁忌，以免引起他们的不快而影响谈判进程。不管是迎来送往，安排谈判场合、时间、食物、座次，还是交谈礼仪，都要尽力迎合对方文化的准则与习俗，如和我方习俗有很大冲突，要先行说明，显示尊重。一些国家已经出现培训商务人员学习各国文化的公司，可见这类知识是跨文化商务谈判的必然要求。

商务谈判最终成功与否，除了取决于商务谈判礼仪之外，公司所派的代表能力以及提前准备的资料也是至关重要的，只有彻底了解对方行事风格、准则与禁忌，提前做好针对性策略，才能应对谈判时的唇枪舌剑，达成预期效果。

思政小栏目

"一带一路"背景下国际茶博会商务谈判语言策略

在"一带一路"倡议下，国际茶博会成为我国茶商企业"走出去"的重要舞台，通过这个平台我国的茶产品吸引了国际社会的广泛关注，与"一带一路"沿线国家开展贸易的机会也越来越多，商务谈判在这样的场合下也显得十分重要。

我国的茶叶产品在国际市场上有了更大的需求，各地茶商企业通过国际性展会、茶乡旅游和网络销售等形式加快"走出去"的步伐。大型的国际茶博会作为重要的茶业展示和推广交流平台，承担着营销茶叶产品、树立茶业品牌和传播茶文化等多重功能。我国茶商企业应抓住契机，针对"一带一路"沿线国家的传统文化和餐饮习惯，利用国际茶博会扩大贸易范围，培育新的消费热点。

商务谈判策略在促进交易的过程中起着关键作用。除了英语语言外，应具备的谈判语言策略如下所述。

第一，带有明确的营销目的。国际茶博会，实际上是一个针对茶叶产品的国际市场营销平台，最终是为了达到促成贸易的目的。因此，谈判人员应熟悉双方的业务和产品，了解行业术语，在进行商务谈判口译过程中，要清楚对方的需求，有针对性地使用关键词句，让对方充分了解译员所服务企业的产品优势、品牌价值和核心竞争力，刺激对方的合作或消费欲望。

第二，重视跨文化交流。目前，多个大型国际茶博会借国家"一带一路"倡议之东风，以"一带一路"为大会主题举办活动，而"一带一路"沿线相关国家多达60多个，其商务谈判语言交流必定涉及跨文化交流。例如，对于与非欧美国家受众的英语交流，我们除了要注意英语的语言特点和使用习惯外，更要关注受众的文化背景，了解其文化禁忌、传统习惯和茶饮喜好等情况。

第三，熟悉展会术语与国际贸易条款。在国际贸易展会上，相关的专业术语较多，例如 booth（展位）、display case（展示柜）等，以及贸易方面的专业用语，如 freight forwarders（货运代理公司）、export license（出口许可证）等，这些都是参加展会和商务洽谈过程中常用的词汇，应熟练使用。"一带一路"沿线国家包括亚洲、中东欧等地区60多个国家，不同的国家有不同的语言文化习惯。例如马来西亚人没有固定的姓氏，如需在正式的场合称呼他们，在他们的名字前面加上 Mr. 或 Mrs. 即可。

在国际茶博会上，我国茶叶企业与"一带一路"沿线国家的商贸往来将越来越多，商务谈判是促成交易的重要一环，谈判人员应积极学习茶叶产品的相关知识，对"一带一路"相关政策有所了解,对会展营销方式也应有一定认识,灵活运用各种谈判语言策略,必定能提升效果,提高交易的效率。

资料来源:黄怡."一带一路"视野下国际茶博会商务谈判口译策略研究[J].福建茶叶,2018(4):1.

关键术语

商务谈判礼仪　禁忌　谈判风格　原则

本章小结

国际商务谈判与礼仪和文化密不可分,只有充分了解、熟悉之后才能够有效地研究、探讨国际商务谈判理论与实践方面的问题。当然,各国礼仪和谈判风格只是影响谈判结果的因素之一,在实际谈判中还需要具体事项具体分析,不可以偏概全。但是,相信我们学习本章以后,会对进行国际商务谈判有更加深刻的认识。

综合练习题

中国近年来在经济上的高速增长吸引了越来越多的外国企业家来中国投资或开展贸易,涉外商务活动也因此在中国变得日益重要。在涉外谈判中需要注意很多方面的问题,尤其是东西方的思维方式与逻辑能力是不一样的,文化的差异也会成为谈判中的绊脚石。涉外商务谈判要面对的谈判对象来自不同国家和地区,每个国家和地区的政治经济制度不同,都有着迥然不同的历史、文化传统和风俗习惯,各国商人的文化背景、价值观念和逻辑思维方式也存在着明显的差异。因此,他们在商务谈判中的风格也各不相同,在涉外商务谈判中,如果不了解这些不同的谈判风格,就可能产生误解,轻则引起笑话,重则可能因此而失去许多谈判成功的契机。如欲在商务谈判中不辱使命,稳操胜券,就必须熟悉世界各国商人不同的谈判风格,采取灵活的谈判方式。

美国是中国最大的贸易伙伴,美国人也是我们在商务谈判中的常见对手,越来越多的美国跨国企业进驻中国,和美国人打交道将会是家常便饭。他们信奉个人主义,崇尚自由,性格开朗,自信果断,办事干脆利落,重实际,重功利,事事处处以成败来评判每个人,所以在谈判中他们干脆直爽,直截了当,重视效率,追求实利。美国人习惯于按照合同条款逐项进行讨论,解决一项,推进一项,尽量缩短谈判时间。他们十分精于讨价还价,并以智慧和谋略取胜。他们会讲得有理有据,从国内市场到国际市场的走势,甚至最终用户的心态等各个方面劝说对方接受其价格要求。因此同美国人谈判,就要避免转弯抹角的表达方式,不要搞迂回战术,是与非必须保持清楚,如有疑问,要毫不客气地问清楚,否则极易引发双方的利益冲突,甚至使谈判陷入僵局。

日本也是中国的主要贸易伙伴,他们深受中国传统文化的影响,儒家思想的道德意识已深深地沉淀于日本人内心的深处,并处处体现在行为方式上。日本人进取心强,工作认真，事事考虑长远。他们慎重、礼貌、耐心、自信，他们讲究礼节，彬彬有礼地讨价还价，注重建立和谐的人际关系，重视商品的质量。所以在同日本人打交道时，必须显示出你对他的尊重，在谈判后与客人共进晚餐、交朋友，都是非常必要的。

德国人自信、保守、刻板、严谨、办事富有计划性、工作注重效率、追求完美。德国人严谨保守的特点使他们在谈判前就往往准备得十分充分周到，他们立足于坚实的基础之上，处于十分有利的境地。德国人对谈判对方的资信非常重视，因为他们保守，不愿冒风险。此外，德国人素以严肃、认真著称，如宝马汽车的制造程序，每一步都要求精益求精，不允许有任何纰漏。所以面对这样的对手也要求我们的谈判人员做更加精细的准备工作，应付德国人强大的攻势。此外，在细节方面也要尤其重视，要表现出对对方的尊重。

除此之外，谈判对手所遵从的风俗习惯也是谈判人员必须知晓的，这也是谈判之前必须准备的，否则可能造成误会，从而导致谈判的失败。由于文化差异的存在，每个国家的礼仪也各不相同，为了赢得对方的好感，还需了解谈判对手的礼仪习惯。商务谈判的成功取决于多方面的因素，有些是可以人为改善的，只要注意到一些该注意的方面就可以离成功更近一点。

"夫未战而庙算胜者，得算多也；未战而庙算不胜者，得算少也。"准备得越多，胜算就越大，早在两千年前就已有古人启发我们了。商务谈判中的文化差异是我们必须要面对的问题，了解与对手之间的文化差异并努力地排除这些文化差异，才能得算多也。

1. 试结合案例分析文化的多元性是跨文化谈判的客观基础。
2. 如果你分别与美国、日本和德国的生意伙伴进行谈判，必须采取怎样的策略？

扫码阅读
参考答案

第 8 章 CHAPTER8

商务谈判签约与合同

📍 本章要点

- 商务合同的种类及内容
- 商务合同的审核及签订
- 合同的履行

📍 导入案例

吃"哑巴亏"的背后

A 公司是一家小型木材公司,因为它正在承接一个项目,需要 500m² 的木板来满足某种木材规格,所以它从 B 公司(一家位于不同地点的木材公司)购买。2020 年 7 月 1 日双方协商后,B 公司口头同意于 2020 年 7 月 15 日向 A 公司提供所有木材规格板,单价 80 元 /m²。达成协议后,A 公司代表立即支付了 4 000 元押金并留了字条。文件内容:今收到 A 公司 4 000 元定金,7 月 15 日发货后 A 公司付清余款 36 000 元。7 月 15 日,B 公司表示,由于存货不足,该规格的木板只有 400m²,并表示 10 天后立即发货,但 A 公司必须先支付全部余额。由于项目建设工期短,A 公司急需木材,因此也同意了 B 公司的条款。然而,10 天后 B 公司并没有如期补货,A 公司不得不向其他木材公司采购所需木材以赶上项目原定期限。一个月后,A 公司的项目完成了,但 B 公司并没有如约补货。A 公司认为再收货没有意义,要求 B 公司退款。没想到 B 公司不但不退款,剩下的货也没有补发。

结果,A 公司和 B 公司之间发生了经济纠纷,而此时 A 公司陷入了"哑巴吃黄连"的困境。两家公司最初并没有签订相关合同,只有收到定金后的书面收据,书面收据只记载了总额,没有提及木材的数量,也没有记载木材的相关规格和质量标准。最终,A、B 双方诉至法院,但由于没有相应的合同,双方的债权债务均未得到确认。无奈 A 公司只有吃了"哑巴亏",蒙受一切损失。

资料来源:王倩,杨晓敏.现代商务谈判 [M].苏州:苏州大学出版社,2019.

8.1 商务合同的种类及内容

8.1.1 商务合同的含义

商务合同是指在某项贸易往来中，当事人之间为了实现双方经济目的而确立、变更和终止民事关系的协议。商务合同需要具备以下几个特征。

第一，合同一旦签订即表示双方对于协议内容达成一致，它是在平等、自愿、公平的基础上签订的。

第二，合同必须具备合法性，它是一种合法的民事行为。合同生效后即具备法律效力，当事双方要对此承担相应的法律责任，依法行使自己的权利并履行自己的法律义务。当合同一方未能正确履行合同义务时，此行为即违约行为，要依法承担民事责任。

第三，合同具备严谨性和规范性，其条款内容要准确、规范，用词要严谨，正确使用专业术语，文字表述要得到双方的一致同意，以免后期因为文字表述存在歧义而产生纠纷。

第四，合同体现了权利和义务的平衡，在合同条款的拟定过程中，必须遵循权利义务的平衡原则，即合同当事人所享受的权利要和他所承担的义务对应。

8.1.2 商务合同的形式

商务合同的形式是指当事人达成一致后其协议的表现形式。《中华人民共和国民法典》第四百六十九条规定，当事人订立合同，可以采用书面形式、口头形式或者其他形式。在商务谈判中，一般都要采用书面形式。

1. 书面形式

书面形式即合同双方采用书面的方式来确立商务合同，比如合同书、信函、电子邮件等，是经济合同当事人使用的主要形式。书面合同的表现形式，常见的有表格合同、车票、保险单和合同确认书。书面合同相较于口头合同，最明显的优点便是内容详细具体、责任清晰明确、取证简单、有据可依，所以对于不能及时清结的经济合同或者较为复杂的合同，均应采用书面形式。在签订书面合同时，应注意与主合同有关的电报书信和图表等，也是该合同的一部分，应当与主合同一起妥善保管。

2. 口头形式

口头形式即合同双方以口头谈话的形式订立商务合同，比如当面交谈、电话交谈、视频交谈等。应当注意的是，口头形式的合同存在一个明显弊端，即在发生合同纠纷时取证略为困难，较难分清责任，所以只有及时履行的经济合同才能使用口头形式，否则不适合采用这种形式。

> **知识拓展**
>
> **第四百六十九条** 当事人订立合同，可以采用书面形式，口头形式或其他形式。书面形式是合同书、信件、电报、电传、传真等可以有形地表现所载内容的形式。
>
> 以电子数据交换、电子邮件等方式能够有形地表现所载内容，并可以随时调取查用的数据电文，视为书面形式。
>
> 资料来源：《中华人民共和国民法典》。

3. 推定形式

推定形式即用行为发出要约，不需要语言、文字表示，对方接受后会做出一定行为表示合同成立。例如，租户租期届满后继续缴纳房租，房东接受便可知当事人双方达成了一致，延长了租期。

表 8-1 总结了不同形式的商务合同优缺点对比。

表 8-1 不同形式的商务合同优缺点对比

	书面形式	口头形式	推定形式
优点	取证简单、责任清晰明确、有据可依	简单便捷	交易效率高、人力成本低、交易较为安全
缺点	费时费力	取证困难、责任不清	违约方易不当得利

8.1.3 商务合同的种类

商务合同涉及内容繁多，可以从不同的方面划分。

（1）从签订合同涉及单位的国家方面来看，可以划分为国内商务合同和国际商务合同。国内商务合同即国内的企业间签订的商务合同，比如货物购销合同等；进出口货物贸易合同、国际技术转让合同等则属于国际商务合同。

（2）从签订商务合同的当事人方面来看，可以划分为政府间签订的合同、法人间签订的合同、法人与自然人间签订的合同、自然人与自然人间签订的合同。

（3）从合同标的物方面来看，可以划分为技术贸易合同、货物购销合同、融资信贷合同、产权转移合同、劳务合同等。

（4）从合同当事人的直接间接性来看，可以划分为直接合同和代理合同。

图 8-1 列举了商务合同的种类。

8.1.4 商务合同的内容

商务合同的内容通过当事人约定形成的相关条款来体现，是合同双方所拥有的权利和承担的义务。不同种类的合同，其内容也有所不同，一般而言都具有以下几个方面。

（1）合同当事人的名称或姓名、国籍、住所。合同当事人即合同法律关系的主体，写明当事人的有关情况至关重要，否则无法确定权利的享有者和义务的承担者。名称是

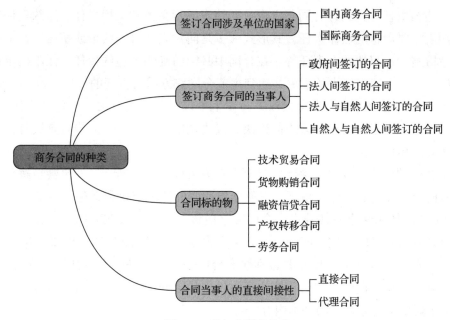

图 8-1　商务合同的种类

指法人或者其他组织在登记机关登记的正式称谓。住所是指其长久居住的场所或主要办事机构所在地。如若发生纠纷，住所还可以成为确定受诉法院的依据。

（2）标的。标的是合同法律关系的客体，是指商务合同当事人的权利义务所共同指向的对象，它可以是有形物，也可以是无形物，比如劳务、物品、技术等。在商务合同中标的必须清晰、明确，对其描述必须具体化、特定化，以便合同的履行。

（3）数量。数量是在量的方面具体化，标的的数量也可以代表合同本身的价值高低。数量是合同的重要内容之一，能够确定当事人权利义务的范围大小。如果没有准确约定标的数量，就无法确定当事人的权利义务。在合同中要明确标的的计量单位和方法，针对不同种类采取对应方式，还要考虑到相关误差和自然损耗等。

（4）质量。质量是在质的方面具体化，是对标的的标准化，要具体表现出标的的内在、外在状态，可以通过物理化学成分、含量、品种、款式、规格、型号、尺寸、等级、技术要求、性能等方面来表现。质量若不能准确地约定，后期很容易发生纠纷。

（5）价款或报酬。价款或报酬是指当事人一方购买标的物或获得对方的劳务而向对方以货币形式支付的代价，该条款应该明确规定其价款的数额和结算方式等，并且在大型经济贸易中还要考虑运输费、保管费、装卸费等。明确结算方式也在一定程度上避免了支付过程中的不及时等风险。

（6）履行期限、地点和方式。履行期限即当事人权利义务实现的最后期限，是确认是否延时的依据，类似租赁合同、借款合同还必须具备有效期限；履行地点即验收地点，确保标的是否交付以及标的物所有权是否转移，是明确标的物出现意外时哪一方负责的依据；履行方式即权利义务行使的方式，比如结算方式、交货方式等。

（7）违约责任。违约即合同某方未按照约定履行义务和承担责任，违约责任则是当事人违约后需要承担的法律责任。其形式大多是向对方支付违约金或赔偿金，也可以是采取补救措施、承担违约金责任等。在合同中必须明确相关违约责任，便于确定违约方所承担的代价，以减少更大的损失，达到规范合同双方履行责任的作用。

（8）争议的解决方法。当事人双方在发生争议时，解决方法一般包括协商、调解、仲裁和诉讼等。对于发生法律效力的判决、裁决调解书，当事人应当自觉履行，否则可以请求法院强制执行。

（9）合同的转让、变更和解除。当事人双方可能会出现转让、变更甚至解除合同的情况，对此应当注明具体注意事项，以便于快速明确地确定权利义务。

（10）合同使用文字及其效力。合同文字应该使用当事人双方的法定文字，当两种文字的解释有所歧义时，应该明确以某方文字为准，以避免文字带来的影响。

总之，在签订合同的时候，要特别注意合同条款的完备性和合法性，内容要具体，责任要明确，文字要确切。同时也要注意附件也是合同的一部分，对其内容也要明确规定。图 8-2 列出了商务合同的基本内容。

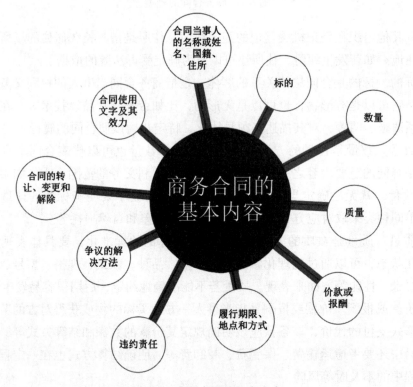

图 8-2　商务合同的基本内容

知识拓展

在招商和经济合同中比较容易出现的错误包含以下内容。

（1）合同条款不全。重要的要约或承诺规定不清楚、不详细，有些用词含糊、模棱两可,漏签合同签约地。

(2)签订合同的主题不明确或不合法。作为经济合同,只能在法人之间进行签订,而且只有法定代表人或授权委托的代理人才能签署。

(3)合同中没有违约责任条款或者表述不清楚。这种情况在招商合同和经济合同中也经常遇到。不同内容和形式的合同,有不同的违约内容和不同的违约责任。

(4)合同条款互不衔接,相互矛盾。

(5)签订草率,任意终止。

资料来源:方其.商务谈判:理论、技巧、案例[M].3版.北京:中国人民大学出版社,2011.

8.2 商务合同的审核及签订

8.2.1 商务合同的审核

商务合同的审核也是一大重要部分,在签订合同之前必须对合同认真地审核检查,以避免后期重大风险的发生。

1. 严格审查签订合同的主体资格和信用状况

首先对于主体资格要严格查验,否则签订的合同是无效合同。为防止发生欺诈,要了解合同当事人的资信状况,可以通过银行、税务部门、工商单位等进行了解,同时要有合法的身份信息证明或者相关公司身份来证明其合法资格和能力范围。

2. 注意商务合同的内容是否合法有效,合同内容是否有前后矛盾的情况,合同内容和谈判内容是否一致

对于商务合同的各个条款都应进行核对,比如就价格款项而言,其计算单位是否符合规定,是否包含税费、运输费、保管费等,价格是否受到利率汇率的波动影响,市场发生突发状况应如何规定价格,供求是否对价格有影响等;就合同履行而言,是否明确规定了合同各阶段的处理方案;就索赔而言,是否规定了索赔的条件和索赔的金额等。

同时也要注意合同内容前后是否有矛盾的情况,涉及相同的部分,有可能在合同前后不同位置的描述有所不同,导致合同纠纷。在制定合同时也有可能会有人擅自更改谈判内容,在金额、日期等关键性词语处更改,所以要仔细核对合同内容,谨慎对待签约环节,防止被钻空子而造成不必要的损失。

3. 审核必须严谨、细致

草拟合同通常是在谈判结束后,此时可能会因为谈判过程中的疲惫导致核对时发生纰漏,又或者前后不同人员交接过程中有沟通问题,导致信息不统一,对于细小的单位数字或者名词概念偷换等都应该着重注意,这些文字若不能在审核过程中解决,可能带来很大的合同纠纷。

总之，对于合同审核，必须确保合同的合法性、一致性、有效性，尽量由对项目谈判全过程比较熟悉的人通读合同条文，从用词的规范性、前后的连贯性等方面进行认真的审核，以此确保合同能够顺利履行。

案例 8-1

小粗心造成大损失

以色列某公司与北京某公司进行商务谈判后签订合同，该北京公司在谈判时使用的是中文名称，但在签订合同时却用英文名称，且该英文名称并未在工商局注册。随后，北京公司未能履行合同，以色列公司根据合同约定的仲裁条款前往伦敦提出仲裁请求。经审查，法院认为，尽管该北京公司存在，但不能证明裁决中注明的英文公司名称指的是此公司。该案最终被法院驳回。

在另一个案例中，一家中国公司与一位美国商人谈判后，签订了进口部分商品的合同。该合同规定在美国西部港口交货。中国公司开信用证时写的是"美国港口交货"，省略了"西"字。美方收到信用证后，通知中方在美国东部口岸收货。中方不得不通知货运船到东部港口，造成了额外的运费。在本案中，由于中方签订合同后信用证开具不准确，美方有机会利用漏洞作弊，改变装运港，给中方造成损失。

资料来源：滕凤英，冯文静. 商务谈判实务 [M]. 北京：北京理工大学出版社有限责任公司，2020.

8.2.2 商务合同的签订

1. 合同签订的原则

（1）在合同签订过程中，当事人的身份、主体地位是平等的，不存在一方高于另一方的情况；各方在利益面前，要判断其权利义务是否均衡，是否实现公平原则。

（2）当事人可以根据自我判断决定是否签订，合同内容哪些需要修订，这些都是自愿进行的，不得出现被迫同意情况。

（3）在签订协议时当事人要本着诚实守信的原则严肃对待签约过程，不得虚报合同内容等相关信息，签订后也要自觉履行合同。合同的签订也要遵循公共秩序，不得违背市场制度和社会道德，同时不得危害他人利益和公共利益。

（4）合同签订要遵循有序性，合同起草后要交由对方审核，或者对方起草后我方仔细审核，然后请对方先签字，并加盖公章，且要保留一份正本。

2. 合同签订过程中问题的应对

在签订过程中，有可能会出现各种新的问题。比如，谈判中未发现的细节问题在签订时发生了冲突，或者在签订时才发现对方的不利于己方的策略，又或者对方对于之前的某项条款推脱不承认，这些临时发生的情况都会导致签约无法进行。

在这种突发情况下，心态和应急处理能力很重要。首先应该冷静，保持平稳的心态，不能乱了阵脚；然后分析具体情况，了解自己所处状况，摸清对方想法，知己知彼后再权衡利弊，事关利益不能退让，最大化己方利益，某些非重要方面可以适当退让，之后重新协商，抓准有利时机，对症下药，谋求双方利益最大化。

案例 8-2

"蚂蚁衬衫"事件

北京某制衣厂向一家日本贸易公司出口了一批衬衫。两个月后，突然收到日本贸易公司的退货信，信中称衬衫里有蚂蚁，客户纷纷退货，给贸易公司造成了很大损失。日方要求该北京制衣厂全额退货并赔偿损失，信中还附有两个蚂蚁样品。制衣厂收到信后，立即对全厂所有车间和办公室进行了详细检查，最终断定蚂蚁不是从制衣厂进入衬衫的。为澄清事实，维护厂家权益，只有查清衬衫中出现蚂蚁的源头。制衣厂向我国一所著名农业大学的相关专家寻求帮助。专家鉴定显示，日方送来的蚂蚁标本为伊氏臭蚁，在日本有分布，但在我国尚未发现。为进一步确认专家鉴定结果，服装厂派人沿衬衫运输路线采集蚂蚁样本，跋涉千里，充分证实了鉴定结果的正确性。

制衣厂在取得充分证据后，与日本代表协商。谈判中，中方代表指出，货物到达日本后，在运输和储存过程中，蚂蚁才进入衬衫的。面对事实，这位日本代表不得不承认错误并道歉。之后，日方贸易公司又在该厂订购了100万件衬衫。最终，"蚂蚁衬衫"事件得到圆满解决。

资料来源：方其.商务谈判：理论、技巧、案例[M].3版.北京：中国人民大学出版社，2011.

技能提示

签订劳动合同时，总会有一些遗漏或考虑不周到的地方，所以合同中要写哪些问题没有解决，纠纷如何处理。分歧并不可怕，关键是要冷静处理，以科学的态度处理分歧，实事求是地解决分歧。处理因业务合作产生的纠纷，关键是证据清楚、责任分明、应对合理。

3. 合同签约仪式

合同签约仪式即当事人在合同签订时所举办的仪式，签约前要注意签约地点的选取以及签约座次的安排，合同文本要提前核对准备好。签约礼仪也是重要部分，代表了签约方对合作的重视程度，决定了签约的顺利与否。比如，签字过程中着装要严肃得体，不得交头接耳，签字应先签署己方文件，离场时应让双方领导人先行，东道主后离场等。

案例 8-3

礼仪文化之大拇指

一位英国商人在与伊朗同事一个月的相处期间建立了良好的关系，在谈判中英国商人尊重伊斯兰民族习俗并避免任何潜在的爆炸性政治八卦。最后，对方满意地和他签了合同。签字后，他向伊朗同事竖起了大拇指。一瞬间，紧张的局势开始蔓延，一名伊朗官员离开了大厅。英国商人一头雾水，他的伊朗东道主有些尴尬但不知道怎么跟他解释。在英国，大拇指是认可的标志，意思是"很棒"。然而在伊朗，这却意味着流放，是表达不满、厌恶和不尊重的行为。

可见，在签订合同的过程中，一点疏忽都会产生巨大的影响，礼仪问题也不容忽视。

资料来源：滕凤英，冯文静.商务谈判实务[M].北京：北京理工大学出版社有限责任公司，2020.

8.3 商务合同的履行

合同的履行即合同签订后，合同双方按照合同内容在规定的时间、地点，按照规定方式履行自己的职责并享受自己的权利。

8.3.1 合同履行的方式

合同履行的方式包括全面履行、实际履行、中止履行、合同转让等。
（1）全面履行是指按照合同规定的时间、地点、方式等要求全方位履行。
（2）实际履行是指合同方按照合同规定标的来履行，不用其他可代替物代替。
（3）中止履行是指合同一方无法按照合同约定履行义务而暂时停止合同并承担相应的责任和赔偿。
（4）合同转让是指当事人将合同中部分权利义务或者全部权利义务转让给第三方。

案例 8-4

中止合同履行没商量

一家民营家电公司与某公司签订了 200 台电视机的采购合同，每台售价 1 700 元。合同规定，家电公司向供货公司提交定金 6 万元。签订合同后，家电公司通过其他渠道获悉，其签订的公司没有库存，需要向其他彩电供应商进货。他们还了解到，他们购买的彩电实际价格已经涨到了 1 900 元／台。这种情况引起了家电企业的警惕，为什么这款彩电涨价了，企业却还愿意以这么低的价格与自己签约。家电供应商因害怕欺诈而未能履行定金支付合同。供应商看到家电经销商长期未交定金，经多次询问无果后，供货公司以家电经销商违约为由将其告上法庭，并要求其承担违约责任。

法院对案件主要环节进行了调查取证，最终认定供应公司资不抵债，负债较多，裁定供应商公司败诉，双方解除合同，供应商公司承担相应责任。

资料来源：华律网，中止合同履行没商量，2023-01-11.

● **知识链接**

《中华人民共和国民法典》第五百二十七条规定，应当先履行债务的当事人，有确切证据证明对方有下列情形之一的，可中止履行：

（1）经营状况严重恶化；

（2）转移财产、抽逃资金，以逃避债务；

（3）丧失商业信誉；

（4）有丧失或者可能丧失履行债务能力的其他情形。

8.3.2 合同履行的原则

（1）要遵循标的履行原则，即履约时要按照合同规定的标的履行，也称为实际履行原则，标的不论是物还是行为，都不能用货币或者其他来代替。

（2）要遵循适约履行原则，即按照合同规定的具体数量，质量标准等条件来履行，可以反映出履约的程度如何。

（3）要遵循协作履行原则，即合同双方应该互相合作，在保证自己义务很好地履行的前提下，尽自己之力为对方提供帮助，双方应该互相监督合作，以达到更好的履行效果。

（4）实际要遵循经济履行原则，即在履约过程中，要注意经济效益，选择经济的方式完成任务，在按约履行义务的同时实现经济效益最大化。

8.3.3 合同约定不明确时的履行

（1）质量要求不明确的，按照国家标准、行业标准履行；没有国家标准、行业标准的，按照通常标准或者符合合同目的的特定标准履行。

（2）价款或者报酬不明确的，按照订立合同时履行地的市场价格履行；依法应当执行政府定价或者政府指导价的，按照规定履行。

（3）履行地点不明确的，给付货币的，在接受货币一方所在地履行；交付不动产的，在不动产所在地履行；其他标的，在履行义务一方所在地履行。

（4）履行期限不明确的，债务人可以随时履行，债权人也可以随时要求履行，但都应当给对方必要的准备时间。

（5）履行方式不明确的，按照有利于实现合同目的的方式履行。

（6）履行费用的负担不明确的，由履行义务一方负担。

● **案例 8-5**

游戏主播与直播平台合同纠纷案

2018 年 8 月 28 日，李岑、上海熊猫互娱文化有限公司（以下简称"熊猫公司"）、昆山播爱游信息技术有限公司（李岑的经纪公司，以下简称"播爱游公司"）三方签订《主播独家合作协议》，约定李岑在熊猫平台独家进行"绝地求生游戏"的出镜与解说，并约定未经熊猫公司同意，不得在其他出镜平台上进行相同或类似合作。否则，李岑与播爱游公司应向熊猫平台支付前期合作费用、培训费、推广资源费和高达5 000万元的违约金。不到半年时间，李岑开始在斗鱼平台进行游戏首播。对此，熊猫公司向法院提起诉讼。

一审法院认为，第一，根据本案查明的事实，熊猫公司与播爱游公司、李岑签订《合作协议》，自愿建立合同法律关系，而非李岑主张的劳动合同关系。第二，熊猫公司虽然存在履行瑕疵但并不足以构成根本违约，播爱游公司、李岑并不能以此为由主张解除《合作协议》。第三，当事人主张约定的违约金过高请求予以适当减少的，应当以实际损失为基础，兼顾合同的履行情况、当事人的过错程度以及预期利益等综合因素，根据公平原则和诚实信用原则予以衡量。本案中，考虑主播李岑在游戏直播行业中享有很高的人气和知名度的实际情况，根据公平与诚实信用原则以及直播平台与主播个人的利益平衡，酌情将违约金调整为260万元。

李岑不服一审判决，提起上诉。上海市第二中级人民法院于2020年11月12日做出民事判决：驳回上诉，维持原判。

在司法实践中，此类争议并非个例。网络直播平台是以互联网为必要媒介、以主播为核心资源的企业，在平台运营中通常需要在带宽、主播上投入较多的前期成本，而主播违反合同在第三方平台进行直播的行为给直播平台造成损失的具体金额实际难以量化，鉴于互联网平台下的合同内容更能体现灵活性、创新性和丰富性，在合同内容约定上应更加明确，当事人之间要更加谨慎。

资料来源：1. 最高法院指导案例189号：《上海熊猫互娱文化有限公司诉李岑、昆山播爱游信息技术有限公司合同纠纷案》.
2. 搜狐网，熊猫公司诉李岑、昆山播爱游合同纠纷案：打工人or合伙人之争，2023-01-14.

8.3.4 不履行合同的情况

当事人不履行合同的情况分为以下几种：不履行、不完全履行、履行延迟、不能履行，前三种皆属于违约行为。其中不履行是当事人完全拒绝履行合约；不完全履行则是没有按照全部合同内容履行，只是选择部分履行；履行延迟是指到达了合同规定期限却未完成合同内容；不能履行即遇到不可抗力导致无法履约，该情况下可以与另一方协商并申请免承担违约责任。

案例 8-6

买房合同可以更改吗

小张去年准备购房时和某房地产公司以2万元/m²达成合作意向并签订了购房买卖合同。今年4月小张的朋友也准备买这个楼盘的房子，了解到当时的房价已降至1.85

万元 /m²。小张得知这个消息之后找到开发商想协商更改合同,开发商不同意,小张便主张要求赔偿。

资料来源:法律服务网,商品房买卖合同签订后,房子降价了,买家可以反悔解除合同或者要求赔偿吗? 2021-7-26.

商品房也是一种商品,买卖双方签署购房合同后,没有发生约定或者法定的退房理由,任何一方违反合同的约定,均需向守约方承担违约责任。除此之外,开发商降价对购房消费者来说是很难维权的,这属于房地产交易普遍存在的风险,除非签订合同时有约定。如果签合同时开发商有书面承诺,保证不降价,或承诺降价就赔偿业主损失,这样的情况就可以要求赔偿。

知识链接

在商务合同的履行过程中,发生争议时的解决方法有四种:

(1)协商。由双方当事人直接磋商解决发生在两者之间的纠纷。

(2)调解。在双方当事人经协商解决不了的情况下,请第三方出面进行调解,最终使双方在互谅互让的基础上达成一致的和解协议。

(3)仲裁。双方当事人达成一致,自愿将他们之间产生的纠纷交给某一仲裁机构或交给仲裁员进行仲裁。

(4)诉讼。如在签订合同时没有规定仲裁条款,在合同产生争议后,经双方当事人协商也不能解决问题,双方又不能达成进行仲裁的协议,在这种情况下,任何一方当事人都可以把他们的争议问题向有管辖权的法院提起诉讼。

思政小栏目

公平的营商环境也需要企业遵纪守法

营商环境是指市场主体在准入、生产经营、退出等过程中涉及的政务环境、市场环境、法治环境、人文环境等有关外部因素和条件的总和。中央全面依法治国委员会第二次会议强调,要把平等保护贯彻到立法、执法、司法、守法等各个环节,依法平等保护各类市场主体产权和合法权益。

2019年9月5日,格力电器针对"被中国移动取消中标资格一事"发布微博公开声明,称在中国移动发布的相关信息公示中,重庆美的发票信息不一致。随后,董明珠也转发了该条微博,并表示"公平的营商环境不能光靠政府,企业也要遵纪守法"。

格力电器指出,中国移动在招标时,公开资料显示重庆美的没有达到中标标准。截至2020年2月26日,在官网上没有显示重庆美的试验台证书,直到2020年3月31日再次查询后才发现重庆美的增补测试台证书。

格力电器质疑称,招标者在投标申请资料审核中早应发现上述问题,格力也曾就相关问题多次向中国移动反馈,然而,为什么在存在如此多严重问题的情况下重庆美的还能屡次中标,甚至屡次唯一中标?

在企业招投标过程中弄虚作假、暗箱操作等违法行为严重危害中国市场营商环境,阻碍中国经济发展。中国移动和格力电器同为社会关注的行业领军企业,有义务为同行和社会做出表率,共同维护良好的营商环境。

资料来源:新浪网,董明珠转发格力举报美的声明:企业要遵纪守法,2020-07-06.

关键术语

商务合同的种类内容　合同审核签订　合同履行

本章小结

1. 商务谈判结束后的一项重要任务便是合同的订立,商务合同分为口头、书面等多种形式,其从不同角度可以分为多种类型。商务合同的内容条款包含多项,比如当事人名称、国籍、住所、标的、数量、质量等。
2. 草拟合同后需要对合同进行严谨的审核,注意合同当事人的主体资格和资信状况,对于合同的各项条款更应该仔细核对,注意合同内容是否前后一致,和谈判内容是否相符合,文字描述是否精准。
3. 合同签订时要本着平等公平、诚实守信原则,注重签约礼仪,签约出现问题时要冷静分析,摸清对方后再进行下一步。
4. 合同履行要遵循四项原则:标的履行、适约履行、协作履行、经济履行,合同约定不明确且未能协调成功时要按照《中华人民共和国民法典》的规定进行。

综合练习题

多项选择题

1. 商务合同的形式包括(　　)。
   A. 口头　　　　　　B. 书面　　　　　　C. 推定
   D. 法律许可的其他形式
2. 商务合同的内容包括(　　)。
   A. 数量　　　　　　　　　　B. 当事人名称或姓名
   C. 价款或报酬　　　　　　　D. 质量
3. 从合同标的物来看,合同包括以下哪种(　　)。
   A. 货物购销合同　B. 劳务合同　C. 融资信贷合同　D. 直接合同
4. 合同审核时要注意(　　)。
   A. 合同内容前后一致　　　　B. 合同的合法性
   C. 合同条款细节　　　　　　D. 当事人的主体资格

5. 合同签订要遵循哪些原则？（　　）。
   A. 诚实守信　　　　　　　　　　B. 平等性
   C. 自我利益至上，罔顾公共利益　　D. 公平性
6. 合同签约时要准备好（　　）。
   A. 合同文本　　　　　　　　　　B. 约定签约场所
   C. 安排签约座次　　　　　　　　D. 了解对方国家签约礼仪
7. 合同的履行要遵循哪些原则？（　　）。
   A. 标的履行　　B. 适约履行　　C. 协作履行　　D. 经济履行
8. 不履行合同的情况包括（　　）。
   A. 不完全履行　　B. 中止履行　　C. 全面履行　　D. 实际履行
9. 合同方按照合同规定标的来履行的方式属于（　　）。
   A. 全面履行　　B. 实际履行　　C. 标的履行　　D. 适约履行
10. 以下选项属于违约履行的是（　　）。
    A. 中止履行　　B. 实际履行　　C. 不完全履行　　D. 履行延迟

扫码阅读
参考答案

PART 2　下编
商务谈判模拟与实训

第 9 章　商务谈判模拟主题 1：食品区域代理合作谈判
第 10 章　商务谈判模拟主题 2：铁矿石进口谈判
第 11 章　商务谈判模拟主题 3：格兰仕收购惠而浦股权谈判
第 12 章　商务谈判模拟主题 4：Texoil 公司就出售私人加油站买卖谈判
第 13 章　商务谈判模拟主题 5：兴盛百货收购刘家村土地僵局化解
第 14 章　商务谈判模拟主题 6：H 乳业公司进驻 W 超市的入场谈判
第 15 章　商务谈判模拟主题 7：索赔谈判案例
第 16 章　商务谈判模拟主题 8：互联网背景下的谈判环境与背景分析
第 17 章　商务谈判模拟主题 9：中国传统谈判技巧及文化体验

第 9 章 CHAPTER9

商务谈判模拟主题 1：食品区域代理合作谈判

9.1 谈判背景介绍

B 公司（老板仔）想利用 H 公司（好丽友）的强大渠道网络展开公司新产品——海苔休闲食品在中国华东地区（五省一市）市场的推广，潜在的代理商有两家，分别为 H 公司和 C 公司。H 公司想获得 B 公司海苔休闲食品在华东市场的独家代理权，双方就区域代理协议的代理区域、代理期限、供货价、销售量、佣金比例、宣传与广告、购货与结算、培训与售后服务、知识产权、加盟商等进行谈判。

这是一个关于休闲食品代理合作的战略合作谈判案例。B 公司期望通过自身的新型休闲产品系列——海苔产品进入中国内地市场。华东地区是中国内地消费收入水平较高的区域，消费者的消费观念、需求偏好对中国其他区域具有良好的示范和辐射效应。所以，选择好华东地区食品区域代理商对 B 公司扩大在华市场的渗透具有重要的战略意义。H 公司在推广自己既有品牌产品系列中建立了强大的营销渠道，这是其核心优势所在。双方如果合作成功，将有利于 H 公司下一步拓展泰国等东南亚市场。另外，中国国内 C 公司也具有休闲食品营销渠道推广的能力，但其实力略逊于 H 公司，这是 B 公司合作伙伴的备选方案。

基于此，本谈判案例中谈判的重点是代理合作的供货价、佣金（返点）、宣传与广告推广等。

📍 思政小栏目

食品供应链企业社会责任

党的二十大报告指出，在社会建设上，要坚持在发展中保障和改善民生，扎实推进共同富裕，完善分配制度，实施就业优先战略，健全社会保障体系，推进健康中国建设，不断实现人民对美好生活的向往。为消费者提供健康、安全的食品，促进食品消费的升级是食品供应链企业社会责任的重要内容之一。

企业社会责任是指企业在创造利润、对股东和员工承担法律责任的同时，还要承担对消费者、社区与环境等利益相关方的责任。食品关系到消费者的健康与安全，食品供应链上的任何一个环节出现问题都可能引致严重的食品安全问题。当前我国居民食品消费逐渐向感官新体验、健康新平衡、便利新形式、感情新链接等趋势转变，休闲食品受到年轻消费群体青睐。新消费时代人们消费观念的变化促使食品供应链企业强化自身的企业社会责任意识，更加积极地履行社会责任。首先，食品生产与加工企业在新食品研发中更加重视食品的安全、健康、营养均衡与环保。其次，食品流通企业逐步强化物流、仓储等流通环节的质量管理，确保食品安全。再次，食品供应链上其他企业（例如包装设计与回收企业等）也采取积极的减碳策略，积极履行环境社会责任。最后，食品相关企业在寻找潜在合作伙伴时关注合作伙伴履行社会责任情况。

资料来源：中国经济网，《2021中国食品消费趋势白皮书》发布"四新"需求催生食品消费新动向"，2021-04-19。

9.2 谈判双方背景及身份介绍

B公司（老板仔，TAO KAE NOI）成立于2004年，是泰国最大的海苔食品制造商，在本土拥有超过70%的市场份额，其创始人入选了福布斯泰国50大富豪榜。2014年，已经进入中国市场两年的B公司海苔内地销售额3.13亿泰铢，约合人民币6 300万元，随后迎来三级跳，2015—2017年分别收入1.67亿元、3.52亿元、4.21亿元，营收占比从2014年的11.6%提高到2017年的40%，甚至超过泰国本土销售收入，但2018年B公司在内地的销售额明显趋缓，仅仅微增5%，2019年上半年B公司已经遭遇了8.8%的同比下滑。在经历爆发式增长后，B公司海苔需要探索新的发展模式。

H公司（好丽友）在华耕耘超过25年，是一家拥有强大渠道网络的休闲食品制造商，有丰富的本土化经验和成熟的渠道网络，目前在中国国内拥有廊坊、上海、广州和沈阳四个生产基地以及超过1 800名经销商。H公司的产品线非常丰富，包括派、口香糖、饼干、膨化食品等品类。中国海苔零食市场规模约为50亿元，年均增长达到两位数。海苔类产品因其健康形象很受年轻消费群体的青睐，并作为儿童的营养零食而广受关注。H公司后续可能会上线新的产品（浪里个浪），且计划将该产品在泰国市场进行推广。

9.3 谈判模拟准备：双方角色SWOT分析卡填写

根据以上案例内容，组内同学分为两队，分别扮演B公司谈判小组和H公司谈判小组进行区域代理谈判模拟练习。

请谈判小组认真阅读、商讨并分角色补全双方的SWOT分析卡。

提示：坚持互利互惠的原则，即在双方的讨价还价、激烈争辩中，重视双方的共同利益，尤其是考虑并尊重对方的利益诉求，从而在优势互补中实现自己的利益最大化。

授权方（B 公司）：

授权方填写：
(S) 授权方的内部优势：

(W) 授权方的内部劣势：

(O) 授权方的外部机会：

(T) 授权方的外部威胁：

代理方（H 公司）：

代理方填写：
(S) 代理方的内部优势：

(W) 代理方的内部劣势：

(O) 代理方的外部机会：

(T) 代理方的外部威胁：

9.4 双方谈判目标设定模拟练习

> 知识链接

经销与代理的区别

经销是指经销商与生产厂家或供货商达成协议，在规定的期限和地域内购销指定的商品。供货商与经销商之间是一种买卖关系。经销商是以自己的名义从供货商处购进货物，在规定区域内销售，货价涨跌等经营风险完全由经销商自己承担。经销商靠加价销售获取利润。经销商可以经营多个品牌，甚至是同类竞品。经销可以分为一般经销和独家经销，独家经销情况下一般会规定经销商最低交易数量。

代理是指被代理方授予代理商"销售商品"的代理权，在授权范围内代委托人销售及办理销售有关事务。代理商不拥有商品的所有权，按规定价格售卖赚取佣金（提成）。代理商一般经营种类少，很少经营同类竞品。在代理模式下，代理商受供货商约束多，但基本无风险，也无须资金投入。代理可以分为独家代理和一般代理。独家代理是指在指定地区和一定的期限内，由该独家代理人单独代表委托人从事有关的商业活动，委托人在该地区内不得再委派第二个代理人；一般代理是不享有商品专营权的代理商。

谈判模拟练习

请双方团队完成谈判组织的目标设定，并按照不同阵营完成目标清单：

卖方（授权方）目标清单

目 标	卖 方
最优目标	
最低限定目标	
可接受的目标	

买方（代理方）目标清单

目 标	买 方
最优目标	
最低限定目标	
可接受的目标	

9.5 双方谈判中的经销/代理选择

要让产品得到很好的推广，需要考虑产品发展所处的时期。如果处于起步发展期可以考虑采用代理方式，这样可以将风险转移给代理人，让产品有更好的展现机会。如果产品已经进入增长扩张期，可以考虑经销方式。除此以外，同样的产品面对不同实力和不同区域的销售商，可能存在多种销售方式并存的局面。

从供货商角度考虑具体代理模式选择时，一方面要考虑本企业产品在该区域内的销售推广现状情况,是新进入该区域市场还是已经存在其他形式的代理商;另一方面要仔细调研潜在代理商品牌和市场推广的实力以及是否销售同类竞品等,代理商渠道和市场推广能力应该成为考察的重点。从经销代理商角度考虑具体代理模式选择时,首先要考虑自身对该类产品在区域内的渠道控制能力,如果渠道控制力和渗透力强,可以争取独家代理,此外还要深入了解供货商产品在区域内的销售情况,有没有其他经销商或者代理商在销售该产品等。

◉ 谈判模拟练习

双方分别考虑:如果采取经销方式,给己方带来的有利和不利结果是什么? 如果采取代理方式,给己方带来的有利和不利结果是什么?

请双方按照各自阵营填好以下清单:

授权方经销/代理方式利弊分析工作单

关注的问题	授权方
经销方式利弊	
代理方式利弊	
谈判胶着点	

代理方经销/代理方式利弊分析工作单

关注的问题	代理方
经销方式利弊	
代理方式利弊	
谈判胶着点	

9.6 谈判陷入僵局时的解决方案

◉ 知识回顾

打破谈判僵局的策略:一是换位思考,可以尝试设身处地,从对方角度思考、分析问题;二是客观对待,可以尝试建立一套让双方都能接受的公平的标准,制定一套既不损害任何一方颜面又容易实行的规则和程序;三是拿出替代方案,既可以有效维护己方的利益,又可以兼顾对方的利益需求;四是据理力争,如果是因为对方提出的不合理请求导致谈判陷入僵局,特别是在一些原则性问题上对方强横无理,此时就必须做出明确而坚决的回应，迫使对方权衡利弊得失，做出屈服和让步；五是借题发挥；从对方漏洞中借题发挥反击，迫使对方收敛；六是釜底抽薪，先把注意力从导致僵局的问题上移开，磋商其他条款；七是休会策略，以缓和双方对峙的紧张气氛和局面；八是更换人员，改变环境，如果双方争议厉害，互不让步，可以暂停谈判，通过休息、私下接触等方式进行缓和，以消除双方之间的隔阂；九是有效退让，通过多种方法双方还是争持不下，可以考虑在某些问题上让步，但在另外一些问题上争取更大的利益。

谈判模拟练习

在食品区域代理谈判案例中，双方谈判预期目标相差较远，容易陷入谈判僵局。造成双方陷入谈判僵局的可能因素包括如下方面。

（1）供应商方面：例如供应商要求代理商为本产品品牌提供更多的推广努力，要求短期内代理方所辖区域内下线完成超额的供货布点，或者要求代理商完成过高的销售额任务等。

（2）代理商方面：例如要求供应商为产品推广提供更多的支持，要求供应商提供更高的佣金和超过供应商能力的账期等。

具体解决方案：

谈判双方应清楚地把握食品区域代理协议中涉及双方核心利益的关键利益点，这些通常是导致谈判僵局出现的重要因素。从本案例实际情况分析，销售的产品在中国市场没有太高知名度，国内竞争产品已经占据一些终端市场，产品的特色不够突出等，供应商方面意识到华东市场平均收入水平高、消费水平高，在中国内地乃至全国有很强的消费示范效应，所以急于打开华东市场作为中国内地市场的突破口，要求代理方在较短时间内完成渠道推广和销售业绩，这可能成为双方谈判僵局出现的因素。我们以此为例，分析谈判僵局的解决。

（1）供应商要求代理商为品牌推广做出的努力：
讨论结果：_____
_____
_____

（2）代理商实际能为品牌推广做出的努力：
讨论结果：_____
_____
_____

（3）供应商可以为代理商提供的品牌推广支持措施：
讨论结果：_____
_____
_____

（4）其他：

讨论结果：_____

_____

_____

9.7 谈判结果复盘

  对代理商谈判的几个关键点要把握好。一是区域独家代理权的支持。在合同中要就代理区域、代理级别、窜货处罚等权利和义务进行明确约定，从品牌导入、市场培育、销售网点开发到配套促销活动这些基础活动要做好。二是有卖点的产品和有竞争力的价格支持。代理商总是期望以尽可能低的价格拿货而以尽可能高的价格售出，赚取尽可能多的价差，或者通过低价扩大产品销量来赚取更多利润。三是适当的广告促销。对于新产品和新品牌而言，代理商需要付出艰苦的努力，需要通过多种营销努力和促销手段才能打开市场，所以供应商应提供必要的品牌推广和促销支持帮助代理商启动市场。四是产品样品和人员支持。产品市场开发初期，积极开发网点，提升产品在消费者面前的曝光率很重要，所以应保证充足的样品供应，同时代理商可能也需要供应商派驻人员给当地提供帮助和指导，以便帮助他们和供应商有效联系与沟通。另外对于产品知识和营销推广技巧方面，代理商通常缺乏专业的人才，需要供应商提供相关的培训和指导。五是展柜费和货物上架费。通常一些大型卖场都会统一设计、布置和装修展柜（台），会给代理商较大的资金压力，他们会期望厂家承担其中的部分费用。六是新产品支持。通常新产品拥有更丰厚的利润空间，所以争取到供应商新产品的代理权对代理商意义重大。七是合适的销售任务和销售奖励。在市场开发初期，代理商不希望供应商提出不切实际的销售任务，一般只能接受比较合理的任务目标，同时也期望自己达成销售任务后获得一定的奖励，奖励形式包括返利、实物奖励、旅游等多种形式，以此来提振操作和推广该品牌的信心。

  资料来源：根据网络公开资料整理。

  本案中 H 公司有自身的知名品牌，不断推出休闲食品新品，未来也可能在泰国市场推广自己的新品，可以将这一因素在本案谈判中考虑进去，以促进双方能够谈判成功。

  本案具体的谈判内容和关键点可参考 9.8 合同条款部分。

9.8 案例谈判合同模拟呈现

食品区域代理合同

甲方：_____

注册办公地址：_____

乙方：_____
注册办公地址：_____

甲乙双方本着自愿、平等、互惠互利、诚实信用的原则，经充分友好协商，就乙方代理甲方产品的相关事宜，订立如下合同条款，以资共同恪守履行。

一、代理区域

1. 甲方授权乙方为_____区域的独家代理商，全面负责该地区的销售和经销商管理。

2. 甲方不得在乙方代理区域内另设其他代理。如出现以上情况，乙方有权立即终止代理合同并得到相应补偿。

3. 对于乙方代理的销售区域，乙方有权根据实际情况制定销售政策，原则上甲方不得干预，但乙方对于自己及下属经销商的经销行为负无限连带责任。

二、代理期限

1. 本合同的代理期限为_____年，从本合同签订之日起至_____年___月___日止。

2. 乙方要求对本合同续期的，应至少在本合同期限届满前__个月向甲方书面提出。乙方有优先权，与甲方签订续期合同。

三、代理商品价格

配送价格：甲方向乙方统一配送产品，送到乙方位于上海浦东新区的仓库，价格应为市场销售价的____折。

四、宣传与广告

1. 今后甲方将继续设计制作增加促销品的种类，如促销员统一着装、展品架、小赠品等各类宣传品。

2. 甲方将根据乙方市场的实际运作情况，给予乙方市场一定的广告宣传支持。

3. 今后甲方对乙方市场进行广告投放的方式主要是电视广告、公交车体广告、报纸广告以及城市广告牌等方面。

五、购货与结算

1. 乙方在收到货后一周内向甲方结算货款。

2. 乙方在第一个月可以向甲方退换货物。

3. 乙方须在收到货物后____日内对产品的质量进行检验，因产品质量及包装不符合质量标准的，或者产品的保质期已经超过规定标准的，由甲方予以换货或退货。

六、监督、培训和售后服务

1. 甲方应在不影响乙方正常营业的情况下，定期或不定期对乙方的经营活动进行辅导、检查、监督和考核。乙方应当遵循甲方或其委派的督察员在经营过程中的指导和建议。

2. 在本合同有效期内，甲方应持续向乙方提供开展经营所必需的营销、服务或技术上的指导，并向乙方提供必要的协助。

3.当乙方发生售后服务要求时,乙方应书面通知甲方售后服务要求和内容,甲方应在收到乙方书面通知的_____小时内给予答复,确认服务内容和时间,同时,乙方向甲方提供_____小时售后服务热线联络服务。

七、知识产权

甲方向乙方提供甲方拥有的商标(商号、标志等)、专利、著作权、卫生许可证、食品流通许可证、营业执照等。

八、加盟商

乙方在其代理的区域可以拓展业务招加盟商,加盟费按甲方、乙方_____分成。

九、不可抗力

如因非双方所能控制的不可抗力事件发生,包括但不限于地震、台风、水灾、火灾、战争、政府行为、意外事件、劳工问题导致双方的任何一方无法履行合同时,遇到不可抗力的一方,应立即将事故情况书面告知另一方,并应在十五日内,提供事故详情及协议不能履行或者需要延期履行的书面资料。

十、适用法律

本合同之订立、效力、解释、履行和争议的解决均受中华人民共和国法律管辖。

甲方全称及盖章: 　　　　　　　　乙方全称及盖章:

法定代表人(签字): 　　　　　　　法定代表人(签字):

签订日期: 　年　月　日 　　　　　签订日期: 　年　月　日

扫码阅读
参考答案

CHAPTER 10 第 10 章

商务谈判模拟主题 2：铁矿石进口谈判

10.1 谈判背景介绍

铁矿石是钢铁生产企业的重要原材料，天然矿石（铁矿石）经过破碎、磨碎、磁选、浮选、重选等程序逐渐选出铁。铁矿石是含有铁单质或铁化合物且能够经济利用的矿物集合体。凡是含有可经济利用的铁元素的矿石叫作铁矿石。中国目前进口的铁矿石主要来自澳大利亚、巴西、印度、俄罗斯、乌克兰、哈萨克斯坦、加拿大、南非等国家。近年来，国际铁矿石企业通过一系列并购活动，前三大供应商（巴西淡水河谷公司、澳大利亚必和必拓公司、澳大利亚力拓矿业公司）占据全球铁矿石供应市场 70% 的份额。国际铁矿石市场的主导价格都是由这三大铁矿石巨头和主要钢铁企业谈判确定的，这种模式被称为"基准铁矿石定价模式"。

2019 年，在中国海外铁矿石进口市场中，澳大利亚占 67%，巴西占 19%，南非占 3%，马来西亚占 2%，秘鲁占 2%，其他占 7%（见图 10-1）。另外，为了确保未来的铁矿石供应不"受制于人"，我国企业也在抓紧启动海外的铁矿开发。2021 年当地时间 3 月 9 日，津巴布韦信息部长宣布从 2021 年 5 月开始，中国青山控股集团（以下简称"青山控股"）正式在该国启动铁矿开发，之后还将开设一座碳钢厂。

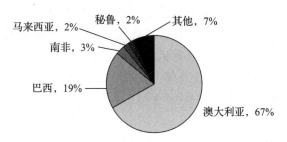

图 10-1 中国进口铁矿石的主要来源地分布

尽管有上述因素，但国内钢铁公司对澳大利亚铁矿石依赖性还是很高的。2019 年，中国从澳大利亚进口铁矿石 10.69 亿吨，占当年中国进口铁矿石总量的 67%。此外，从地缘、铁矿石品质、成本、定价及国际下游对钢材的刚性需求等方面看，这种依赖性还将长期存在。

2020年5月，澳大利亚铁矿石价格猛涨到140澳元/吨，使得铁矿石进口谈判日益困难。2020年12月4日运往中国青岛的澳大利亚含铁量62%的铁矿石CFR（成本加运费）价格为145.01美元/吨，运往中国大连的含铁量62%的铁矿石CFR价格约为200美元/吨。

铁矿石进口交易价格谈判，是一项关于长期合作关系建立的谈判。案例中B公司是铁矿石进口商，印度NMDC公司（印度国家矿产公司）是铁矿石供应商，谈判的背景是当前国际铁矿石市场价格垄断的情况。中国寻求与印度NMDC公司建立进口替代伙伴关系，以减少对澳大利亚、巴西等大型铁矿石公司的过度依赖。因此预期谈判后的采购和定价模式将着眼于双方长期战略合作伙伴关系的建立。

资料来源：1. 新浪财经，铁矿石涨价57%，中钢协呼吁出手监管，澳大利亚或"首当其冲"，2020-12-07.
2. 网络公开资料。

◉ 思政小栏目

提升大宗商品期货交易中的定价权，保护国家经济安全

党的二十大报告指出，在国家安全上，要坚定不移贯彻总体国家安全观，健全国家安全体系，增强维护国家安全能力，提高公共安全治理水平，完善社会治理体系，坚决维护国家安全和社会稳定。确保能源供应安全与掌握大宗商品的定价主导权有助于维护国家经济安全。

大宗商品是指用于工农业生产与消费使用的大批量买卖的物资，通常具有同质化、可交易等特征，其供需和交易量均比较大。大宗商品主要包括能源类（如天然气、原油、动力煤、汽油）、基础原材料类（如钢铁、铜、铝、橡胶、铁矿石）、农产品类（如玉米、大豆、小麦、棉花、白砂糖）和贵金属类（如黄金、白银、铂金）四大类。本案例中的铁矿石属于大宗商品中的基础原材料类大宗商品，与企业生产经营活动密切相关，是关系国计民生的重要商品，也是制造业发展的基础。期货市场是形成大宗商品基准价格的核心，国际大宗商品价格主要参照期货市场价格制定。目前全球著名的国际期货市场主要分布在欧美发达国家，2005年的"铁矿石"事件和2009年的"力拓"事件表明我国在国际大宗商品交易中的定价权缺失，主要归因于不熟悉国际游戏规则、信息不对称、国内市场基准价格缺乏权威性等。因此，完善国内大宗商品期货交易市场，加强市场基础和系统建设，强化参与者合规与风险防范意识等，以此提升我国在铁矿石等大宗商品交易中的定价权，对于维护我国包括战略资源安全在内的国家经济安全具有十分重要的意义。

资料来源：胡若瑾.大宗商品期货交易与中国经济安全[J].武汉金融，2010（4）：28-29.

10.2 谈判双方背景及身份介绍

1. 买方背景介绍

B钢铁集团是我国北方一家较大的钢铁生产企业，地处辽宁大连，每年消耗大约

700万吨铁矿石，总量的40%靠自己开采，其余靠从国外进口满足。进口的80%来自澳大利亚某铁矿石公司和美国南部公司，其余的主要来自印度NMDC公司。受中澳关系影响，国内B公司与澳大利亚的铁矿石公司谈判始终未能取得突破。因此，B公司将主要的谈判对象转向印度NMDC公司，拟增加从该公司的铁矿石采购量。

2. 卖方背景介绍

印度铁矿石的探明储量181.71亿吨，是世界铁矿石供应的主要后备国。其铁矿石主要为赤铁矿和磁铁矿，赤铁矿矿石品位在58%以上，磁铁矿矿石品位较低（一般为30%~40%）。

印度NMDC公司是印度一家国有控股的矿物生产商，归印度政府所有，在钢铁部的行政控制之下。该公司涉及的领域有铁矿石、铜、磷酸岩、石灰石、白云石、石膏、膨润土、菱镁矿、金刚石、锡、钨和石墨等的探测。该公司是印度最大的铁矿石生产商和出口商，在恰蒂斯加尔邦和卡纳塔克邦拥有3座全机械化的矿山，年生产约3000万吨铁矿石。此外，该公司在中央邦潘纳县还设有唯一一座机械化钻石矿。印度NMDC公司对中国和澳大利亚的铁矿石合作也比较关注。

10.3 谈判模拟准备：双方角色SWOT分析卡填写

根据以上案例内容，将组内同学分为两队，分别扮演B公司谈判小组和NMDC公司谈判小组进行铁矿石买卖谈判模拟。

请谈判小组认真阅读、商讨并分角色补全双方的SWOT分析卡。

提示：坚持互利互惠的原则，即在双方的讨价还价、激烈争辩中，重视双方的共同利益，尤其是考虑并尊重对方的利益诉求，从而在优势互补中实现自己的利益最大化。

买方（B公司）：

买方填写：
（S）买方的内部优势：
（W）买方的内部劣势：
（O）买方的外部机会：
（T）买方的外部威胁：

卖方（NMDC 公司）：

卖方填写：
（S）卖方的内部优势：
（W）卖方的内部劣势：
（O）卖方的外部机会：
（T）卖方的外部威胁：

10.4 双方谈判目标设定模拟练习

◎ 知识链接

国际铁矿石的定价机制

国际铁矿石的定价机制主要有以下几种模式：

第一，长协定价机制。经过铁矿石供应商和消费商的谈判确定一个财政年度内的铁矿石价格，价格一经确定，双方则依照谈定的价格在一年内执行。根据传统的谈判习惯，国际铁矿石市场分为日本市场（亚洲市场）和欧洲市场。每个财政年度在亚洲以日本铁矿石用户为代表，在欧洲以德国用户为代表与世界铁矿石主要供应商澳大利亚必和必拓公司、力拓集团下属 Hamersley 公司以及巴西淡水河谷公司，分别确定亚洲市场和欧洲市场铁矿石产品价格。谈判惯例是消费商中的任意一方与供应商中的任意一方价格达成一致后则谈判结束，国际铁矿石供需双方均接受此价格为新的年度价格，即首发价格。铁矿石供应商在与第一家大客户达成价格协议时都会许诺，在与之后的钢厂谈判时不会给更低的价格，钢厂也会许诺，不会接受其他矿山更高的涨价幅度。

第二，指数定价。2010 年是铁矿石定价体系的转折年。沿用了 40 年的年度长协价格被颠覆，取而代之的是以现货市场为基准的季度定价机制。按照三大矿山的定价公式，每一季度的铁矿石价格，将按照上一季度中国市场的现货指数均价来确定。目前国际市场具有影响力的铁矿石现货指数有环球钢讯（SBB）的 TSI 指数、金属导报（MB）的 MBIO 指数与普氏能源资讯（Platts）的普氏价格指数，报价各不相同。在矿山有意无意地推动下,众多钢企选择或者"被选择"了普氏。此后,普氏指数的高低起伏,就很大程度上取代固定的年度基准价格,反映出铁矿石的价格趋向。

第三,月度或者季度定价,由贸易商或者钢企和矿山谈判约定。据悉,澳大利亚黑德兰港口(Port Hedland)是全球最大的铁矿石出口中心,澳大利亚本土三大铁矿石巨头——必和必拓(BHP Group)、FMG(Fortescue Metals Group)以及汉考克勘探公司(Hancock Prospecting)都通过此处对外出货。中澳之间的政治与外交关系可能会影响铁矿石的出口买卖。考虑到铁矿石定价权并非全掌握在我们手上,我国还从其他源头思考解决方案。2020年12月末,我国公布一项重磅消息,决定从2021年初开始,企业可进口符合国家标准的"废钢"(即再生钢铁原料)。很快,我国企业也应声而动,先后找来日本企业三井物产、平和商事采购"废钢"。

谈判模拟练习

双方团队请完成谈判组织的目标设定,并按照不同阵营完成目标清单:

买方目标清单

目标	买方
最优目标	
最低限定目标	
可接受的目标	

卖方目标清单

目标	卖方
最优目标	
最低限定目标	
可接受的目标	

10.5 双方谈判中的跨文化沟通

知识链接

印度的国家文化和企业文化

印度是南亚次大陆最大的国家,国内有300多个民族,较大的民族有10个,80%以上的居民信奉印度教。印度是全球软件、金融服务的重要出口国,其境内铁矿石资源较丰富。印度的国花是荷花，国鸟是蓝孔雀，国树是菩提树，国石是珍珠，印度人崇拜蓝孔雀、黄牛，举国敬牛、爱牛、不杀牛，也不食用牛制品。

印度的企业文化表现为家族文化、精英文化、信用文化、行业文化和人本文化，私营企业占企业的比重比较高，家族企业很多，私人财团在印度国民经济中处于中枢地位，不少印度的知名企业都是家族企业。印度企业也崇尚精英文化，它们认为，不能把企业简单地交给自己后代，应该交给靠得住的人，因此就要培养能人，如果家族里培养不出能人，宁愿把公司交给家族外的能人。印度企业注重培训，注重为员工提供充电和良好的工作环境，比较重视文凭和英语能力，有文凭、英语水平高的人会在印度企业得到更好的发展机会。印度的假货很少，印度大多数企业认可诚信是企业参与现代市场竞争的重要基石，只有诚信的企业才能成大器，其诚信文化还表现在雇主和雇员互讲信用方面。印度的行业协会在企业界的影响力比较大，行业协会颁布的规定一般企业都会遵守执行，行业协会注重保护企业自身利益，也积极维护企业的社会效益。印度企业一般也比较注重履行企业社会责任。

谈判模拟练习

中国商人与印度商人的跨文化谈判

请双方查找并总结和对方开展跨文化谈判时应注意的问题：

卖方谈判风格（买方填写）

关注的问题	印度商人的谈判风格
饮食习俗与禁忌	
服饰习俗与禁忌	
语言行为与禁忌	
商业文化	

买方谈判风格（卖方填写）

关注的问题	中国商人的谈判风格
饮食习俗与禁忌	
服饰习俗与禁忌	
语言行为与禁忌	
商业文化	

10.6 谈判陷入僵局时的解决方案

知识回顾

生意场上的报价和谈判风格

跟印度商人谈判的核心是价格。在谈判中，即使给出了很具诱惑力的条件，并不意味着砍价终止，后续可能要进入价格和付款方式的谈判，他还会继续砍价。生意场上的报价最好是口头报价，要防止对方将己方的报价透露给竞争对手。印度对中国有一些敌视情绪，谈判中应避免谈及令对方不愉快的话题，还要深刻了解双方的时间观有无差异。

本案谈判中，NMDC方谈判团队巧妙应用"拖"和"磨"的策略，让谈判陷入了僵局。

谈判模拟练习

铁矿石价格谈判僵局解决：本案中，双方进入最为关键的价格确定方式谈判中，NMDC公司方一直以报价不合理为由进行拖延，还一个劲地要求B公司提价，使得谈判陷入僵局。造成双方陷入谈判僵局的可能因素包括如下方面。

（1）买方方面：如买方的报价可能接近其最低保留价格，买方可能还在和其他铁矿石供应商私下接触和谈判，买方深谙印度商业文化的精髓等。

（2）卖方方面：如设法拖延时间、迫使商业伙伴做出让步，预期国际市场铁矿石价格会在短期内发生有利于己方的变化等待更有利的要价时机等。

具体解决方案：

谈判双方应清楚地认识到本案中铁矿石价格的影响和决定因素，以及跨文化背景下商人的谈判风格。首先，双方应详细阐述自己铁矿石报价的充足依据，从己方的成本、潜在合作伙伴的要价、铁矿石大宗商品未来价格走势的判断依据等方面耐心说服对方接受己方报价，并且在合适时机下最后通牒，迫使对方接受报价打破僵局。

（1）买方报价的依据：

讨论结果：_____

_____

（2）卖方报价的依据：

讨论结果：_____

_____

（3）双方关于铁矿石定价机制的妥协区间：

讨论结果：_____

_____

（4）其他：

讨论结果：_____

_____

_____

10.7 谈判结果复盘

本案例的独特性体现在国际大宗商品——铁矿石交易谈判和跨文化谈判。因此，本案例谈判模拟中，首先要了解国际铁矿石几种定价模式的特点，参考企业以往的做法及不同定价模式的利弊分析确定定价方式。其次因为谈判双方具有不同的国家文化、企业文化，因此在谈判准备阶段要就跨文化谈判做充分准备，了解对手的谈判风格，选择恰当的谈判策略，让谈判结果朝着对双方都有利的情况进展。通过本案例谈判，谈判双方应在以下三个方面有收获：

（1）熟悉铁矿石这一国际大宗商品的特殊定价机制以及国际铁矿石市场的发展行情，掌握铁矿石价格的主要影响和决定因素。

（2）了解中印两国文化的差异，进行有效的跨文化谈判。

（3）熟悉交易合同的中英文双版式格式。

本案例具体的谈判内容和关键点可参考10.8合同条款部分。

10.8 案例谈判合同模拟呈现

铁矿石交易合同

Iron Ore Trade Contract

合同编号（Contract NO.）：

日期（Date）：

买方（Buyer）：

电话（Tel）：

传真（Fax）：

卖方（Seller）：

电话（Tel）：

传真（Fax）：

鉴于买方同意购买且卖方同意销售下述商品，买方和卖方根据下列条款签订本合同。

For two sides willing to make a deal, buyer and seller sign this contract conforming to the following items.

第一章 定价模式（Chapter one: pricing system）

第一条：关于定价模式，双方同意以季节定价模式成交，即双方确定_____年度第_____季度采用季节定价模式。

Clause one: For pricing system, both sides agree to use seasonal pricing system both sides confirm to use seasonal pricing system in the_____quarter in_____.

第二章 价格和成交量（Chapter two: price and amount）

第二条：双方同意按照同品种同价格的惯例交易，不按照品类进行分类定价。

Clause two: Both sides agree to conform to Same breed-Same price, not Same purity-Same price.

第三条：关于铁矿石价格，双方同意在_____年第_____季度价格在_____年第_____季度_____美元/吨的基础上上涨_____%，即价格为_____美元/吨。

Clause three: For iron ore price, both sides agree to increase the price of the_____quarter in_____by_____% on the base of $_____/ton in the_____quarter in_____. The price is $_____/ton.

第四条：就第三条款达成的价格是FOB离岸价，该价格应用于澳大利亚珀斯港与中国天津港、青岛港、日照港任一港口之间的航线。

Clause four: The price of clause 3 is FOB price, this price is suitable for shipping lines between Port of Penth, Australia, and each one of Port of Tianjin, Port of Qingdao and Port of Rizhao, China.

第五条：双方商定买方于_____年第_____季度进口_____万吨品位在62到63.5之间的铁矿石。

Clause five: Both sides negotiate that buyer import_____million tons iron ore whose purity is between 62 and 63.5 during the_____quarter in_____.

第三章 海运费（Chapter three: shipping cost）

第六条：关于海运费，双方认同中国模式，取消金融机制；在_____年第_____季度的海运费基础上不再涨价，价格维持在_____美元/吨。

Clause six: For shipping cost, both sides hold Sino-model, and cancel financial system; there is no increase on the base of the shipping cost of the_____quarter in_____, the price keeps at $_____/ton.

第七条：根据第六条，在海运费补贴上，卖方不再予以买方海运费补贴，即海运费补贴为零。

Clause seven: According to clause six, on discount of shipping cost, the seller will not give discount to the buyer, and the discount will be zero.

第八条：货物分批次发运，批次由卖方决定，货物在第_____季度内发运至中国港口，港口装卸费用由卖方承担。

Clause eight: The goods will be shipped in batches. The seller decides how many batches. Goods must be shipped to ports of China within the＿＿＿＿quarter. The seller assumes the stevedore charges.

第九条：货物运输途中保险由买方承担，卖方不承担运输途中造成损失的任何责任。

Clause nine: The insurance of goods in transportation is assumed by the buyer, the seller won't assume any responsibilities for the damage made in the transportation.

第四章　价格补贴（Chapter four: price discount）

第十条：关于价格涨幅补贴，卖方给予买方优于发达国家的＿＿＿＿%的优惠。

Clause ten: For the price increase discount, the seller will give the buyer a favorable discount that is＿＿＿＿% higher than that given to developed countries.

第五章　违约责任（Chapter five: duty to break a contract）

第十一条：合同双方如有违反以上各条款的行为，则根据双方达成的违约处理合同条款进行处理。

Clause eleven: If each one of two sides of contract broke each clause of above-mentioned clauses, deal with it conforming to Contract of penalty.

第十二条：如果双方仍不能妥善处理争议，则提交中国海事仲裁委员会仲裁，双方应无条件接受仲裁结果。

Clause twelve: If both sides can't deal with dilemma properly, then submit it to China Maritime Arbitration Committee (CMAC), both sides should accept the arbitration result with no conditions.

第六章　附录（Chapter six: appendix）

第十三条：双方达成的违约处理合同服从于本合同，并具有法律效力。

Clause thirteen: The Contract of penalty belongs to this contract, and it also has legal authority.

买方（Buyer）全称及盖章：　　　　卖方（Seller）全称及盖章：

授权代表签字：　　　　　　　　　　授权代表签字：
（Authorized delegate signature）　　（Authorized delegate signature）

签署日期：　　年　月　日　　　　　签署日期：　　年　月　日
（Signature Date）　　　　　　　　　（Signature Date）

扫码阅读
参考答案

第 11 章

商务谈判模拟主题 3：格兰仕收购惠而浦股权谈判

11.1 谈判背景介绍

跨国并购是企业通过直接投资方式进入国际市场的一种方式。按照并购双方所属的行业来看，跨国并购分为水平式并购、垂直式并购和混合式并购三种形式；按照收购目标方股权的比例，可以分为部分股权收购和全部股权收购。跨国并购具有进入方式快捷、能获取目标方既有的优质资源等优势。基于保护消费者利益、防止市场垄断、维护国家经济安全、保障本国关键基础设施和创新技术等因素，各国对跨国并购或接管设立了必要的审查机制，涉及跨国并购的交易在双方达成初步并购协议的基础上，还要经过并购方所在国、目标方所在国及目标方股东所在国的外资安全审查，经过审核通过后交易方能正式生效。2009 年中国《反垄断法》出台后，可口可乐收购汇源果汁案在我国政府依法审查中因收购可能造成市场垄断、威胁市场消费者利益等事由而遭到否决。

随着中国企业在全球市场上竞争力的提高，中国企业作为收购方的逆向跨国并购案例也日益增多。本案就是逆向跨国收购的典型案例。中国企业格兰仕想通过这次并购获得惠而浦的品牌与技术，并促进自身的渠道改革。惠而浦在中国市场几经沉浮，经营状况不佳，出现明显的"水土不服"。此次谈判关键在于惠而浦（中国）股份有限公司股权转让价格和数量的谈判，能否通过谈判以合理的出价获取惠而浦公司持有的有控股权的股份是国内企业首要考虑的因素。对于惠而浦公司而言，除了被格兰仕收购外，还有没有别的替代方案能维持企业在中国市场的运营是要重点关注的部分。

值得注意的是，格兰仕与惠而浦同为家电制造企业，主营业务涵盖厨电、生活电器等多系列产品线，双方在微波炉、洗衣机这两个品类上存在同业竞争，这是格兰仕在收购后不得不面对的一大难题。梁惠强在接受记者采访时也表示，公司将会通过一系列手段来确保上市公司的利益得到保护，尤其是一些关联交易。一位家电业内资深人士认为，惠而浦的价值在于品牌和技术，格兰仕收购后能否继续获得惠而浦在中国的品牌授权以及相关技术专利是关键。格兰仕不仅推出了超薄洗衣机、集成微波炉、对开门烤箱等智能家电新品，还进军扫地机器人领域，推出首款激光雷达扫地机器人。除了进入更多产品品类，借力惠而浦拓展冰箱、洗衣机、洗碗机的影响力以外，渠道改革也是一大重点。

思政小栏目

**合规经营、尽职调查和提升逆向吸收能力：
中国企业逆向跨国并购成功的关键要素**

党的二十大报告指出，我们党成功地推进和拓展了中国式现代化。中国式现代化既不是依附于发达国家的现代化，又不是封闭孤立、闭关锁国的现代化，而是在自立自强的基础上进行的、与世界其他国家和地区发生广泛联系和深度交往的现代化，中国企业逆向跨国并购就是要利用国际市场的各种要素与资源为社会主义现代化建设服务。

"逆向并购"是指后发国家通过并购发达国家的企业以获得战略性资源的国际化经营战略。在逆向并购过程中经常会产生从被并购方向并购方的"逆向知识转移"。而并购企业自身的吸收能力则是决定"逆向知识转移"效率高低的关键因素。目前，中国企业"走出去"的步伐逐渐加快，以获取技术、品牌、管理、渠道等为目的的逆向跨国并购时有发生，同时不少投资目标国的外资安全审查机制日益严格。在此背景下，我国企业的"逆向并购"能否成功主要取决于以下几个要素：一是企业合规经营的意识，企业不仅要熟悉我国的外国投资相关法律法规与政策，而且要熟悉投资东道国对外资及外国投资者的审核机制与相关法律法规，做到合规经营以有效防范投资的政治、法律与制度风险。二是对潜在投资对象的尽职调查，应特别关注拟收购对象战略性资产的潜在价值，并对其是否符合行业或产业未来发展趋势做出正确判断。三是提升企业自身的逆向吸收能力。逆向吸收能力是成功实现"逆向知识转移"和决定并购绩效的关键。因此我国企业应以知识一致性标准选择并购对象，提升企业对技术资源的整合和吸收能力，在此基础上全面提升企业国际竞争力开拓国际市场。

资料来源：赵建波，吕铁. 中国企业如何从"逆向并购"到"逆向吸收"[J]. 经济管理，2016（7）：35-47.

11.2 谈判双方背景介绍

1. 收购方：广东格兰仕家电制造有限公司

格兰仕（Galanz）是一家国际化综合性健康家电和智能家居解决方案提供商，是中国家电业具有广泛国际影响力的龙头企业之一。1978年格兰仕从顺德细滘村一片荒滩上开始创业，1992年从微波炉开始，逐步奠定国内微波炉龙头老大的地位。近年来，格兰仕从微波炉制造企业向综合性白色家电集团转变，同时融合先发的全产业链智能制造和"Galanz+智慧家居"优势，加快从传统制造业向数字科技型企业转型。2020年开始，格兰仕以全产业链智能制造、建设领先的芯片产业生态圈和"Galanz+智慧家居"生态体系为特色打造工业4.0基地。格兰仕是第一批"走出去"的中国家电品牌企业之一。截至2020年，格兰仕在全球10多个国家和地区建立了商务机构，在美国、加拿大、智利、英国、俄罗斯、德国、日本等国家和地区成立了子公司，格兰仕品牌在全球150多个国家和地区注册。格兰仕产品和服务从中国广东供应到全球近200个国家和地区。格兰仕面向全球实施多品牌战略，除了Galanz，还有Yamatsu、almison、willz等多个自主品牌,以此来适应不同国家和地区的文化价值特征。

2. 目标公司:惠而浦(中国)股份有限公司

惠而浦(Whirlpool)是具有百年历史的美国第一白色家电品牌,旗下拥有惠而浦、美泰克、凯膳怡、阿曼纳等多个品牌,其白电产品的市场占有率,曾连续11年位居世界第一。1994年惠而浦进入中国市场,确立在中国家电市场的长期发展战略。惠而浦(中国)股份有限公司的主要股东为惠而浦(中国)投资有限公司、国资委,其中惠而浦(中国)投资有限公司持有惠而浦(中国)股份有限公司51%的股份。惠而浦(中国)股份有限公司的前身是合肥三洋,2014年惠而浦以34.01亿元的价格获得合肥三洋51%的股份,成为公司第一大股东,合肥国资委退居第二大股东之位。该收购动机是惠而浦想利用合肥三洋的渠道来打开中国市场销售,但受种种内外因素影响,惠而浦品牌知名度并未明显提升。2019年三洋品牌授权合作到期后,惠而浦中国出现了巨亏。财报显示,2019年惠而浦中国总营收同比下降15.97%,净亏损3.23亿元,相比2018年同期大幅下降223.3%。进入中国市场28年,惠而浦拥有工业4.0智能工厂、全球研发中心、中国总部三位一体的创新平台支撑。

资料来源:新浪财经,收购惠而浦(中国)、入股日本像印,格兰仕的"再造"之路,2021-03-29.

11.3 谈判模拟准备:双方角色SWOT分析卡填写

根据以上案例内容,组内同学分为两队,分别扮演格兰仕公司谈判小组和惠而浦公司谈判小组进行股权收购谈判模拟练习。

请谈判小组认真阅读、商讨并分角色补全双方的SWOT分析卡。

提示:坚持互利互惠的原则,即在双方的讨价还价、激烈争辩中,重视双方的共同利益,尤其是考虑并尊重对方的利益诉求,从而在优势互补中实现自己的利益最大化。

买方(格兰仕公司):

买方填写: (S)买方的内部优势: (W)买方的内部劣势: (O)买方的外部机会: (T)买方的外部威胁:

卖方（惠而浦公司）：

卖方填写：
（S）卖方的内部优势：
（W）卖方的内部劣势：
（O）卖方的外部机会：
（T）卖方的外部威胁：

11.4 双方谈判目标设定模拟练习

知识链接

股权收购是指以目标公司股东的全部或部分股权为收购标的的收购活动。收购者成为目标公司的股东后，可以行使股东的相应权利，但须承担法律、法规所规定的责任。有鉴于此，在这种股份买卖协议签订以前，收购者必须对该公司债务调查清楚，收购后若有未列举的债务，可要求补偿。

在股权收购过程中，要做好以下工作：一是做好目标公司的尽职调查，涉及律师参与的法务工作、财务人员参与的业绩审计、评估师参与的公司价值评估等；二是深入了解公司所处行业发展情况；三是了解目标公司是否有未履行完毕的合同。

在股权收购协议签署时，对于尽职调查环节得知的目标公司无法解决的问题，应明确责任和权利，要对移交内容及事项做出详细规定，便于双方将来遵照执行。

谈判模拟练习

请双方团队完成谈判组织的目标设定，并按照不同阵营完成目标清单：

买方（收购方）目标清单

目　标	买　方
最优目标	
最低限定目标	
可接受的目标	

卖方（目标公司）目标清单

目　标	卖　方
最优目标	
最低限定目标	
可接受的目标	

11.5　并购谈判中的目标公司价值评估

在企业并购活动中，目标企业的价值评估起着至关重要的作用，交易价格也是并购交易中谈判的焦点。对目标企业的价值进行准确评估是交易能够顺利进行的保障。常用的目标企业价值评估方法包括以下三种方式。

（1）收益法。通过将目标企业的预期收益资本化或折现再确定目标企业价值。用该方法计算的关键指标是折现率，该折现率要能体现投资目标企业资产获得收益的风险回报率，实际中最为常见的是现金流量折现法。此外，准确地预期公司从该项收购活动中可能获得的潜在收益也是决定价值评估准确与否的重要因素。

（2）市场法。将目标企业和选择的参照企业或者市场上已完成交易的类似案例企业、股东权益、证券等权益性资产价格进行对比以确定目标企业的价值。常见的有可比企业法和可比交易法，根据企业或交易资料的可获取性进行甄选。能否找到合适的可参照的替代对象是使用该方法的关键。

（3）成本法。通过合理评估目标企业的资产价值和负债，以此为基础来评估目标企业的价值。资产价值的标准包括账面价值和重置价值。成本法的评估对象是企业现有的资产，对于无形资产价值的评估比较欠缺，这对于以获取品牌、技术等无形资产为动机的并购活动中目标企业价值评估很不利。

📍 谈判模拟练习

惠而浦公司的价值评估

请双方查找并总结公司价值评估中需要获得的资料。

收购方对目标公司的价值评估

关注的问题	目标公司价值评估
收购活动动机	
目标公司公开财务数据等	
目标公司外部关键数据	
价值评估方法	

目标公司对自身的价值评估

关注的问题	本公司真实价值
出售动机分析	
公司有形资产价值	
公司无形资产价值	
价值评估方法	

11.6 谈判陷入僵局时的解决方案

知识链接

公司控股权问题

在公司股权设计中，控股权是一门科学。根据持有公司股权比重，控股权可以划分为绝对控股和相对控股。如果股东拥有了公司 50% 以上的股权，就实现了绝对控股，这样的股东对公司的经营决策、分红决议等有了话语权。如果股东拥有了公司 67% 以上的股权，除了签署一般性事务外，在公司股东大会上需要经 2/3 以上表决权通过的事项方面也享有绝对话语权。如果股东拥有的股权比例少于 50%，但仍然是公司的第一大股东，能对公司的经营活动施加影响和控制，这种情况一般称为相对控股。

谈判模拟练习

跨国并购谈判僵局解决：本案例属于跨国并购中的水平型跨国并购，并购双方对于标的价值的评估是成交的关键，也是可能造成谈判僵局出现的原因。具体而言，本案例谈判僵局可能因下面因素而出现。

（1）收购公司方面：如格兰仕试图以较低的出价购进更多的惠而浦股份，从而获得对惠而浦有效的控制权，以方便以后按照自身的经营战略整合惠而浦业务；期望获得惠而浦公司的技术创新平台优势、加速自身的数字科技转型等。

（2）目标公司方面：如惠而浦认为格兰仕严重低估其公司股价，并且拟收购的股份数超过了自身的预期，而自己从此次并购活动中获得的收益有限，也担心格兰仕在获得控股权后对惠而浦既有的家电品牌不利、冲击较大，格兰仕不能针对惠而浦的担忧拿出有效的应对方案、设法拖延时间、迫使商业伙伴做出让步等。

具体解决方案：

谈判双方应基于翔实、可靠的资料进行收购标的价值的评估。首先，双方应详细阐述己方的出价依据,耐心说服对方接受己方的出价。其次,收购方应关注目标公司的担忧,能提出有效的应对方案消除对方的疑虑,让目标公司看到收购成功给它带来的现实价值和潜在价值。

(1)买方报价的依据:
讨论结果:
_____
_____
_____

(2)卖方报价的依据:
讨论结果:
_____
_____
_____

(3)收购完成给合作伙伴带来的现实价值和潜在价值:
讨论结果:
_____
_____
_____

(4)其他:
讨论结果:
_____
_____
_____

11.7 谈判结果复盘

跨国并购中对目标公司进行价值评估是确定收购价格的重要因素。目标公司价值存在被高估或低估的可能性。收购方应想方设法掌握目标公司的资料,包括财务指标、公司债务、对己方的战略价值等,做出准确的判断。同时鉴于收购案中一般涉及大宗资金交易活动,除了出价等因素外,还要考虑己方的出价支付方式,可通过现金购入、股权置换、借债支付或者几种支付方式的组合,以免给己方带来较大的资金压力,影响己方未来一定时期内的正常运营。除了对并购带来的协同效应进行评估外,还应对并购后两家企业的文化整合、人力资源整合难度做出预判。关注合作伙伴最为关切和担忧的问题,在出价外提出打消对方顾虑的有效解决策略也有助于促进交易的最终达成。中国内地巨大的消费市场也使部分中国企业开始重视国内市场的深度运作。通过本案谈判,谈判双方应在以下几个方面有收获:

(1)跨国并购中目标公司价值的准确评估。

（2）跨国并购中有效控制权的争夺。

（3）了解中国家电市场特点，布局企业全球战略。

本案具体的谈判内容和关键点可参考 11.8 合同条款部分。

11.8 案例谈判合同模拟呈现

公司股权收购协议

转让方（以下简称甲方）：<u>惠而浦（中国）投资有限公司</u>

注册地址：_____

法定代表人：_____

受让方（以下简称乙方）：<u>广东格兰仕家用电器制造有限公司</u>

注册地址：_____

法定代表人：_____

鉴于

1. 甲方是根据《中华人民共和国公司法》及其他相关法律法规之规定于_____年_____月_____日设立并有效存续的股份有限责任公司。注册资本为人民币_____万元，法定代表人为：_____，工商注册号为：_____。

2. 乙方是根据《中华人民共和国公司法》及其他相关法律法规之规定于_____年_____月_____日设立并有效存续的有限责任公司。注册资本为人民币_____万元，法定代表人为：_____，工商注册号为：_____。

3. 甲方在_____公司合法拥有_____%的股权。现甲方有意转让其在该公司拥有的_____%股权，并且甲方转让其股权的要求已获得公司股东会的批准。

4. 乙方同意受让甲方在_____公司拥有的_____%的股权。

5. 乙方公司股东会也同意乙方受让甲方在该公司拥有的_____%的股权。

甲、乙双方本着平等互利、协商一致的原则，经友好协商，在_____就股权转让事宜达成如下协议：

第一条　股权转让

1. 甲方同意将其在_____公司所持有的_____%的股权，即公司注册资本的_____%转让给乙方，乙方同意按照本协议的规定，受让甲方持有的该部分股权。

2. 甲方同意转让而乙方同意购买的股权，包括该股权项下附带的所有权益及权利，且上述股权未设置任何（包括但不限于）留置权、抵押权及其他第三者权益主张。

3. 协议生效后，甲方将对_____公司的经营管理及债权债务不承担任何责任、义务。

第二条　股权转让价格及价款的支付方式

1.甲方同意根据本合同规定的条件，以人民币_____万元将其拥有的_____公司_____%的股权转让乙方，乙方同意以此价格受让该股权。

2.乙方同意按下列方式将合同价款支付给甲方。

乙方同意在本合同签字之日向甲方支付人民币_____万元，在甲乙双方办理完工商变更登记后，乙方向甲方支付剩余的价款人民币_____万元。

第三条　甲方声明

1.甲方为本协议第一条所转让股权的唯一所有权人。

2.甲方作为公司股东已完全履行了公司注册资本的出资义务。

3.自本协议生效之日起，甲方完全退出公司的经营，不再参与公司财产、利润的分配。

第四条　乙方声明

1.乙方以其出资额为限对公司承担责任。

2.乙方承认并履行公司修改后的章程。

3.乙方保证按本协议第三条所规定的方式支付价款。

第五条　股权转让有关费用的承担

双方同意办理与本合同约定的股权转让手续所产生的有关费用，由_____承担。

第六条　有关股东权利、义务包括公司盈亏（含债权债务）的承受

1.从本协议生效之日起，乙方实际行使作为公司股东的权利，并履行相关的股东义务。必要时，甲方应协助乙方行使股东权利、履行股东义务，包括以甲方名义签署相关文件。

2.从本协议生效之日起，乙方按其所持股权比例依法获得利润和分担风险及亏损。

第七条　协议的变更和解决

发生下列情况之一时，可变更或解除本协议，但甲乙方双方需签订变更或解除协议书。

1.由于不可抗力或由于一方当事人虽无过失但无法防止的外因，致使本协议无法履行。

2.一方当事人丧失实际履约能力。

3.由于一方违约，严重影响了另一方的经济利益，使合同履行成为不必要。

4因情况变化，当事人双方经过协商同意。

5.合同中约定的其他变更或解除协议的情况出现。

第八条　违约责任

1.如协议一方不履行或严重违反本协议的任何条款，违约方必须赔偿守约方的一切经济损失。除协议另有规定外，守约方亦有权要求解除本协议及向违约方索取赔偿守约方因此蒙受的一切经济损失。

2.如果乙方未能按本合同第三条的规定按时支付股权价款，每延迟一天，应按延迟部分价款的_____%支付滞纳金。乙方向甲方支付滞纳金后，如果乙方的违约给甲方造成的损失超过滞纳金数额，或因乙方违约给甲方造成其他损害的，不影响甲方就超过部分或其他损害要求赔偿的权利。

第九条　保密条款

1.未经对方书面同意，任何一方均不得向其他第三人泄露在协议履行过程中知悉的商业秘密或相关信息，也不得将本协议内容及相关档案材料泄露给任何第三方。但法律、法规规定必须披露的除外。

2.保密条款为独立条款，不论本协议是否签署、变更、解除或终止等，本条款均有效。

第十条　争议解决条款

甲乙双方因履行本协议所发生的或与本协议有关的一切争议，应当友好协商解决。如协商不成，任何一方均有权按下列几种方式解决：

1.将争议提交仲裁委员会裁决，按照提交仲裁时该会现行有效的仲裁规则进行仲裁。仲裁裁决是终局的，对甲乙双方均有约束力。

2.各自向所在地人民法院起诉。

第十一条　生效条款及其他

1.本协议经甲乙双方签字盖章之日起生效。

2.本协议生效后，如一方需修改本协议的，须提前十个工作日以书面形式通知另一方，并经双方书面协商一致后签订补充协议。补充协议与本协议具有同等效力。

3.本协议执行过程中的未尽事宜，甲乙双方应本着实事求是的友好协商态度加以解决。双方协商一致的，签订补充协议。补充协议与本协议具有同等效力。

4.本协议之订立、效力、解释、终止及争议之解决均适用法律之相关规定。

5.甲、乙双方应配合公司尽快办理有关股东变更的审批手续，并办理相应的工商变更登记手续。

6.本协议正本一式四份，甲乙双方各执一份，公司存档一份，工商登记机关一份，具有同等法律效力。

甲方全称及盖章：　　　　　　　　乙方全称及盖章：

法定代表人（签字）：　　　　　　法定代表人（签字）：

签订日期：　年　月　日　　　　　签订日期：　年　月　日

扫码阅读
参考答案

CHAPTER12 第 12 章

商务谈判模拟主题 4：Texoil 公司就出售私人加油站买卖谈判

12.1 谈判背景介绍

　　Texoil 公司是一家大型的石油提炼加工公司，同时还是经营燃油以及汽车相关产品的批发和零售业务的综合性集团公司。目前 Texoil 石油公司旗下拥有一些自营的加油站。目前，有一位已经与 Texoil 石油公司合作了长达 12 年之久的私营汽车加油站的老板通知 Texoil 石油公司说他最近决定卖掉他的加油站。

　　由于近年来中美贸易规模的迅速扩大，使得美国西海岸的港口货物吞吐量急剧增加，尽管美国长滩港全天 24 小时开放运营，但仍然应付不了该港口业务量的不断增长，为此该港口正在实施扩建改造工程，这也为港口相邻地区相关服务行业的发展提供了扩大规模的机会和可能性。

　　而待出售的这家私营加油站正是位于通往长滩港口的一条主要大道上。在港口附近地区有几家小型的购物中心和很多仓库，但其周边地区只有三家加油服务站，其中两家属于其他加油公司的连锁分店，只有上述这一家加油服务站属于一对老夫妇私人所有。经过事先的联系，这个加油站的老板准备和来自 Texoil 石油公司的一位业务经营副总裁讨论有关 Texoil 石油公司收购这家加油站的可能性及其相关事宜，谈判就此开始。

12.2 谈判双方背景及身份认定

1. Texoil 石油公司

　　Texoil 石油公司最近开始实施一项五年期的公司发展计划，准备扩大本公司旗下拥有的加油站的数量，在长滩港口附近地区经营加油站盈利的前景很诱人，待出售的这家加油站的位置不错，与 Texoil 石油公司签约的其他加油站相比，它的竞争优势相当明显。同时，需要更新该加油站现有的加油机和其他相应的设备，这也需要一定的投资。

由于以上原因，Texoil 石油公司董事会授予你在谈判中收购价不得超过 500 000 美元。

作为公司的业务经营副总裁，你的日常工作是负责对公司直属的那些加油服务站进行监督管理，日常并不亲自参加业务收购谈判。然而平常负责这项业务谈判的那位经理由于健康问题要休假几个月，因此，公司授权你代表 Texoil 石油公司与这个加油站的老板进行收购相关事项的谈判。

2. 私人加油站老板

作为长滩港口附近私营加油站的老板，你准备尽快出售这个加油服务站，原因是最近五年来，你和你的太太每天工作 18 个小时，就是为了攒够钱来实现你们一生的梦想——乘船环游世界。你已经为一艘漂亮的二手小帆船支付了首期定金，并打算一旦配备好相应船上装备后，就可以开始为期两年的环球航行之旅了。为了支付购买这艘船的首付 50 000 美元，你已经卖掉了自己原有的住房，将家具长期寄存起来，你们夫妻俩现在住在加油站附近租来的一个小公寓里。

除了上述已经支付的款项外，在你开航前必须全部付清购买船只的剩余款项 230 000 美元；为了维修改造船只并添置一些必要的航行装备以保证船只能够进行远程航行又得花掉 68 000 美元。预计两年多的环球旅行期间旅行生活费用支出（包括航海旅行期间生活中需要的食品、衣服、保险费）约为 75 000 美元。另外，还必须另备船只航行中的运行和保养维修费用——至少需要 40 000 美元。等你们旅行回来后，至少需要购买一辆汽车、寻找一个居住条件较好的住房，还需要一段时间来重新寻找谋生的工作（目前你尚未考虑旅行回来后要做什么工作）。因此你认为自己至少还得在银行另外存上 75 000 美元，以备支付旅行回来后一段时期内的基本生活费用开支。除此之外，销售加油站，你还要缴纳不少税款，你认为按目前的情况，你将这所加油服务站售价定为 560 000 美元。

考虑到各方面的因素，看来只有 Texoil 石油公司给你提供了真正的出售机会，卖掉加油站来实现你一生环球航海旅行的梦想。因为长期的业务往来关系，他们了解你的加油站资产的价值，表示有兴趣购买。他们曾经说过，也许通过进一步的市场调查结论，售价可以提高一些。你希望如此，这样就可以让他们出一个高价。否则，你环球航海旅行的梦想就无法实现了。

资料来源：林力，解立秋. 模拟商务谈判案例：第二集 [M]. 北京：中国轻工业出版社，2015.

12.3　谈判模拟准备：双方角色 SWOT 分析卡填写

根据以上案例内容，将组内同学分为两队，分别扮演成 Texoil 公司谈判小组和私人加油站老板进行买卖谈判模拟练习。

请谈判小组认真阅读、商讨并分角色补全双方的 SWOT 分析卡。

提示： 坚持互利互惠的原则，即在双方的讨价还价、激烈争辩中，重视双方的共同利益，尤其是考虑并尊重对方的利益诉求，从而在优势互补中实现自己的利益最大化。

卖方（私人加油站）：

卖方填写：
（S）卖方内部优势：

（S）卖方的外部优势：

（W）卖方的劣势：

（O）卖方对 Texoil 公司的机会：

（T）谈判不利的威胁：

买方（Texoil 石油公司）：

买方填写：
（S）买方的内部优势：

（S）买方的外部优势：

（W）买方的劣势：

（O）Texoil 公司的机会：

（T）谈判不利对 Texoil 公司的威胁：

12.4 双方谈判目标设定模拟练习

知识回顾

确定谈判目标：谈判目标是指通过与对方谈判要解决的问题，或要实现的经济技术目标，是经济谈判过程中双方的出发点和归结点。它们可以分为最优期望目标、最低限度目标和可接受的目标。

（1）最优期望目标：对谈判桌上的谈判者来说最有利的理想目标，它不仅能满足某一方的实际需要和利益，还具有"额外的增加值"。

（2）最低限度目标：在谈判中对某一方而言，已经毫无讨价还价余地而必须达到的目标。

（3）可接受的目标：可接受的目标是谈判者根据各种主客观因素，经过科学的审议、预测和计算，并对种种情况进行考察之后确定的目标。可接受的目标介于最优目标与最低限度目标之间。

谈判模拟练习

请双方团队完成谈判组织的目标设定，并按照不同阵营完成目标清单。

卖方目标清单

目　　标	卖　　方
最优目标	
最低限定目标	
可接受的目标	

买方目标清单

目　　标	买　　方
最优目标	
最低限定目标	
可接受的目标	

12.5 商务谈判中的 BATNA 选择练习

最佳替代方案（Best Alternative to a Negotiated Agreement，BATNA）是指如果目

前的谈判不成功,一方可以采取的最有利的替代方案。

明确你的 BATNA 意味着要了解在谈判无法达成一致的情况下,你应该如何应对,或是即将发生怎样的情况。例如,一位顾问将要就一项长达一个月的工作任务和一个潜在客户进行谈判。他并不清楚通过谈判能达成什么样的付款条件,甚至不清楚能否达成协议。所以他在与客户面谈之前,考虑了一个双方都可以接受的底线。

谈判者在进入谈判前应始终清楚自己的 BATNA,否则你将不知道达成的交易是否合理,以及何时退出谈判。那些不知道自己的 BATNA 就开始谈判的人将在谈判中处于不利地位。其中有些人过于乐观,而拒绝了那些比他们能选择得更好的条件。

谈判模拟练习

买卖双方核算各自的经济账,确定自己的目标价格、可接受价格和底线价格。卖方从自己今后的资金需要开始考虑,并参考现行的市场估算行情进行核算。买方从公司收购加油站后的预期盈利前景和投资回收率、投资回收期进行核算。在上述核算的基础上:定义你方此次谈判协议的 BATNA;定义你方的价格底线(保留价格);定义你方的期望水平(目标);期望目标应该现实并且不要盲目乐观,分析谈判中自己和对方的利益所在,找出双方关注的利益点。

请双方按照不同阵营填好以下清单。

卖方价值创造工作单

关注的问题	卖　方
BATNA	
价格底线	
双方利益点	

买方价值创造工作单

关注的问题	买　方
BATNA	
价格底线	
双方利益点	

12.6 谈判陷入僵局时的解决方案

知识回顾

谈判僵局是指在商务谈判过程中，在某一问题上利益要求差距较大的双方都不愿意做出让步，导致双方因暂时不可调和的分歧形成对峙，从而使谈判呈现出一种不进不退的僵持局面。当双方对某一具体问题的立场和观点或对各自的利益预期存在分歧时，难以达成共识，而双方又都不愿意妥协让步时，谈判就会进入僵持状态，谈判进程中止。

案例 12-1

勿使谈判陷入僵局，影响双方合作关系

某年9月的一天，我国一家建筑公司的总经理得知一位著名的澳大利亚建筑师将在上海短期停留，于是他指派一名高级工程师作为公司的全权代表飞往上海，请这位大师帮助公司设计某大厦的改造方案。全权代表一行肩负重任，风尘仆仆地赶到上海，一下飞机就赶到大师下榻的宾馆，双方互致问候后，全权代表说明了来意，大师对这一项目很感兴趣，同意合作。然而设计方报价40万元，这一报价令中方难以接受。根据大师了解，一般在上海的设计价格为 6.5 美元 $/m^2$，按这一标准计算的话，整个大厦的设计费应为 16.26 万美元，根据当天的外汇牌价，应折合人民币 105.69 万元，这么算设计方要 40 万元的报价是很优惠的。全权代表说只能出 20 万人民币的设计费，解释道："在来上海之前，总经理授权我 10 万元的签约权限，您的要价已经超出了我的权力范围，我必须请示我的上级。"经过请示，公司同意支付 20 万元，而这一价格大师认为接受不了，于是谈判陷入了僵局。

案例分析
（1）这次商务谈判僵局产生的原因是什么？
（2）要避免商务谈判僵局发生应抱有什么态度？
（3）如果你是中方全权代表，你将如何突破僵局？
资料来源：搜狐网，金盾大厦设计方案谈判，2020-01-02.

谈判模拟练习

加油站买卖谈判僵局解决：在加油站买卖谈判案例中，双方谈判预期目标相差较远，容易陷入谈判僵局。解决谈判僵局的方法很多，解决本案例中遇到的僵局，应该注意以下原则。

（1）从客观的角度来关注双方利益：当谈判过程中，双方存在一些利益冲突，固执己见，则容易形成僵局。

（2）利益引导：挖掘对手需求，满足其需求。

（3）选择替代方案：谈判过程中，往往存在多种可以满足双方利益的方案，所以遇到谈判僵局时应及时调整方案，打破僵局。

（4）各得其所：正确发掘实际需要，寻找谈判者之间利益的共同点，各取所需，实现双赢。

为了达到互利互惠原则，卖方和买方可以从三个方面思考问题。一是提出新的选择，设计兼顾双方利益的多种方案。二是寻找共同利益，即提出满足共同利益的方案，有助于达成协议。三是协调分歧，即指出自己能接受的几种方案，问对方更喜欢哪种方案，客观地指出履行方案给双方带来的结果，重点指出对双方关系的积极意义，促使对方做出决策。

具体解决方案：

为了能够达成协议，谈判双方应该进行充分的交流沟通，了解对方的实际需要，比如 Texoil 公司的代表可以告知 Texoil 石油公司的长期经营策略，或者加油站的老板告知其两年的旅行计划，阐述需要这些钱的理由。

（1）支付现款的数额：

讨论结果：
_____
_____
_____

（2）在旅行过程中双方可以提供的互惠项目及其费用开支数额：

讨论结果：
_____
_____
_____

（3）卖方旅行返回后的生活保障与继续工作的问题及其费用开支数额：

讨论结果：
_____
_____
_____

（4）其他方式：

讨论结果：
_____
_____
_____

◉ 思政小栏目

合作共赢：推进多双边关税谈判

加入世界贸易组织 20 多年来，我国积极践行自由贸易理念，坚持共赢，着力维护多边贸易体制，在世界贸易组织多边和诸边关税谈判中发挥了关键引领和推动作用。同时，努力构建互利共赢的自由贸易区，推动了我国与世界各国、各地区的共同发展，为全球贸易自由化做出了重要贡献。

加入世界贸易组织 20 多年以来，我国不仅积极履行入世承诺，还充分行使成员权利，不断推动规则执行。通过在多哈回合谈判、《信息技术协定》扩围谈判、《环境产品协定》谈判等过程中发出"中国声音"，不断为世界贸易组织的改革和发展注入活力，有效推动了多边贸易体制的稳定发展，实现了国际经贸规则的行之有效的落地。

2012—2020年，我国与自贸伙伴间的贸易占我国对外贸易的比重提高了192%。在全球经贸秩序失序和投资不确定性显现的背景下，自由贸易区的建设发展不仅有利于我国外贸稳定，也给其他国家提供更大的市场、更多的机遇，实现多边互利共赢、共同发展。在党的二十大报告中，习近平总书记指出，"中国始终坚持维护世界和平、促进共同发展的外交政策宗旨，致力于推动构建人类命运共同体"。人类命运共同体理念以推动建设"五个世界"为目标，以构建新型国际关系为根本路径，以全人类共同价值为价值体系，体现了中国共产党的全球视野、世界胸怀和大国担当。

资料来源：秦若冰.推进多双边关税谈判 开拓互利共赢新局面[J].中国财政，2021（24）：3.

12.7　谈判结果复盘

本案中，最重要的关键点是买卖双方之间的目标价格区间没有重叠，除非双方能创造性地利用现有的信息来构建一个可行的讨价还价区间。这需要买卖双方携手，共同挖掘双方各自的潜在利益，创造新的谈判价值，只有这样才能够交易成功。

本案的其他一些鲜明特点是：对于加油站老板而言，他们对成交价格的期望由其现实利益决定，他们在衡量旅行费用等开支需要的基础上定出出售加油站的目标价格。一些谈判对手往往难以接受关于这一制定价格的方式，对方是基于对他们利益的认识而不是你对他们的认识而作为的。

谈判必然会形成一些僵持的局面，这时可以注意在谈判过程中什么方面发生了破裂，为什么会形成僵局。通过这些事例来了解谈判的讨价还价区，价格底线或保留价格以及最佳替代方案（BATNA）的概念。

谈判中可以通过探索和发现卖方的实际利益信息，在此基础上想办法附加上其他一些非即时支付现金的条件使得双方的讨价还价区重叠，诸如可以提供健康保护、旅行过程中的燃油供给、船只维修所需的费用，把Texoil石油公司的标志印在船身或船帆上作为宣传广告等。这些具有创意的点子能够创造出谈判价值，因为这样做的结果对于一方而言成本低而对另一方却有很高的价值。可以通过满足另一方的潜在利益达成交易，尽管这些潜在利益并不直接涉及现实的现金交易。

扫码阅读
参考答案

第 13 章

商务谈判模拟主题 5：兴盛百货收购刘家村土地僵局化解

13.1 谈判背景介绍

兴盛百货公司是一家以经营日用品为主的综合性的大型零售商业企业，经营的商品类别多，品种、规格齐全，从日用品到食品，从工业品到土特产品，从低档、中档到高档品全覆盖，综合性强，深受当地消费者的欢迎。

不久前，兴盛百货成功实现股份制改造，成立兴盛股份有限公司，从原来的国有大型百货零售企业改制成为国有控股、多元化投资主体的股份公司，实现了由传统百货公司向现代零售业，由单店经营向连锁经营的重大转变。

兴盛百货公司在经营过程中按照"一业为本，连锁经营，区域做强"的总体战略，重点发展连锁百货，大力开拓购物中心。公司已确立了逐步成为一家经营规模化、管理现代化、决策科学化、主业特色鲜明、业绩突出的国内一流的百货零售企业的发展目标。在公司发展壮大的同时，随之而来的问题也在不断显现。公司拥有一定的战略发展资源，但目前的地理位置限制了公司的发展；公司的人力资源状况无法满足公司战略发展的需要，物业经营、商品采购、商品销售等岗位急缺人员；公司实力雄厚，但是流动资金有限，资金支出需要复杂的审批手续及流程；公司品牌区域知名度和美誉度较高，因此计划进一步进行品牌推广及扩张，但是费用并不十分充裕。

在此背景下，兴盛百货的负责人经过多方考察、慎重选址，最终计划在市郊建立一个新的连锁购物中心。正当计划如火如荼地进行时，新的矛盾又产生了——百货公司与刘家村的土地谈判陷入纠纷。

兴盛公司选中的土地的使用权归刘家村所有。刘家村位于刘家镇东，滦河以北，共有土地面积 4 159.0 公顷，辖 4 个自然村、8 个居民组，共 531 户，除外出务工人员外，村里男性劳动力 651 人、女性劳动力 1 002 人，几乎全部以种地为生。

公司本计划出 500 万元购买该村土地使用权，而刘家村村民却坚持要 1 000 万元。经过多轮谈判磋商，百货公司出价最终上升到 580 万元，村民还价到 980 万元，之后双方均不肯让步，互不接受对方报价，谈判陷入僵局。

资料来源：李建民. 国际商务谈判案例 [M]. 北京：经济科学出版社，2016.

📍 技能提示

本案例主要涉及的是兴盛百货公司和刘家村关于土地收购价的利益协调问题。经过调查分析得知，这片土地是刘家村人的生存之本，卖掉了土地意味着村民失去生活来源，必须另谋生路，但是又没有很多别的选择，因此他们想利用卖土地的钱开一家食品加工厂维持生计。如果钱少了，计划就会受到影响，无法开建工厂。而百货公司是国有控股企业，流动资金也有限，让步到现在这个价位也是多次请示上级，经过层层审批才同意的，另外，他们想在购买土地上省下一些钱，用于扩大商场规模，进行品牌推广。

该案例也告诉我们，谈判时双方都是站在自己的立场上，从为己方争取利益最大化的原则出发的。但是，过于强调己方利益而忽视对手诉求就会使谈判陷入僵局，形成不可调和的对峙状态，而这种状态的持续会严重影响谈判的进程，如不能很好地解决就会导致谈判破裂。尽管如此，我们在谈判中遇到僵局时也不要自乱阵脚或轻言放弃。党的二十大报告提出，坚持把发展经济的着力点放在实体经济上。报告还提出，必须坚持在发展中保障和改善民生，鼓励共同奋斗创造美好生活。因此，本案例双方要本着平等与互利的原则进行协商，商务谈判不能以胜负输赢而告终，要兼顾各方的利益，着眼于利益而不是立场，利用技巧打破僵局，提高谈判实力，实现最终目的。

13.2 谈判前期筹划

根据以上案例内容，将组内同学分为两队，分别代表兴盛百货公司和刘家村村民的谈判人员进行谈判，兴盛百货公司的谈判负责人为李总经理，刘家村的谈判负责人为村支书刘书记。

13.2.1 谈判人员组织

📍 知识回顾

商务谈判人员的个体素质

谈判对个人整体素质要求较高，是对谈判人员智慧、勇气、耐力、道德等很多方面的考验。商务谈判人员的个体素质主要指谈判人员对与谈判有关的主客观情况的了解程度和解决问题的能力。下面提供一组影响谈判能力的九个方面的测试题（没有分值，仅供参考）。每位同学可以根据表 13-1 的内容对号入座，谈谈自己的体会，判断自己现有谈判能力及潜在谈判能力。

表 13-1　谈判素质测试

测试项目	测试内容	自我评价	综合评价
组织能力测试	是否善于领导谈判小组 是否善于运用手中权力 是否善于使用专家 是否善于处理难题		
分析能力测试	是否善于认真仔细思考 是否善于抓住问题本质 是否常常轻信对方的讲话 是否善于倾听对方的谈话 是否能多听多方面意见 是否善于判断商情 是否善于做价格比较 是否善于了解对方的权限		
表达能力测试	能否准确表达意思 能否简练表达意思 是否善于试探性发言 谈话是否幽默		
控制能力测试	是否容忍对方含糊其词 能否听取反对意见 是否容易感情冲动 是否容易流露真情 是否过分固执 能否控制让步的速度 是否善于缓和僵局		
气质测试	是否信心十足 能否排除干扰 是否勇于竞争 是否尊重自我 是否受人尊重 是否讨人喜欢 对人是否有吸引力 是否不畏强者 是否有忍耐力 是否具有权威		
敏感度测试	对别人的动机是否敏感 对别人的暗示是否敏感 对别人的行为是否敏感		
进取度测试	喜欢什么样的目标（难易程度） 是否坚持目标 是否满足 是否守旧 是否有创见		
道德水平测试	是否正直 是否容忍欺诈 是否会使用不正当手段		
情绪测试	精神状况如何 希望什么结局（利人利己） 是否同情对手（有无原则） 是否愿意和对手做正当的私人交往，能否拉下情面 在可能的限度内要价能否狠心 是否有安全感		

资料来源：杨小川. 商务谈判与推销技巧实训教程[M]. 成都：西南财经大学出版社，2015.

谈判模拟练习

古语说"财富来回滚，全凭舌上功"。谈判的成败，很大程度上靠谈判主谈的一张利嘴，但是只有主谈又会陷入"巧妇难为无米之炊"的窘境，因此需要团队的配合。谈判团队成员的个人素质和知识能力等结构合理便可以起到相互帮衬、相得益彰的奇效。请结合上文的谈判素质，参照表 13-2 的内容组建团队并说明这样分工的理由。

表 13-2 谈判小组成员构成

代表方		小组序号		人数	
成员能力	负责人	主谈	副谈	其他成员	备注
能力					
口才					
学识					
职责					

13.2.2 谈判信息收集

知识回顾

谈判信息是指与谈判活动有密切联系的各种主客观条件，是一种特殊的人工信息。随着信息时代、大数据时代的到来，全面、准确、充分的信息已经成为人们成功地进行各种活动的保证，商务谈判的信息搜索就显得愈发重要。只有充分、全面地了解市场、对手、各项政策法规及金融、科技等全面的信息，才能在谈判时占得先机，提高谈判成功率。

谈判模拟练习

根据本案例提供的背景素材，按照表 13-3 的要求，分别对谈判双方的各个分类项目进行信息收集与调查。

表 13-3 谈判信息整理

信息调查项目	己方	对方	应对策略
1. 基本情况			
2. 需求			
3. 可能遇到的困难			
4. 优势分析			
5. 劣势分析			
6. 谈判背景			

13.3 谈判目标的确定

13.3.1 谈判目标设定

📍 知识回顾

所谓谈判目标是指谈判要达到的具体目标,它指明谈判的方向和预计达到的目的、企业对本次谈判的期望水平。商务谈判的目标主要是以满意的条件达成一笔交易,确定正确的谈判目标是保证谈判成功的基础。谈判目标是一种在主观分析基础上的预期与决策,是谈判所要争取和追求的根本因素。

📍 谈判模拟练习

结合案例背景,分析兴盛百货和刘家村的谈判目标并填入表 13-4 中。

表 13-4 谈判目标设定

谈判目标	己方	对方(预测)
最优目标		
可接受目标		
实际目标		
最低目标		

13.3.2 拟定谈判议题

📍 知识回顾

议题是行动的依据,没有议题,谈判就会变得随心所欲,所以谈判议题不能随意拼凑,不能马马虎虎。根据前述谈判目标以及谈判双方信息收集、实力分析、团队组建等情况,各小组制定一份具体的谈判议题。典型的谈判议题至少要包括下列四项内容。

(1)时间安排,即确定谈判在何时举行,历时多久。对于双方意见分歧不大的议题,应尽量在较短的时间内解决,以避免无谓的争辩;对于主要的议题或争执较大的焦点问题,可将其安排在整个谈判进行到总时间 3/5 时加以讨论;文娱活动的安排要恰到好处;在进行时间安排时要考虑到意外情况的发生,适当安排机动时间。

(2)谈判议题的确定。谈判议题是双方讨论的对象,凡是与谈判有关并需要双方展开讨论的问题,都是谈判的议题。

(3)谈判议题的顺序安排。谈判议题的顺序有先易后难、先难后易和混合型等几种安排方式,可根据具体情况加以选择。

(4)通则议程与细则议程的内容。通则议程是谈判双方共同遵照使用的日程安排,通常包括:列入谈判范围的有哪些事项,哪些问题不讨论,问题讨论的顺序是什么;讨论中心问题及细节问题的人员安排；总体及各阶段谈判的时间安排。细则议程具有保密性，它是对己方审议通过后的具体策略的具体安排，供己方使用。其内容一般有：对外口径的统一，包括文件、资料、证据和观点等；对谈判过程中各种可能性的估计及对策安排；谈判的顺序，何时提出问题，提什么问题，向何人提出这些问题，由谁提出，谁来补充，何时打岔，谁来打岔，在什么时候要求暂停讨论等；谈判人员更换的预先安排等。

谈判模拟练习

请同学们结合案例及前述内容，将本案例的谈判议程安排写入表 13-5：

表 13-5 谈判议程

议题	时间	内容

13.4 谈判僵局预设及化解

13.4.1 谈判僵局分析

知识回顾

谈判僵局是指在商务谈判过程中，当双方对所谈问题的利益要求差距较大，各方又都不肯做出让步，导致双方因暂时不可调和的矛盾而形成的对峙，而使谈判呈现出一种不进不退的僵持局面。

谈判中出现僵局是很自然的事情，虽然人人都不希望出现僵局，但是出现僵局也并不可怕。面对僵局不要惊慌失措或情绪沮丧，更不要一味指责对方没有诚意，要弄清楚僵局中关键的分歧点究竟是什么，谈判的形势是怎样的，然后运用有效的策略技巧突破僵局，使谈判顺利进行下去。

案例 13-1

真诚请教，促成谈判成功

某厂家向一个公司经理推销自己生产的专利产品——防克菜篮，一种可以防止缺斤少两的菜篮，希望由该公司总经销。其他方面都没有问题，但是双方在价格问题上始终谈不拢，一次、两次、三次，每次谈判都因价格问题而使谈判失败。

第四次，厂家改变了策略。双方刚一见面，公司经理就说："价格不降，我们不能接受,即使再谈也没有用。"厂家马上回答说:"经理先生,今天我不是来同您谈价格的,我是有一个问题要向您请教,您能花一点时间满足我的要求吗?"经理愉快地接受了。坐定后,厂家说:"听说您是厂长出身,曾经挽救过两家濒临倒闭的企业。您能不能给我们一些点拨?"在对方一阵愉悦的谦逊之后,厂家接着说:"我们的菜篮正如您所说,价格偏高,所以销售第一站在你们这里就受阻了。再这样下去,工厂非倒闭不可。您有经营即将倒闭的企业的经验,您能不能告诉我,如何才能降低这菜篮子的成本,达到您所要求的价格而我们又略有盈余?"

然后,厂家和经理逐项算账,从原材料型号、价格、用量,到生产工艺、劳务开支等,进行了详细核算,并对生产工艺进行了多方改进,结果价格却只是微微降了一些。当然,对经理先生所付出的劳动,厂家送上一个礼品表示谢意,同时表示一定接受经理的意见,在工艺上进行改进,以减少生产成本。然后,当厂家再谈到总经销价格时,对方没有任何犹豫就接受了,并说:"看来这个价格的确不能再降了,你们做了努力,我们试试吧。"

资料来源:李建民. 国际商务谈判案例[M]. 北京:经济科学出版社,2016.

13.4.2 谈判僵局化解

> 谈判模拟练习

结合以上内容,将案例中兴盛百货与刘家村谈判过程中可能出现的僵局进行分析并提出对策,填入表 13-6。

表 13-6 预计僵局及对策

预计僵局	化解对策

13.5 模拟谈判过程

13.5.1 开局阶段

开局阶段要注意气氛的调节,良好的开局会产生事半功倍的效果。可相互介绍、寒暄以及就谈判内容以外的话题进行交谈。

请将开局阶段的具体内容记录在以下空格处。

_____

_____

_____

_____

13.5.2　磋商阶段

结合准备阶段制订的谈判方案，合理使用谈判策略，进行谈判。针对谈判中出现的一些具体情况应灵活应变，做好谈判记录。

_____
_____
_____
_____
_____
_____
_____
_____

13.5.3　谈判结果

_____
_____
_____

13.5.4　总结谈判收获

针对谈判过程及结果，总结经验及收获，并归纳谈判经验和不足之处。

_____
_____
_____

扫码阅读
参考答案

第 14 章

商务谈判模拟主题 6：H 乳业公司进驻 W 超市的入场谈判

14.1 谈判背景介绍

H 乳业有限公司成立于 2015 年 12 月，是河北省一家集乳制品生产、加工、销售和科研于一体的现代化综合性企业，该公司生产多种乳制品，包括袋装牛奶、盒装牛奶、酸奶等多种类型、多种包装的产品。除了传统的牛奶和酸奶以外，该公司关注消费者对乳制品在"辅助减肥""休闲零食""营养补充""养生助消化"等方面的诉求点，加快向专业化、功能营养方向发展，并推出了具备调节肠道菌群平衡和增强免疫力的功能性酸奶，以及具有增进睡眠作用的功能性酸奶。产品创新为企业带来了更大的经济效益，而该公司的研发投入也不断增加。H 公司的奶源来自当地 20 个国有牧场的 2 万头奶牛，这些牧场全部通过无公害乳品认证、绿色食品认证及 ISO 质量管理体系认证，并采用国际先进的饲养管理体系，全部实行科学的封闭式饲养和先进的机械化挤乳，为 H 公司提供了充足安全的奶源供应。

但是，H 乳业公司作为一家成立不久的新乳业公司，在市场上缺乏一定的知名度，市场上现有知名品牌蒙牛、伊利、光明、完达山、三元等都具有很强的市场竞争力。目前，H 公司的产品主要在河北省以及北方的部分省市销售，在市场上有一定的知名度，但在南方市场的销路还没有打开。伴随着经济的持续发展，我国乳制品市场需求将更加旺盛。基于此，该公司决定进一步扩大市场营销力度，扩大市场销售范围，将产品拓展到全国各地市场。为此，该公司决定要尽快打开南方市场，并选择了广州作为突破点。该公司选择了广州的一家国内知名连锁超市 W 进行合作。与 W 超市的合作对于 H 公司来讲意义重大，W 超市虽然不是当地最大的超市，但是排名靠前，如果能够以优惠的条件进入 W 超市，它的条件可以成为攻下一个超市的参照以及手中的筹码，因为超市之间都是相互比较的。同时，如果能够在广州成功突破大客户市场，将大大有利于 H 公司顺势开拓其他大城市的重点客户卖场。

W超市是一家全国性连锁超市。到2020年底，W超市拥有连锁门店600家，网点遍布全国10多个省市，其中广州50家。该超市以"服务至上，追求卓越"为企业精神，形成了以广州为中心，向全国辐射发展的战略框架。W超市是我国连锁行业中具有一定影响力和知名度的公司，但在发展中也面临着业内竞争以及电商带来的冲击。近期，该超市积极探索开展电商业务，这项工作由采购部张经理全权负责，这对于习惯了传统经营的张经理来说是一个新的经营模式，也是一项新的挑战。张经理是一位专业能力很强的采购经理，具有10余年的从业经验，但对供应商非常挑剔，而且脾气有点大。

　　为了尽快与W超市进行接洽，H乳业公司的业务员小王来到W超市采购部，与张经理进行了面谈。在来W超市之前，小王也做了一定的准备，他了解到W超市的入场费在2万元到3万元之间，根据排面位置不同价格有所差异。1米的单排面费用在4 000~8 000元之间，店庆费、节庆费、新产品促销费都按促销期间销量的2%~3%进行提成，推广人员管理费每月200元/人，堆头费则是根据位置和堆头占地面积进行协商临时确定。账期一般商品为到货60天，生鲜商品为到货15天，补损率一般在5%以内，知名品牌为到货7天，知名品牌及特殊商品为现金购买。小王此次与张经理会面一方面想要介绍一下企业的产品，另一方面也想要了解一下具体费用，并看看是否有机会把价格压低一些。小王如约来到W超市的采购部，果然与了解到的情况一样，张经理看上去有些严肃，又有点冷漠。小王一下子就紧张起来，大概不到10分钟，双方谈话就结束了。

　　"现在的排面很紧张，你们的产品虽然看上去不错，但现在竞争也很激烈，而且你们的产品价格要比同类产品高，至少要下调8%，品牌影响力也不够，能不能卖好很难说……先把资料和样品放下，过后我再看看。你们过几天再来吧，我这两天在忙在线拓展的事情，实在有些忙。"

　　小王一下子有些不知所措，便和张经理确认了一下进场费，张经理说至少要3万元。小王辞别了张经理便立即回到了公司，把遇到的情况跟H乳业公司的李经理进行了反馈。李经理让小王再去查询一些相关信息，并召集相关人员商量对策。随后让小王联系W超市的张经理，李经理一行人将再正式和张经理进行一次面谈，希望能够达成良好的合作关系，签订长期供货合同。

技能提示

　　本案例是H乳业公司入驻W超市的入场谈判。在与超市打交道的各个环节中，入场谈判是重中之重。在入场谈判中，涉及各种费用的谈判，如进场费、年节费、店庆费等，也涉及60天结款之类的账期谈判，超市还总是想要把价格再往下压一压。因此，企业产品入驻超市，需要好好研究一下如何过入场谈判这一关，为自己争取到最大的利益。在谈判之前，H乳业公司应对W超市的信用、经营状况等各个方面进行详细的调查，评估产品在超市中的地位、在整个品类中的影响，了解该超市收费项目的具体信息，了解竞争产品的情况以及竞争产品在超市所付的价格等相关信息。同时也要了解谈判人员的情况，包括个人背景、喜好、工作任务、谈判风格等。此外，也需要对乳制品市场环境及自身的经营状况和实际需求进行详细分析，做到知己知彼。根据分析所得，在综合双方利益需求的基础上，初步确立谈判策略。同时，要了解自己的专业，只有自己了解要推广的产品，才能让对方信服，并事先就对方可能提出的问题做全面准备，从而能够在谈判中针对对方提出的问题给出专业的答复。在前期的接触之后，需要思考在新的谈判中如何成功开局，比如适当的赞美可以给对方以成就感，拉近彼此的距离，为接下来的谈话营造轻松的气氛，做好开局陈述。谈判过程中，供货方和超市的重要议题在于各种费用以及结算方式，需要考虑哪些领域可以让步，哪些领域不可以让步，并注意遵循让步的原则。

思政小栏目

科技创新的力量

全面建设社会主义现代化国家，实现第二个百年奋斗目标，创新是一个决定性因素。习近平总书记在党的二十大报告中强调"坚持创新在我国现代化建设全局中的核心地位"。惟创新者进，惟创新者强，惟创新者胜。坚持科技是第一生产力、人才是第一资源、创新是第一动力，深入实施科教兴国战略、人才强国战略、创新驱动发展战略，才能开辟发展新领域新赛道，不断塑造发展新动能新优势。

习近平总书记强调："高质量发展要靠创新。"回望新时代这十年，智能机器人、增材制造等技术加快突破，有力推动制造业升级发展；超级计算、人工智能、大数据、区块链等新兴技术加快应用，推动数字经济等新产业新业态蓬勃发展；深海油气、煤炭清洁高效利用、新型核电技术为国家能源安全提供了有力保障。十年来，科技创新有力支撑了高质量发展，产业链和创新链融合更深、更高效，经济发展的新领域新赛道不断开辟，科技创新让发展的质量更高了、发展的赛道更多了、发展的活力更足了。

资料来源：谷业凯. 让创新的动能更澎湃[N]. 人民日报，2022-11-18（7）.

14.2　谈判场景设置练习

根据以上案例内容，同学分为两组，分别扮演 H 公司和 W 超市的谈判人员进行谈判，H 公司的谈判负责人为李经理，W 超市的谈判负责人为张经理。

（1）根据参与谈判的人数，小王和张经理的谈判属于哪种谈判类型？这种谈判有什么特点？

_____

_____

（2）你认为李经理会让小王收集哪些信息资料？

_____

_____

（3）假如小王新收集的信息如下：

某知名乳制品品牌入驻W超市的进场费为1.5万元，到货账期为15天；

本市内其他同等规模超市的入场费在1.5万～2.5万元之间，很多超市不收取推广人员管理费；

W超市客流量有所下滑，需要通过促销活动提高卖场人气；W超市财务状况和业内声誉均良好，无重大经济纠纷。

H公司的乳制品质量、口感都比较好，产品分量足，比同类产品要多一些，这在包装上有明显的信息标注，而且产品包装在同类产品中档次较高，选用的材料较贵，并且包装是委托专业设计公司设计的。同时，公司推出的多种功能性乳品在市场上有较高的占有率。如果公司产品加大宣传和推广，产品会有很好的发展前景。为此，公司已经制订了营销的详细计划。

在价格方面，如果按W超市张经理的要求压低8%，公司的最后毛利只有不到20%，这在公司的KA（Key Account，重要客户）供价底线之下了，这样的话，以后的促销活动空间很小，非常被动，因此价格下调的底线为3%。

结合案例相关资料，请H公司分析谈判环境，并明确谈判双方的优势和劣势。

谈判环境分析：

对方优势和劣势：

己方优势和劣势：

🚩 技能提示

据资料内容，H公司需要做好谈判准备工作，其中要设立价格、数量、付款方式、折扣、处罚条款、发货时间等谈判项目。尽管价格是商务谈判的重要议题，但在谈判中也要考虑除了价格以外，还有哪些因素会影响双方的利润。因此，多设立谈判项目有助于谈判结果的双赢。确定谈判项目后，按照项目的重要性，列出优先顺序，同时要估计谈判对手的情况。估计对手情况，有助于找到利益的平衡点，从而有助于达成一致意见。比如谈判双方关注的重点不同，我方关注的是价格，而对方关注的重点是回款问题，那么就可以通过在回款问题上给对方一个满意的结果来换取我方在价格上更多的满足。

🚩 谈判模拟练习

接下来，需要列出选择项，选择项是指谈判项目之间的关系，比如价格与回款期、价格与数量的关系等。每个谈判项目应该有不同的解决方案，在谈判前，尽可能列出解决问题的多种方案组合，以利于达成协议。然后就每个谈判问题设置界限，找出高线和底线，并检验界限的合理性。以上准备工作可以填入谈判准备表格，这样可以使谈判人员在谈判中进退有度，运筹帷幄。在充分调研和准备的基础上，H公司填写表格14-1。

表 14-1　H 公司谈判准备表格

谈判项目	目标					
	优先项		范围			
	我方	对方	选择项	最好	最差	目标

案例 14-1

A 公司的谈判准备

A 公司的某产品每年产量约为 20 000 件，半年后预计将会有大量的同类竞争品上市。该公司的产品主要由 B 超市经销，B 超市每年从 A 公司进货 10 000 件，进货价格为 20 元/件，货到后 15 天付款，合同期为 1 年。为了应对同类产品的竞争影响，A 公司希望以后能够和 B 超市建立更加长久的合作关系，同时 A 公司也想要与更多的经销商合作，以扩大市场范围，因此不想给 B 超市太多的货物。目前两家公司的合约即将到期，马上要进行新一轮的谈判。

可以看出，A 公司关心的谈判项目包括合同期、数量、价格等多个方面。结合 A 公司所面临的情况，A 公司根据自身需求将谈判项目列出优先顺序，如表 14-2 所示。由于替代品的竞争影响，A 公司希望能和 B 超市建立更长久的合约关系，故而将合同期放在了第一位。此外，A 公司计划与更多的经销商合作，因而产品数量也是一个重要的谈判项目，列在了第二位。

表 14-2　A 公司谈判准备表格

谈判项目	目标					
	长期培养成长中的市场					
	优先项		范围			
	我方	对方	选择项	最好	最差	目标
价格	3	1	价格、数量、合同期	24 元/件	20 元/件	22 元/件
数量	2	2	数量、价格、促销	10 000 件	15 000 件	12 000 件
合同期	1	4	合同期、价格	2 年	10 个月	2 年
回款	4	3	回款、价格、数量	现款	1 个月	15 天

资料来源：朱春燕，陈俊红，孙林岩. 商务谈判案例 [M]. 北京：清华大学出版社，2011.

（4）结合相关资料，请 W 超市分析谈判环境，并明确谈判双方的优势和劣势。

谈判环境分析：
_____
_____

对方优势和劣势：
_____
_____
_____

己方优势和劣势：
_____
_____
_____

在充分调研和准备的基础上，请 W 超市填写表 14-3 所示的谈判准备表格。

表 14-3　W 超市谈判准备表格

谈判项目	目标		范围			我方目标
	优先项		范围			
	我方	对方	选择项	最好	最差	我方目标

14.3　撰写谈判方案

◎ 知识回顾

在对谈判目标、谈判时间、谈判地点、谈判人员等谈判基本事项进行详细全面的安排后，撰写一个总的谈判方案。第一，需要明确谈判目标，并将目标分为若干层次，比如最低目标、最高目标、可接受目标等；第二，要明确谈判的要点，使谈判人员能够做到心中有数，合理安排进程，集中主要精力解决要点问题；第三，要明确在开局、报价、磋商、成交、签约等各个阶段应当采取的策略；第四，选择谈判方式，比如是采用横向谈判还是纵向谈判；第五，规定谈判期限，最大限度地高效使用时间，并留有一定的机动时间；第六，准备替代方案。

◎ 谈判模拟练习

请 H 公司和 W 公司结合调研分析结果，撰写谈判方案，并分别填写表 14-4。

表 14-4 _____公司谈判方案表

采购谈判双方		甲方：	乙方：
		产品供求及竞争情况：	
		产品优势及劣势：	
		产品销售情况：	
		超市经营情况：	
		超市优势及劣势：	
	对方情况	资信情况：	
		谈判风格：	
	己方情况	资信情况：	
		谈判风格：	
谈判主题			
己方谈判目标			
谈判人员			
谈判时间及地点			
谈判策略	开局阶段		
	磋商阶段		
	成交阶段		

知识链接

超市是超级市场（supermarket）的简称，是指以顾客自选方式经营食品、家庭日用品为主的大型综合性零售商场。超市的商品种类较为齐全，以顾客自选商品为特色，采取出门一次结算付款的方式，能为消费者提供充分挑选的机会，可以提供"一站式购物"，因而受到消费者的青睐，也被称为"自助商店"或"自选商场"。超市出现后引起了人们极大的兴趣，它也被称为零售业的第三次革命。随后，超市得到了快速的发展，大量超市雨后春笋般地遍布世界各地，并很快和连锁店相结合，形成了遍布各地区的连锁超市。20世纪60年代，连锁超市在发达国家进入成熟期阶段，成为发达国家零售的重要模式。

20世纪90年代中期以后，我国超市业发展迅速，超市的数量和销售额都得到了快速的提升。华润万家、永辉超市、大润发、联华超市、物美超市等都是我国知名的本土超市品牌。随着超市的不断发展，我国连锁超市的业态类型不断推陈出新，除了以食品、小百货为主的综合性超市外，专业性的超市如家具超市、电脑超市、建材超市等也相继兴起。随着互联网和电子商务的兴起与发展，传统的零售业受到了很大的冲击和影响。面对电商带来的冲击，众多实体超市也纷纷谋新求变，积极拓展线上业务。

商品进超市的主要费用可谓五花八门，主要包括进场费、端头费、堆垛费、DM费、年节费、店庆费、年底返利、毛利补偿费、账期、生鲜产品补损费等。比如，端头是指一排货架的两边面向过道的货架，通常用于促销或主推商品。由于面向过道，人流量相对较大，因此供货商需要向超市缴纳一定的费用才能申请到端头，这个费用就是"端头费"。再比如，超市的年节费，是在过年过节的时候，超市会以这个名义向供货商收取费用，用于节假日期间的布展和布局以及临时展台的布置。DM费则是发到家庭或顾客手里的商品信息传单所发生的费用。不同的超市在费用要求上各有不同，而商品入驻超市的费用、促销活动、折扣、价格等也是超市谈判经常会涉及的项目。

14.4 谈判技巧：如何让步

谈判是一个讨价还价的过程，那么，供货商在报价时要为讨价还价留下一定的空间。H公司作为一家起步不久的公司，要做到在谈判中既能使对方有一个满意的收益，又能使自己付出的代价较小，就需要把握住让步的原则，掌握让步技巧。让步通常意味着妥协和某种利益的牺牲，因此只在最需要的时候让步，不是迫不得已，不要轻易让步。让步还需要注意以下几个问题。

第一，要把握让步的方式和尺度。比如企业A和企业B的谈判中，企业A的报价是500元，企业B要求企业A让步到300元，而对于双方来讲，400元是可以接受的。那么企业A该如何让步呢？一种方式是每次都让步50元，直到让步到400元，这种方式称为刺激欲望型；第二种方式是每次让步数额比以前的要大，比如第一次让步20元，第二次让步30元，第三次让步50元，这种方式称为诱发幻想型；第三种方式是每次让步数额比以前的要小，比如第一次让步50元，第二次让步30元，第三次让步20元，这种方式称为希望成交型。这三种方式我们会选择哪一个呢？答案是第三种方式。第一种方式会让对方期待下一个50元，第二种方式会让对方期望我们更大的让步，而第三种方式则显示出让步者的立场越来越强硬，即让步不是无边无际的，而是明白地告诉对方让步到什么时候为止。

第二，严格控制让步的次数和频率。一般来讲，让步的速度应尽可能慢，让步次数应尽可能少，理由很简单，多次的让步和很快的让步会让对方认为我们还保留了很大空间。

第三，不做没有条件的让步。让步的根本目的是维护己方利益，通过让步从对方获得利益补偿。那么在谈判时，可以将谈判的议题进行捆绑，或附其他条件进行议题的谈判。比如，我们有5个议题，可以将议题1（价格）和议题4（数量）配套，如果对方在价格上让步，我们便在数量问题上做出让步。有时候，我们也可以在一些不重要的问题上做出主动让步，以换取在自己关注的重点问题上能够获取对方的"回报"。

14.5 模拟谈判过程

14.5.1 沟通练习

（1）任何谈判都是不同主体之间沟通交流的过程。语言表述是商务谈判成功的关键,谈判语言表述要文明、清晰、严谨、准确、得体。比如,在谈判中,如果谈判主体在陈述产品性能时说到"我们这种设备的性能,真是好极了",那么这种表述感情色彩较浓,文字激扬,可以转换为"根据用户反映,这是一种性能良好的设备"。结合"得体表述"的要求,分析下列句子存在的缺点并进行转换。

1)这种打火机性能良好,经久耐用。
2)我们企业在国内外都很有名,产品销路非常好。

(2)除了语言以外,很多非语言符号也是重要的谈判工具,如动作、姿态、眼神、表情等,通过这些非语言信息我们可以获得许多有价值的信息。请和同学演示以下行为,并指出这些行为语言给人的感受。

1)对方看着你,你的眼睛看别处,眼神有些飘忽不定。
2)在交谈中,突然闭上眼睛。
3)腰板挺直,使颈部和背部呈直线。
4)双手相握,或不断玩弄手指。

14.5.2 谈判过程实录

结合前期准备以及相关策略的制定,进行案例的模拟谈判,并记录如下。
(1)请将开局阶段的具体策略记录在以下空格处。

(2)结合准备阶段制订的谈判方案,合理使用谈判策略,进行谈判。针对谈判中出现的一些具体情况灵活应变,做好谈判记录。

(3)谈判结果总结。

(4)结合谈判过程及结果,对谈判要点进行总结,并归纳谈判经验和不足之处。

_____
_____
_____

14.6 谈判合同模拟呈现

超市进场协议书

甲方:_____
地址:_____
电话:_____

乙方:_____
地址:_____
电话:_____

甲乙双方经友好协商,现就乙方产品进入甲方超市销售,达成以下协议:

一、主体资格

甲、乙双方在本合同签订时,应当提供营业执照、税务登记证等自身主体资格的证明。

二、合同标的

(1)供应的商品种类、品名、品牌、规格、生产厂厂名及厂址、等级、质量标准、包装要求、计量单位及单价等,详见本合同附件一"代销商品确认单"[⊖]。在合同期内,调整商品供应时,以双方确认的"代销商品确认单"为准;如遇价格调整,价格变动一方应提前_____日通知对方,经对方确认后方可调价。

(2)乙方应当按照"代销商品确认单"提交相关商品生产、代理、批发、进口、转向经营等许可或证明文件以及相关质量检验证明。有专利、注册商标标示的,还应提供国家颁发的相关证明。

三、费用

1.新品进场费

乙方为在甲方销售商品包括为扩大市场份额要求甲方提供条件,乙方同意向甲方支付进场费_____元,商品条码费_____元/个,共上条码_____个。

⊖ 本书附件省略。

2. 特殊上架费

乙方为取得甲方旺销位置的优先权，同意向甲方以购货金额的一定比例或固定金额（两者必居其一）的方式，按季度支付有关费用：

（1）堆头费 购货金额的_____%（或_____元）。

（2）其他旺销位置费 购货金额的_____%（或_____元）。

3. 促销费用

（1）甲方每年举行店庆活动1次，乙方须每年向甲方支付店庆费_____元或按店庆期间售货金额的_____%支付。

（2）甲方将在下列节日：元旦、春节、五一节、国庆节、中秋节和_____进行商场整体促销活动，乙方同意参加上述活动，并支付节庆费_____元/次或按节庆期间售货金额的_____%支付。

（3）新产品促销费按促销期间售货金额的_____%提成，DM费每次_____元。

（4）甲方同意乙方派驻促销员，该促销员属于乙方雇员，主要从事与乙方所供商品有关的销售服务工作，由乙方负责其薪资、培训等费用。该促销员在卖场内的行为规范服从甲方的统一管理，同时乙方每月须向甲方支付促销人员管理费用_____元/人。

四、结算付款方式：_____

五、为保证双方利益，甲方收取乙方质量保证金_____元，待合同到期后，甲方根据实际情况（如不发生顾客投诉等质量问题）在厂商撤柜后_____个月退还保证金。若乙方在销售期间擅自终止合同，发生顾客投诉未处理或其他违反合同的情况，保证金概不退还。

六、甲方负责卖场内的统一收银，乙方必须按照甲方的统一要求和程序开展商品的销售和收银，不得私自在卖场内收银。乙方不得以任何方式在营业场地内招揽生意并在甲方商场外交货收款。一经发现，第一次处以交易金额_____罚款，第二次处以交易额的_____倍罚款，第三次处以交易额的_____倍罚款后，甲方即终止本协议。

七、乙方要对在经营场地内陈列或销售商品的质量和真实性负责。不得提供侵犯他人之商标、专利、著作权或违禁之商品。由此引起的消费者投诉、新闻媒体曝光、行政机关查处或民事纠纷等，均由乙方承担全部责任。由此导致甲方声誉及经济利益损失的，甲方有权进一步要求乙方赔偿。

八、甲方有权根据卖场布局，对场地货架进行适当调整，乙方必须服从甲方全面安排，但甲方须提前一周通知乙方。

九、甲乙双方任何一方要求变更或解除合同，应及时通知对方，并采用书面形式由双方达成一致后原协议即告终止。当一方接到另一方变更或解除协议的要求后，应在_____日内做出答复，逾期不答复，即视为认可。

十、未尽事宜双方协商解决。

十一、合同有效期

本合同自_____年_____月_____日生效，至_____年_____月_____日止，有效期为_____年（月）。本合同一式_____份，双方各执_____份，均具有同等法律效力。

甲方：_____　　乙方：_____

签约代表：_____　　签约代表：_____

盖章：_____　　盖章：_____

日期：_____　　日期：_____

扫码阅读
参考答案

第 15 章

商务谈判模拟主题 7：索赔谈判案例

15.1 谈判背景介绍

A 公司是一家知名的汽车生产厂商，业务领域包括汽车的研发、生产、销售、物流、服务等。A 公司在全国设有 5 个生产基地，总面积将近 400 万平方米，并在日本、美国、韩国等国家设有分公司或办事处。该公司生产的汽车销往国内各地，并在国际市场上享有盛名，出口到世界各地的很多国家。除了传统汽车外，该公司生产的新能源汽车整合了多项顶尖的高科技技术，不仅节能环保，而且外观时尚，一上市便受到了消费者的喜爱。近年来，A 公司成为新能源汽车领域的领跑者之一，其新能源汽车销量一直位居全国前列。在国家推动新能源汽车发展的一系列政策的支持下，A 公司不断加大科研投入力度，增大产出规模，具备良好的发展前景。

M 公司是一家大型的专业汽车模具生产企业，主导产品有：汽车冷冲模、检验夹具、汽车主模型、汽车零部件、模具标准件等。该公司有近 30 年的模具制造历史，曾为国内外诸多汽车制造厂家提供服务。公司紧跟世界汽车模具设计理念，将年利润的 7% 用于研发创新，能够独立完成整车模具的开发、设计和制造，具备年产冲压模具 5 000 套的生产能力。公司产品在国际、国内模展会上多次获奖，并被授予"全国环境保护先进企业"。伴随着全球制造业的发展，我国汽车模具产业发展迅速，国内汽车模具行业企业陆续出现了具备国际竞争力的领先企业，而汽车模具市场的竞争也日益激烈。

A 公司和 M 公司是两家长期合作的伙伴，M 公司是 A 公司模具最大的供应商，它的模具供给量占到公司 A 使用模具的 80%。同时 M 公司也是 A 公司的安全带和仪表台板这些汽车零部件的重要供应商。但是最近，M 公司的模具一直存在质量问题，给 A 公司造成了额外的损失。当初两家公司签订的合同约定：M 公司提供的模具合格率达到 95% 以上便可。但这是一条有歧义的条款，既可以理解为每套模具各个零件的合格率达到 95% 以上，也可以理解为所有模具总体合格率达到 95% 以上。显然，第一种理解对于 A 公司是有利的，而第二种理解对 M 公司是有利的。A 公司认为由于 M 公司产品质量问题导致的损失必须由 M 公司承担，总计损失 50 万元。而 M 公司则认为 A 公司的质检部门在接受 M 公司的模具时就应该看清楚，如果是次品可以退货，而不是等到进了工厂投入后才发现有问题，因而他们拒绝承担损失。A 公司知道自己不可能一下子抛开这个供应商，而且 M 公司新生产的雨刮器在行业里质量最好且价格低廉，这也是 A 公司近期计划合作的领域。M 公司当然也不愿意失去 A 公司这个大客户。双方多次交涉没有能够达成协议。于是，A 公司采购部的张经理决定尽快和 M 公司销售部的李经理面对面通过谈判对此事做一个了结。A 公司采购部的张经理是一位汽车行业的专家，因其在汽车工程方面的研究成果而获得诸多的成就，在汽车制造方面拥有 20 年以上的工作经验。M 公司销售部的李经理一直在 M 公司负责销售业务，对公司产品和业务非常熟悉。两位经理在工作上有过多次联系和合作，双方此次谈判将主要解决两个问题：一是确定对 95% 以上合格率这一条款的理解；二是商议 M 公司赔偿 A 公司损失的事宜。

本案例主要涉及的是 A 公司和 M 公司的合同索赔问题，A 公司认为 M 公司产品质量存在问题应承担全部 50 万元的损失赔偿，而 M 公司则认为 A 公司在质检环节存在疏忽，自己不需要赔偿。而且双方就合同条款有不同的理解，这增大了谈判的难度。这也使我们意识到，在签订合同时应避免出现歧义性的合同条款。索赔谈判与一般合同谈判不同，索赔谈判需要确定违约的行为是什么，违约责任在哪方，确定赔偿的金额和赔偿期限。本案例中，A 公司提出索赔，要收集相关的证据，而 M 公司也需要顾全大局。双方要摆事实，讲道理，耐心讨论赔偿的合理数目和方式，不能相互指责，夸大自己的损失，导致合作关系破裂。因为一旦合作关系破裂，A 公司需要重新寻找供应商，各方面成本过高，而 M 公司也将失去一个有发展前景的大客户。双方谈判前需做好充分的信息收集，做到有理有据，提高己方的谈判优势和实力，并合理采用谈判策略，寻找谈判的突破口，既要坚持原则，又要有一定的灵活性。

思政小栏目

企业发展方向：绿色发展

在持续的绿色投资驱动下，中国在可再生能源、电动车等领域的技术创新脚步不断迈向新高度。通过国际合作，中国还将所积累的技术和经验分享给不同国家，惠及更广大地区民众，在全球绿色发展中发挥重要作用。

据中国国家发展改革委和国家能源局的数据，2012 年以来中国能耗强度累计降幅超过 26%，能源消费中的煤炭占比下降了 12.5%，可再生能源发电装机突破 11 亿千瓦，水电、风电、光伏发电装机规模多年位居世界第一。此外，中国新能源车产销量也全球领先。

在绿色发展技术创新和规模化应用方面，中国并没有局限于国内市场。凭借出色的产品和技术经验，中国企业在全球多国协助开发可再生能源、电池制造等项目，惠及当地民众。

在肯尼亚东北部加里萨郡，中国企业承建的东非地区最大光伏发电站自投入运营后，持续为当地民众提供清洁电力。据介绍，加里萨光伏发电站年均发电量超过 7 600 万千瓦时，满足了 7 万户家庭数十万人的用电需求。发电站还带来很大"绿色效益"——每年可节约标准煤超过 2 万吨，减少二氧化碳排放数万吨。

资料来源：中国发展网，十年开拓，中国助力全球绿色发展，2022-09-30。

15.2 谈判场景设置练习

根据以上案例内容，将同学分为两组，分别扮演 A 公司和 M 公司的谈判人员进行谈判，A 公司的谈判负责人为张经理，M 公司的谈判负责人为李经理。

15.2.1 组建谈判队伍

小组谈判是谈判各方有两个以上的人员参加的谈判形式。建立一支高素质的谈判队伍是做好商务谈判工作的前提和保证。小组成员的数量通常根据谈判项目的大小、工作的难易程度等情况来确定，通常包括谈判负责人、技术人员、财务人员、法律人员、翻译和记录人员等。谈判人员应在力求精干的原则下合理设置，当然人数也不是越多越好，人数越多，协调起来难度越大，且花费的成本也会增高。

此外，选择好谈判小组的负责人是保证谈判小组更好进行谈判的重要保障。一般来讲，谈判负责人需要具备与谈判项目相关的专业知识和经验，具备领导和协调组织成员的能力，有较强的责任心。通常，涉及合同争议的谈判负责人往往是项目经理、合同执行经理或是曾经参加过相关谈判的人员。

（1）请结合案例条件合理组建谈判小组，那么你的小组成员中包括哪些参与人呢？你的小组中谁更适合做谈判负责人呢？结合小组成员特点进行小组分工，请说明，并写出各自的职责。

_____

_____

_____

（2）人是商务谈判的主体，个体谈判人员的素质影响着谈判整体的效率，同时也是选拔谈判人员的基本标准和依据。结合前边学习过的理论知识，请从思想意识要求、业务能力要求和心理素质要求三个方面概括谈判人员应具备的具体能力。

_____

_____

_____

15.2.2 备战商务谈判

1. 电话约定谈判安排

与对方约定面对面谈判的时间、地点和相关安排，了解谈判人员安排，其中地点选择谈判双方任一方企业办公室。熟悉电话的礼仪、语气和语式原则，并做好电话记录。（注意：应在适宜的时间给对方打电话，电话接通后应主动报出自己的身份或姓名，通话时语言礼貌，表达清晰，并注意语气、语调，避免语调过高、语气过重，也要避免语气太轻、语调过低。因为语调过高、语气过重会给对方严厉、尖刻、冷淡的感受，而语气太轻、语调过低也会使对方感到无精打采，有气无力。电话记录应完整、准确，切不可马虎大意。）

联系过程及电话记录：
_____
_____
_____

结合电话中确定的谈判地点，谈判双方分别属于主场谈判和客场谈判两种不同的谈判类型，写出主场谈判和客场谈判的优势和劣势以及应当注意的问题，并在谈判过程中予以注意。
_____
_____
_____

2. 谈判会场布置

双方协商选择谈判一方的公司作为谈判地点。作为主场谈判的一方需要对会场进行布置，对双方谈判座位进行安排，请主场谈判小组说明谈判会场布置情况。
_____
_____
_____

3. 谈判环境分析

与谈判相关的环境包括政治法律环境、经济贸易环境、行业市场情况、基础设施情况等。这些环境因素会对商务谈判产生直接影响。结合案例资料，收集相关的环境信息资料，并填到下列空格处。

政治法律环境：_____
_____

经济贸易环境：_____
_____

行业市场情况：

基础设施情况：

4. 谈判双方情况分析

分析谈判双方基本情况是理顺各种关系以及制定谈判策略的重要依据。对方的基本情况包括企业的性质、注册资金、主营业务、控股股东等；对方的信誉主要包括企业的市场声誉、财务状况、经营历史以及是否存在不良商业行为等；对方需求即对方所追求的核心利益，以及想要获取的附加利益，也就是对方想要实现的目标；对方谈判人员的背景、资历、性格、谈判风格等同样是需要考虑的因素。除了对对方进行分析以外，也需要对己方情况进行分析，以做到知己知彼，从而更好地制定谈判策略。结合所学理论知识和案例背景，对本次谈判双方进行分析，并将分析结果填入以下空格中。

对方基本情况：

对方市场信誉：

对方优势和劣势：

对方需求：

对方谈判人员谈判风格和个人情况：

己方基本情况：

己方市场信誉：

己方优势和劣势：

5. 明确谈判目标

谈判目标是谈判过程中解决的实质性问题，谈判目标的内容依照谈判类别、谈判各方的需求确定。结合案例，请设定具体的谈判目标，并以实现既定目标为导向，合理思考谈判策略。

最高目标：_____

_____

可接受的目标：_____

_____

最低目标：_____

_____

6. 制定谈判策略

针对不同阶段制定完整的谈判策略，包括开局策略、报价策略、让步策略等，结合所学习的理论知识以及对本案例的深入分析，从所扮演的角色出发，合理设计谈判策略，并用文字表述出来。

_____

_____

_____

7. 模拟谈判

组织小组成员对谈判进行预演，选择出最合理的方案，找出谈判策略可能存在的问题并进行修正。结合所学习的模拟谈判方法进行模拟谈判演练，并进行记录，同时写清存在的问题及修改方案。

_____

_____

_____

15.3 索赔谈判知识点链接

15.3.1 什么是索赔谈判

在商务活动中，合同是约束双方权利和义务的重要文件。合同签字生效后，合同当事人应按照合同约定履行义务。如果一方当事人未履行义务或履行不符合合同约定而造成违约，影响了另一方当事人的权益，则受到损害的一方有权向违约方提出索赔。只有当履约中发生不可抗力事故，致使一方不能履约或不能如期履约时，才可根据合同规定或法律规定免除责任。双方因受损害一方提出索赔要求而进行的谈判即索赔谈判。索赔谈判可以分为直接索赔谈判和间接索赔谈判两种，其中直接索赔谈判是由合同各方当事人就违约赔偿问题直接进行的谈判,而间接索赔谈判是由中间人出面协调当事人各方解决因违约造成的损失赔偿问题的谈判。

15.3.2 索赔谈判应注意哪些问题

(1) 索赔谈判需以合同为依据。索赔谈判通常是由于一方违约造成损失,受损方要求对方赔偿而进行的谈判行为。在商品贸易中,争议和索赔的情况是经常发生的,由于争议和索赔关系到交易各方的利益,因而各方都非常重视,在合同中都会有明确的索赔条款,索赔条款中通常会明确索赔的依据、索赔期限、索赔金额的确定等内容。因此,判定一方主体是否违约是以合同为依据进行判断的,索赔是在合同基础上提出的赔偿要求,须按照合同内容提出对方的违约责任和行为,并确定赔偿金额和形式。因索赔而发生的索赔谈判自然也是以合同为依据的。合同未明确的问题,才会引证惯例和相关法律。

(2) 索赔谈判需收集充分的证据。违约与否除了依合同之外,往往还需要提供证据使索赔成立。这些证据往往包括权威部门的技术鉴定证书、双方往来的函电等。

(3) 索赔需要在合同规定的索赔期限内进行。索赔期限是指受损害方有权向违约方提出索赔的期限,比如合同中约定,"索赔期应在XX天之内"。索赔期限的长短,应根据交易商品的特点来合理商定。在合同签订时需要注意索赔期限的明确规定,受损害方应在一定的索赔期限内提出索赔,否则就丧失索赔权利。因而索赔谈判具有一定的时效性。

(4) 索赔谈判需注意处理好双方的关系。由于有损失,所以受损方会提出具体索赔要求,而另一方则会针锋相对,提出自己的立场。在这种情况下,谈判双方往往在行动或情感上较为冲动,容易形成较为强硬的态度,谈判气氛也比较紧张,要达成赔偿协议也较为困难。因此,在进行索赔谈判时,就需要注意保持充分的冷静,避免产生更多的冲突,并注意处理好双方的关系,合理采取谈判策略,促进谈判朝着良好结局发展。

案例 15-1

一个愉快的开局

某建筑公司在施工的过程中由于合作伙伴A公司的装饰材料迟迟不能交货而导致整个项目无法正常完工,尽管多次电话联系A公司,但事情仍没有得到处理。无奈之下,该建筑公司便派负责采购的高经理前往A公司进行谈判。刚到A公司,高经理就见到了A公司的负责人李先生。高经理热情地跟李先生打招呼,他说:"我是第一次来这个城市,路上我跟行人询问怎么能到贵公司,没想到大家对贵公司都很熟悉,帮我指了路,还称赞说贵公司是咱们当地最有名的公司了。"李先生听了高经理的话非常开心,便兴致勃勃地向高经理介绍公司的发展史,并邀请高经理去车间参观。高经理对A公司的管理制度和先进设备赞叹不已。参观结束后,李先生主动邀请高先生吃饭,并说:"我知道你来的目的,没想到我们见面如此愉快,市场需求近期增长很快,公司产能有些跟不上,不过你放心,我保证先给你们公司供货。"

资料来源:滕凤英,冯文静.商务谈判实务[M].北京:北京理工大学出版社有限责任公司,2020.

通过以上案例，你获得的启示是什么？在该建筑公司和 A 公司的谈判中，你会采取什么方法营造开局气氛？在开局阶段，你会考虑哪些因素来确定开局策略？

15.4 模拟谈判过程

15.4.1 入场及陈述

注意商务礼仪，比如客方到场时，己方人员应主动握手，但谈判结束时应将握手的主动权交给客方。入场时，应邀请客方先入，或与客方同时入场，切忌己方人员先入场，在场内等待对方人员。在主客双方中，应先把主方的成员介绍给客方。在进行自我介绍时，应清晰地报出自己的姓名，并善于用眼神表达自己的友好、诚意和愿望。在开局阶段，谈判双方处于相互戒备的状态，很难敞开心扉畅所欲言。因此，先营造良好谈判氛围，再阐述己方观点、立场、计划和建议很有必要。结合所学习过的商务礼仪知识，进行入场，并开始进行开场陈述。请将开局阶段的具体内容记录在以下空格处。

_____
_____
_____

15.4.2 谈判过程实录

结合准备阶段制订的谈判方案，合理使用谈判策略进行谈判。针对谈判中出现的一些具体情况应灵活应变，做好谈判记录。

_____
_____
_____

15.4.3 谈判结果

_____
_____
_____

15.5 谈判要点总结练习

结合谈判过程及结果,对谈判要点进行总结,并归纳谈判经验和不足之处。

_____
_____
_____

15.6 谈判合同模拟呈现

赔偿协议书

甲方:_____

乙方:_____

经双方协商一致,现_____(甲方)与_____(乙方)就_____赔偿事宜,本着平等、自愿、公平原则,经友好协商,达成如下协议:

一、甲方愿一次性赔偿给乙方人民币_____元,同时乙方需履行以下义务(如没有附加条件请填无)_____

二、付款时间及办法:_____

三、上述费用支付给乙方后,由乙方自行安排处理,其安排处理的方式及后果不再与甲方有任何关系。

四、甲方履行赔偿义务后,乙方保证就此事不再以任何形式和任何理由向甲方提出其他任何赔偿费用要求。

五、甲方履行赔偿义务后,就此事处理即告终结。

六、本协议为双方平等、自愿协商之结果,是双方真实意思表示,且公平、合理。

七、本协议内容甲乙双方已经全文阅读并理解无误,甲乙双方明白违反本协议所涉及后果,甲乙双方对此协议处理结果非常满意。

八、本协议为一次性终结处理协议,本协议书一式二份,双方各执一份,经双方签字后生效,双方当事人各应以此为据,全面切实履行本协议。

九、其他:

甲方: (签字)   乙方: (签字)

　年　月　日   年　月　日

扫码阅读
参考答案

第 16 章 CHAPTER16

商务谈判模拟主题 8：互联网背景下的谈判环境与背景分析

16.1 谈判背景介绍

某国内互联网头部企业 A 集团有意收购以移动科技业务为主的 U 企业，代表方就并购价格、股权占比、并购后公司内部管理、资源整合及未来战略发展进行商榷，双方重视长期利益与发展的突破，获得双赢。

1. 互联网市场环境

在过去的几年，百度公司、A 集团、腾讯公司分别在搜索、电商、社交领域奠定了各自的江湖地位，三家巨头共投资了 30 家已上市公司和几百家未上市公司，试图通过向移动互联迁移维持自身在 PC 时代的强势地位。

U 企业凭借移动互联入口的优势地位，可以很好地弥合 A 集团长期以来在移动互联入口发展方面的弊端，以及在移动浏览器、手游、搜索上的短板，盘活 A 宝浏览器、一搜等资源，弥补其在移动互联网领域入口的不足。同时，A 集团在电商领域的优势地位能够给予 U 企业良好的发展空间，帮助 U 企业抵御来自互联网巨头的压力，有机会成为移动互联网产业链上的全能选手。

A 集团可以用自己传统产业的硬实力为 U 企业提供更大的发展空间，而 U 企业在取得手机浏览器 50% 的市场份额后，需要一个更大的发展平台，U 企业会获取 A 集团 B2C、O2O、线下传统深耕业务的支撑。

2. A 集团介绍

A 集团是一家国际化互联网公司，是国内电商头部企业。集团旗下有 11 家公司：某巴巴、某猫、某宝、某付宝、某软件等。A 集团经营多元化的互联网业务，致力于为全球所有人创造便捷的交易渠道。自成立以来，A 集团开发了领先的消费者电子商务、网上支付、B2B 网上交易市场及云计算业务，近几年更积极开拓无线应用、手机操作系统和互联网电视等领域。A 集团致力于形成一个开放、协同、繁荣的电子商务生态系统，在电商、支付、金融、云计算等领域的横向与纵向进行了深远布局。

3. U 企业介绍

U 企业是一家科技有限公司，是中国领先的移动互联网软件技术及应用服务提供商。公司近几年业务发展迅速，产品研发人员比例接近 70%，已经成为国内最大的手机应用技术研发团队，公司亦是中国第一家在手机浏览器领域拥有核心技术及完整知识产权的公司，为民族手机软件产业争得了荣誉。U 企业浏览器基于自身创新技术和开放合作理念，打造了信息导航、移动娱乐、生活服务三大用户服务平台。U 浏览器每分钟打开超过 500 万个网页，每天进行超过 2 亿次的导航点击，曾是中国最大的移动互联网导航平台。U 企业还拥有一些创新的移动互联产品，如移动通信管理应用产品来电通等。

4. 双方的企业文化

企业文化是支撑企业发展壮大的重大精神支柱，是双方得以合作的基础。具体来说，企业文化是一种能够体现出企业特色的精神，是企业在长期的生产经营实践中创造和形成的，包括企业的价值观、道德标准、行为准则和员工的文化素质等企业特征，以及蕴含在企业制度、企业形象和企业产品中的文化特征。

A 集团始终如一地关注顾客需求，迎接变化；U 企业的企业文化是重视和乐于挖掘每一个用户的需求。两者都是坚定而务实的理想主义者——心甘情愿去追求充满不确定的未来，脚踏实地利用互联网改善人们的生活，勇于创新，能很好地把握市场并通过不断地创新赢得市场。

16.2 谈判环境分析练习

16.2.1 企业商务谈判环境分析

商务谈判环境分析就是对影响商务谈判的所有因素的相关信息进行收集、整理、评价，是商务谈判策划的依据。企业商务谈判环境大致可分为两类：外部环境和内部环境。外部宏观环境分析主要是针对政治、经济、法律、技术、人文以及行业环境进行分析，而内部环境分析主要是分析企业自身情况和谈判对手情况。

本案例涉及企业对于经济环境的分析。经济环境包括与谈判内容有关的经济形势的变化情况，如经济周期、国际收支、外贸政策、金融管理及市场供求关系的状况、行业发展状况等。经济环境的变化对商务谈判的影响是明显的，在谈判前应对上述内容及其变化情况认真地了解，并分析它对谈判带来的影响。

谈判模拟训练

请根据 16.1 谈判背景介绍，分析 A 集团并购 U 企业的商务谈判经济环境。

_____

_____

16.2.2　谈判双方核心利益分析

商务谈判是一种与双方商务往来关系有关的经济谈判，是不同利益者之间为经济利益而进行的谈判。外交谈判主要涉及国家利益，政治谈判涉及政党或团体的根本利益，军事谈判涉及敌对各方的安全利益。这些谈判不可避免地涉及经济利益，但往往是围绕着某一种基本利益进行的，不一定是经济利益。

商务谈判则非常清楚地表明，谈判者的首要目标是获得经济利益，只有在经济利益得到满足的情况下才会涉及其他非经济利益。在商务谈判过程中，谈判者可能会调动和利用各种非经济利益因素，来影响谈判结果。

谈判模拟训练

请根据阅读和提示，完成 U 企业和 A 集团的谈判核心利益的总结与分析。

1. U 企业视角

（1）U 企业虽然已经成为全球领先的移动互联网开放服务平台提供商，占据着中国移动端浏览器市场领先地位，但企业管理运营存在诸多问题，影响 U 企业的进一步发展壮大。

（2）U 企业虽然已经创立十年，但存在市场压力等各方面压力，短期之内融资困难，很难上市，近两年这种不利情况造成了 U 企业一定规模的人员流失。

（3）U 企业在电子商务领域没有明显的优势。该企业主打三个入口级业务——浏览器、搜索、应用/游戏，但都导向第三方内容提供方。在当前市场的大环境下，电子商务发展趋势显著。

（4）U 浏览器移动搜索中，少量广告商业模式占据较大配比，但没有专业团队进行统一规划，产品商业化投入方面显得不够专业。

（5）U 浏览器面临更加激烈的市场竞争环境，QQ 浏览器、百度浏览器、本地 app 等对 U 浏览器造成强大的竞争压力。同时，安卓等系统的原生浏览器越做越好，减少了很多人使用第三方浏览器的机会，如何在激烈的市场竞争中迎难而上是 U 企业面临的问题。U 企业与 A 集团实现合作后，可以通过整合双方力量共同应对来自竞争对手的压力。

2. A 集团视角

A 集团在此次合并中的定位不只是一家拓展技术边界的科技公司，而是一家通过持续推动技术进步从而不断拓展商业边界的企业。通过云计算和大数据伸向未来,在自身庞大的网购数据基础上,积极与各地方政府、职能部门合作,开放数据共享,铸就一个更宏大的商业版图。

通过对 U 企业实力的分析,A 集团知晓 U 企业拥有互联网领域较大的使用流量,U 企业拥有所有中国互联网企业中最大规模的海外用户量,覆盖 150 多个国家和地区的用户。U 企业在印度占有 32% 的市场份额,在俄罗斯、越南、印度尼西亚和美国的市场份额增长迅速,在全球 10 个国家至少拥有 10% 的市场份额,并且用户涉及多个方面。

受移动端入口分散特性的影响,A 集团在 PC 端的海量流量优势并没有移植到移动端。擅长"下游业务"的 A 集团收购 U 企业可以获得上游业务的"护城河",也就是说收购后 U 企业将会弥补 A 集团移动搜索、手游、浏览器的不足,盘活某宝浏览器、某搜等资源,拓宽 A 集团移动互联网的入口宽度,增强用户体验感。而且在未来社会的发展中,用户对于移动端的购物使用不可能只是满足于如今的一些功能。因此 A 集团和 U 企业的结合会大大完善它在移动端的搜索和推广,同时 U 企业丰富的流量和较大的市场占有率正好是 A 集团现如今所迫切需要的。

请填写谈判核心利益的总结与分析。

A 集团谈判团队填写:

(1)打开国际市场,加速全球化战略的实施:
_____
_____
_____

(2)移动互联时代的企业技术创新能力:
_____
_____
_____

(3)业务拓展需要:
_____
_____
_____

U 企业谈判团队填写:

(1)融资困难与人员流失问题:
_____
_____
_____

(2)电子商务业务发展问题:
_____
_____
_____

(3)移动搜索引擎发展问题:
_____
_____
_____

(4)面临激烈的市场竞争问题:
_____
_____
_____
_____

16.3 谈判双方优劣势分析

A集团优势分析如下所述。

(1)(品牌实力强):A集团于1999年创立,是一个全球性企业间(B2B)电子商务品牌,主要提供B2B贸易、个人零售、支付、企业管理软件和生活分类信息等多元化的互联网服务,是目前全球最大的网上交易市场和商务交流社区。A集团的总部设在杭州,并在美国硅谷、英国伦敦等地设有海外分支机构。A集团曾两次被选入哈佛商学院MBA案例研究,在美国学术界引发了研究热潮,旗下产品连续五次入选由美国权威财经杂志《福布斯》公布的全球最佳B2B站点之一,还获得了全球最受欢迎的B2B网站、中国商务类优秀网站、中国百家优秀网站、中国最佳贸易网等相关荣誉称号。集团旗下的A宝网、A商城、A付宝都是在中国广为人知并深受信赖的品牌。由于这些品牌的吸引力,大多数消费者都选择直接到A集团在中国的零售平台上寻找所需要的商品和服务,而不是通过第三方搜索引擎来寻找。

(2)( ):集团管理团队的主人翁精神以及有据可查的业绩记录体现了管理团队对于使命、长期目标的追求。其企业文化价值观构成了A集团以往成功业绩的核心。管理团队通过自身努力创建并发展出了包括A云服务以及关联公司A付宝在内的领先业务。

(3)( ):A集团有力的网络效应使其生态系统蓬勃发展,让参与方获得了投资,参与双方通过互动也为彼此创造了价值。集团的毛利润和净利润都以更高的速度增长。

(4)( ):消费者行为、第三方市场的交易以及生态系统中参与者之间的互动所产生的数据为A集团本身和商家的决策提供了很有价值的参考,有助于改善消费者的购物体验、提高运营效率、开发更具创造性的产品和服务。

（5）（　　）：A集团有效地利用筹集的资金和资本市场的杠杆功能进行收购、兼并和对外投资，以极低的成本实现了企业的超常发展，这在A集团收购中国互联网基础设施服务运营商中国万网时可以看出。同时，A集团的品牌价值和融资能力也通过适度但相对成功的营销举措（如福布斯奖）得到了提升。

（6）（　　）：在投资风格上，A集团比较强调对投资对象自主权的尊重。收购雅虎中国、口碑网等案例验证了A集团运营的是一个开放的生态圈，特别强调数千万小企业会员、外部第三方网站、服务商、应用开发商，围绕着尊重创业者的创新自主生态体系获取利益。在这样的并购哲学下，A集团的并购案例一般都比较成功。

A集团劣势分析如下所述。

（1）（移动端的短板）：随着移动互联网的发展，A集团的短板日渐凸显。目前，在中国网民中，有80%通过移动设备上网，可以看出移动网购市场前景广泛。A集团来自移动设备的成交量日益增加，移动交易额占总交易额的比例已经超过1/4。但其移动电子商务带来的营收远低于传统电子商务。A集团的竞争对手已经将通信软件普及到手机上，通过微信就能够实现的购买让传统电商面临更多的挑战。也就是说A集团不仅要和其他电子商务企业竞争，还要和通信软件竞争。其在移动端的利润率远不及PC端，A集团的移动商业化能力有待提高。然而在这一点上，U企业刚好弥补这个短板。

（2）（　　）：A集团一直以来的快速扩张使得企业对外提供的商务平台规模增大，吸引了更多的供应商，但是同时供应商尤其是同一类别的供应商的增加整体上已造成僧多粥少的局面。对于早期入驻的优质供应商，由于其已经通过持续稳定的合作关系和良好的信誉为自己谋得一席之地，A集团平台对其意义很多时候仅仅是一种寻找新客户的手段，而这种手段的作用正在减弱。而对于新加入的供应商，其面临更多竞争，在平台中难以获得关注，成长压力巨大。

（3）（　　）：A集团总流量巨大，但是英文站流量只占总量的6%，况且其中不乏中国供应商在英文网站的登录流量。总体分析之后，A集团实际上的境外流量甚至不足总流量的2%。即每天登录网站的用户98%以上都是境内供应商。由此可见A集团的区域发展极其不平衡，国际知名度和信任度不够，尚未吸引到更多海外资金和境外供应商。对A集团来说，这一方面意味着广阔的未开发市场，另一方面也显示了A集团外贸与国际知名的B2B网站还有很大差距，是A集团面临的挑战。

（4）（　　）：A集团的网站模式是中介形式，易于被模仿，相当于为其他竞争者提供了很好的样本，削弱了自身竞争力，增加了竞争者的竞争力。另外，A集团的商务平台混乱，其所拥有的27类行业、800多个行业门类是A集团在优化商务平台问题上面临的巨大阻碍。此外，该平台还允许买家群发询盘，导致通过该平台销售的订单价格竞争激烈，利润率低。

（5）（　　）：近几年，A集团网站的会员"中国供应商"涉嫌欺诈国际买家，并有近100名A集团员工合谋其中。"欺诈门"事件使A集团的品牌形象在一定程度上受到影响，销售方面也不可避免地受到该事件带来的影响。A 集团的处罚机制和用户投诉处理渠道不完善，给予第三方的深度认证服务亟待优化。"欺诈门"事件的影响还没有过去，又爆出"契约门"，中国企业乃至中国企业家再次陷入诚信危机。

◎ 谈判模拟练习

请根据对 A 集团的优劣势分析，为上文中（　　　）找到对应的、恰当的描述关键词。

1. 优势：数据洞察分析上具有优势、并购资金充足、管理团队强、竞争能力强、宽容的并购风格

（1）品牌实力强　　　　　　　　　　　（2）
（3）　　　　　　　　　　　　　　　　（4）
（5）　　　　　　　　　　　　　　　　（6）

2. 劣势：市场的区域发展不平衡、价值创造能力减弱、负面新闻、A 集团网站及制度缺陷

（1）移动端的短板　　　　　　　　　　（2）
（3）　　　　　　　　　　　　　　　　（4）
（5）

16.4　互联网背景下商务谈判中的 SWOT 分析

◎ 知识链接

商务谈判中的 SWOT 分析

SWOT 分析也是商务谈判中一种不可或缺的分析方法：SWOT 四个字母分别代表：优势（Strength）、劣势（Weakness）、机会（Opportunity）、威胁（Threat）。就商务谈判而言，SWOT 分析可分为两部分：Strength（S）和 Weakness（W），主要分析内部情况；Opportunity（O）和 Threat（T），主要分析外部情况。在研究和分析中，不仅要考虑历史和现状，还要考虑未来的发展问题。

优势是组织机构的内部因素，具体包括：有利的竞争态势、充足的财政来源、良好的企业形象、技术力量、规模经济、产品质量、市场份额、成本优势、广告攻势等。

劣势也是组织机构的内部因素，具体包括：设备老化、管理混乱、缺少关键技术、研究开发落后、资金短缺、经营不善、产品积压、竞争力差等。

机会是组织机构的外部因素，具体包括：新产品、新市场、新需求、外国市场壁垒解除、竞争对手失误等。

威胁也是组织机构的外部因素，具体包括：新的竞争对手、替代产品增多、市场紧缩、行业政策变化、经济衰退、客户偏好改变、突发事件等。

一旦完成了对环境因素的分析和 SWOT 矩阵的汇编，就可以制订出相应的行动计划。基本的思路是：发挥优势，克服劣势，利用机会，化解威胁；反思过去，立足现在，展望未来。运用系统分析的综合分析方法，将排列与考虑的各种环境因素相互匹配起来加以组合，以产生一系列的备选方案。SWOT 分析方法的优势在于，它运用系统的思维方式把对问题的"诊断"和"开处方"紧密结合在一起，考虑问题全面、条理清楚，并且便于验证。

谈判模拟练习

请根据以下描述完成 U 企业商务谈判的 SWOT 矩阵分析，将对应序号填入表 16-1 中。

1. 市场占有率大

U 企业创立后，经过 10 年发展，其全球用户超过 5 亿，旗下涵盖 U 浏览器、U 搜索、U 游、U 助手等众多业务，成为当时 BAT（百度公司、A 集团、腾讯公司）之外中国互联网的一个"变量"。U 企业为移动互联网最早的一拨企业，在当时几乎是手机用户上网的唯一选择。同时，U 浏览器也因其在移动端的入口能力成为 BAT 投资部门窥觑的目标。

2. 业务结构多元化

U 浏览器可以在 Android、iOS、WindowsPhone 等主流智能移动操作系统的 200 多个品牌的 3 000 多款手机和平板电脑上进行操作。其中，U 浏览器在 Android 平台表现最为突出，是全球首个在该平台上月活跃用户数过亿的第三方浏览器。目前，U 浏览器每天为其他平台产生 10 万个新用户，许多小型网站都与其建立了换量关系。

3. 资源整合能力强

A 集团的收购业务被誉为"买下半个中国互联网"的地毯式收购，虽然它在纵深布局上显得较为完善，但随之而来更大的问题在于如何整合多项细分业务，并与 A 集团擅长的核心业务电商、云计算大数据形成有效协同。为此，A 集团无线事业部频频调整，至今尚未得到理想结果，而 U 企业堪称整合资源的高手。

4. 在电商领域的尝试很成功

根据某宝无线的数据，U 浏览器是用户通过手机访问淘宝网最主要的方式。小米公司曾经在 U 浏览器上销售手机时，一周时间就卖出了两万多台。

5. 技术创新能力强

U 企业先后荣获周光召基金会授予的"技术创新奖""年度中国通信学会科学技术一等奖""信息产业重大技术发明"等业内权威技术奖项。公司员工总数已经超过 3 000 人，产品研发人员比例接近 70%，是国内移动浏览器领域拥有核心技术及完整知识产权的公司。

6. 有意并购公司多

BAT 三大互联网巨头都有并购 U 企业的意向。并购交易如果完成，交易金额预计高于 10 亿美元。

7. 优势互补

整个互联网分为电商领域和非电商领域，电商领域的格局和人才是腾讯所欠缺的，而A集团缺的是非电商领域的格局和人才。U企业带给A集团的正是其所欠缺的非电商领域的互补业务、人才资源。

8. 独立上市机会渺茫

浏览器未来在移动互联网市场中的角色仍然模糊，有所争议。此外，二级市场中仍未有移动游戏之外的公司出现，即便是Evernote、Pinterest、Foursquare等公司也都仅仅表示准备IPO，甚至部分在新一轮融资中遇冷。连美国本土移动互联网企业都无法被资本市场接受，U企业独立上市之路艰难。

9. 发展前景受阻

如果不变革，U企业的优势就会随着时代的发展消失。最初用智能手机的就是少数人，用大屏手机的也是少数人，但是目前智能手机的使用率已经显示绝对优势，先锋用户基本都已经弃用陈旧的浏览器，他们的消费习惯会向下传导。这群人的购买力，会让厂商乐于迎合他们的需求推出他们喜爱的产品。在新一代智能终端时代，由于本地app的快速发展以及其他移动浏览器对市场份额的激烈竞争，U企业的发展前景不容乐观。

10. 人才流失压力

作为一个创业10年的"老"创业公司，员工的退出压力一直困扰着U企业。U企业高层对新浪科技表示，当时由于公司短期IPO无望，不少中高层已经心生倦意，这股力量就是推动领导层考虑被收购的重要原因。

11. 产品细分市场狭小

随着中国第三方手机浏览器市场用户规模继续增长，这种诱惑引得老牌浏览器厂商、创新厂商、海外厂商、互联网巨头、终端厂商纷纷云集手机浏览器产业链。但是从目前情况来看，中国第三方手机浏览器市场的产品逐渐出现了同质化严重、有特色亮点功能产品匮乏的现象。面对严峻形势，各厂商开始寻求差异化，在细分市场发力。如移动浏览器最鲜明的差异化是市场定位的差异化，以商务细分市场独特的市场定位，力图打造商务浏览器的领导品牌，专门服务于商务人士等，用来对冲app对移动端浏览器造成的冲击。

12. A集团实力强大

对U企业来说，A集团极具诱惑力，其在电商、支付、文化、体育、云计算、金融等行业里面的沉淀和布局无人匹敌。同时，A集团将对U企业的品牌知名度、影响力带来极大提升，为U企业第三方合作伙伴带来更大的收益。某宝、某商城、某付宝都是在中国广为人知并深受信赖的品牌。大多数消费者受品牌吸引力的影响，会直接选择到A集团的零售平台上寻找所需要的商品和服务，通常不会使用第三方搜索引擎来寻找。

13. A集团扩展非电商领域

从A集团近一年来频频投资并购动作，不难看出其急于在非电商领域业务以及移动端入口取得突破的野心。

14. 加入A集团对U企业来说是一个新的挑战

新成立的U移动事业群不仅全面负责原有业务，还将整合A集团其他相关业务和团队，负责建设和发展其浏览器业务、搜索业务、九游移动游戏平台业务、PP移动应用分发业务以及书旗移动阅读等业务。在拥有了如此多的应用组合以后,如何实现电商、O2O、社交、浏览器、地图等多个领域的协同效应,成了留给U企业最大的难题。

15. 市场发展前景不明朗

在新一代智能终端时代,尽管移动互联网用户数量未来的大幅增长是不可否认的,但在许多领域,PC固定互联网的流量百分比和移动互联网相比将会缩小。用户不是技术人员,他们需要的往往不是一个app或浏览器,而是更加简单快速的服务。由于本地app的快速发展以及其他移动浏览器对市场份额的激烈竞争,U企业的发展前景不容乐观。找棵大树好乘凉。安卓、iOS等平台的原生浏览器正在变得越来越好,这让许多人更少地使用第三方浏览器。

表 16-1　SWOT 分析法表

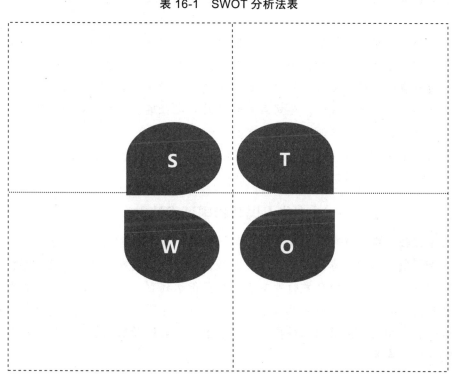

16.5　背景材料拓展

16.5.1　法律资料

📍 知识链接

《中华人民共和国公司法》

第一百三十七条　股东持有的股份可以依法转让。

第一百三十八条　股东转让其股份,应当在依法设立的证券交易场所进行或者按照国务院规定的其他方式进行。

第一百三十九条 记名股票，由股东以背书方式或者法律、行政法规规定的其他方式转让；转让后由公司将受让人的姓名或者名称及住所记载于股东名册。

股东大会召开前二十日内或者公司决定分配股利的基准日前五日内，不得进行前款规定的股东名册的变更登记。但是，法律对上市公司股东名册变更登记另有规定的，从其规定。

第一百四十条 无记名股票的转让，由股东将该股票交付给受让人后即发生转让的效力。

第一百四十一条 发起人持有的本公司股份，自公司成立之日起一年内不得转让。公司公开发行股份前已发行的股份，自公司股票在证券交易所上市交易之日起一年内不得转让。

公司董事、监事、高级管理人员应当向公司申报所持有的本公司的股份及其变动情况，在任职期间每年转让的股份不得超过其所持有本公司股份总数的百分之二十五；所持本公司股份自公司股票上市交易之日起一年内不得转让。上述人员离职后半年内，不得转让其所持有的本公司股份。公司章程可以对公司董事、监事、高级管理人员转让其所持有的本公司股份作出其他限制性规定。

U企业和A集团的合并行为在以上法条中为合法性行为，并无违法行为，因此符合《中华人民共和国公司法》的规定。

《中华人民共和国证券法》

第六十二条 投资者可以采取要约收购、协议收购及其他合法方式收购上市公司。

第六十三条 通过证券交易所的证券交易，投资者持有或者通过协议、其他安排与他人共同持有一个上市公司已发行的有表决权股份达到百分之五时，应当在该事实发生之日起三日内，向国务院证券监督管理机构、证券交易所作出书面报告，通知该上市公司，并予公告，在上述期限内不得再行买卖该上市公司的股票，但国务院证券监督管理机构规定的情形除外。

投资者持有或者通过协议、其他安排与他人共同持有一个上市公司已发行的有表决权股份达到百分之五后，其所持该上市公司已发行的有表决权股份比例每增加或者减少百分之五，应当依照前款规定进行报告和公告，在该事实发生之日起至公告后三日内，不得再行买卖该上市公司的股票，但国务院证券监督管理机构规定的情形除外。

投资者持有或者通过协议、其他安排与他人共同持有一个上市公司已发行的有表决权股份达到百分之五后，其所持该上市公司已发行的有表决权股份比例每增加或者减少百分之一，应当在该事实发生的次日通知该上市公司，并予公告。

违反第一款、第二款规定买入上市公司有表决权的股份的，在买入后的三十六个月内，对该超过规定比例部分的股份不得行使表决权。

该法条为股票的交易乃至公司的所有权方面做出了严格的规定，因此 U 企业在面临收购的条件下，需要严格依照法律履行要件行为，同时该法条也为 U 企业被收购并将来完成上市提供了法律上的规定。

16.5.2　行业中类似企业分析：360 安全浏览器

360 安全浏览器是一款基于 IE 内核的浏览器，由世界之窗的开发者凤凰工作室和 360 安全中心联合发布。360 安全浏览器拥有国内最大的恶意网址数据库，其恶意网址拦截技术可以自动拦截挂马、诈骗、网银仿冒等恶意网址。并由于其独特的沙箱技术，在隔离模式下即使访问木马也不会被感染。数据显示，360 浏览器的市场份额为 27.07%，其中 360 安全浏览器以 23.92% 的份额在桌面浏览器中位列第一。

360 浏览器优点：高强度的安全防护性及其扩展功能。360 安全浏览器具备的"网站照妖镜""网站名片"等防钓鱼功能，确保了考生在经历高考、四六级、中考等一系列考试的过程中上网安全。另外，360 安全浏览器推出比价专版，帮助消费者识别假促销，在保障用户安全网购的前提下，买到真正实惠的商品。

目前，360 安全浏览器全面支持中标麒麟、银河麒麟、中科方德、深度、红旗、UOS、普华、一铭等国产操作系统，以及龙芯、兆芯、飞腾、海光、鲲鹏等国产 CPU，支持电子公文、电子签章、流版式办公插件等近百款国产应用软件，支持高清视频在线播放，有效满足国产计算平台办公需求，并致力于打造国产操作系统统一规范的 WEB 应用平台，提升基于浏览器的 WEB 生态体系的建设速度。

16.5.3　互联网产业跨界融合

"互联网+"实现了互联网与各行各业之间前所未有的跨界融合，这将重塑产业和互联网间的生态系统。在这种情况下，跨界整合是非常重要的。

2013 年以来，中国互联网产业跨界融合的发展趋势不断凸显，开放合作、垂直整合的新型产业模式正在形成。

在产业内部，互联网产业链正在进行更加广泛的垂直整合。随着移动互联网的快速发展，产业链上下游的壁垒被进一步打破，电信运营商、内容和应用服务提供商、设备制造商、终端厂商、软件提供商等公司正在将自身业务加速向产业上下游拓展，通过企业合并、收购、业务合作等形式，有针对性地打造以硬件、软件和应用服务为一体的特色业务，以争抢移动互联网入口。

根据国家统计局的数据，2020 年全国网购销售额达到 11.76 万亿元，同比增长 10.9%，占社会消费品零售总额的近 1/4。网上零售在促消费、稳外贸、扩就业、保民生等方面发挥着越来越重要的作用，有助于加速形成以国内大循环为主体、国内国际双循环相互促进的新发展格局。

2021 年我国网络零售市场呈现两大特点。一是新旧动能转换加快，消费升级势头不减。面对复杂严峻的挑战，中国网上零售表现出了充分的应变能力，主动化危为机，通过创新推动新旧动能转换。新业态、新模式发展迅猛，"6·18""双11"以及"网上年货节"等大型网购促销活动推动需求释放，线上线下融合加速，电商企业加快赋能线下实体转型升级。

二是跨境电商持续发力，有力推动外贸发展。据海关统计，2020年，中国跨境电商进出口额达到1.69万亿元，同比增长31.1%。一些利好政策推动了跨境电商的快速发展，2020年，中国继续深化与22个国家"丝路电商"的合作，双边合作成果加速落地。为应对新冠疫情，电商企业推出了无接触物流、智能物流、电商直播等新方法、新模式，在保障生活物资、药品、应急医疗物资供应方面发挥了重要作用。

资料来源：栗翘楚，商务部：我国网络零售市场发展持续向好，2021-01-23。

在现代服务业中，随着"互联网+"的深入发展，形成了以共享经济为特征的服务模式。最典型的就是在交通领域出现的网运专车、顺风车、拼车以及国际上出现的优步（Uber）等。它们就是利用互联网平台，整合线下冗余资源，提高资源利用率，平衡供求关系，从而形成的一种新形态。

另外，万物互联形成跨界融合趋势。互联网就是"连接、连接、连接"，而跨领域的连接更为关键许多企业积极创新，利用新的互联网技术转型和发展。

在这样的时代，大到国家、小到个人都会有很大的变化。当万物互联使用越来越广泛的时候，很多新的商机、新的业务模式、新的市场都会出现。因此，企业要抓住新的机遇来获得新的市场机会，通过一些技术创新，从传统企业实现真正的跨界。

📍 思政小栏目

党的二十大为新一代信息技术产业指明未来发展方向

党的二十大为新一代信息技术产业指明未来发展方向，要以推动高质量发展为主题，构建新一代信息技术产业新的增长引擎，要坚持高水平对外开放，加快构建以国内大循环为主体、国内国际双循环相互促进的新发展格局。

新一代信息技术产业是国民经济的战略性、基础性和先导性产业，近十年来，我国新一代信息技术产业规模效益稳步增长，创新能力持续增强，企业实力不断提升，行业应用持续深入，为经济社会发展提供了重要保障。从2012年到2021年，我国电子信息制造业增加值年均增速达11.6%，营业收入从7万亿元增长至14.1万亿元，在工业中的营业收入占比已连续9年保持第一。软件和信息技术服务业业务收入从2.5万亿元增长至9.5万亿元，年均增速达16%，增速位居国民经济各行业前列。

协同推进数字产业化和产业数字化，加快数字经济健康发展。一是贯彻国家数字经济发展战略，做好《"十四五"数字经济发展规划》《"十四五"大数据产业发展规划》宣贯落实。二是强化标准引领，持续推进DCMM贯标评估，实现"以评促建、以评促改"，完善数字经济、大数据标准体系。三是组织大数据关键技术产品联合攻关，做好工业数据的分级分类，开展大数据试点示范，加快培育数据要素市场。四是加强对影响数字经济发展重大问题的分析研判，提升数据治理能力，为打造世界级数字经济产业集群营造良好环境。

资料来源：1. 厦门工业博览会微信公众号，推动高质量发展　构建新一代信息技术产业新增长引擎：学习宣传党的二十大精神系列述评，2022-12-09。

2. 大力推动信息技术产业高质量发展　开创工业和信息化发展新局面：工信部信息技术发展司2022年工作新思路[J]. 信息技术与信息化，2022（1）：1-1.

案例 16-1

腾讯收购大众点评

2014年2月16日，腾讯控股有限公司拟受让上海汉涛信息咨询有限公司20.00%股权，作价4.00亿美元，腾讯正式收购大众点评网。腾讯作为国内互联网巨头之一，拥有的最核心资源是优质的社交平台，腾讯的整个发展方向就是围绕着社交平台一步步地建构起一个涉及餐饮、医疗、出行等一系列与生活相关的生态环境。

对腾讯而言，收购大众点评，一方面是将之前失败地在微生活、微购物里投入的电商资源转入更具有竞争力的板块（除大众点评之外还有京东）。另一方面，随着O2O商业模式在国内的蓬勃发展，收购大众点评使得腾讯在O2O领域更加具有竞争力。首先，腾讯地图作为腾讯O2O的直接入口，在各个方面都被百度地图所压制，而大众点评正好为腾讯地图提供了对接商家和顾客的资讯和流量入口，增强了腾讯地图的实力。其次，随着A集团收购高德地图，腾讯地图的实力增强必将使得A集团在地图上投入更多的资源，共同和百度地图竞争。最后，百度在O2O领域通过收购糯米网做出尝试，而糯米网的市场份额仍不到美团的1/4、大众点评的1/2，并且百度缺乏移动支付工具和账号体系，这使得百度在腾讯收购大众点评后在O2O领域的劣势更加明显。

对于大众点评来说，被腾讯收购后直接获得了微信、QQ的流量入口，在腾讯地图上也有所收益，公司有了更加广大的用户资源和用户资料，从社交属性融入餐饮团购，结合微信支付，将会是一次巨大的发展机会。

资料来源：人民网，腾讯入股大众点评　移动互联网竞争再变格局，2014-02-20。

扫码阅读
参考答案

第 17 章 CHAPTER17

商务谈判模拟主题 9：中国传统谈判技巧及文化体验

17.1 经典案例一：从"合纵抗强"到"连横击弱"

17.1.1 苏秦"合纵抗强"

战国末年，秦国以其强大的经济、政治、军事实力为后盾，广泛开展外交斗争，进行兼并东方六国的活动，以实现其统一天下的雄心。由于苏秦采用的"合纵抗强"的谈判谋略屡屡取得成功，使燕、赵、齐、楚、韩、魏六个弱小的国家合为一个具有强大军事实力的联合体，共同抵抗强大的秦国 15 年之久。这种游说，实质上是凭三寸不烂之舌，同君王进行谈判，推销自己的政治、军事、外交主张。

1. 施妙语，游说齐王

苏秦来到当时实力比较强的齐国，把齐宣王作为游说对象，他对齐宣王说："齐国南面有泰山之险，东面有琅琊山之阻，西面有济水之隔，北面与渤海相连，这可以称得上是四面都有险塞的国家。齐国土地方圆两千多里，披坚执锐的士兵有几十万，粮食堆积如山，府库充盈，战车精良，又有东方五国军队的支持，实力非常雄厚。齐军行动敏捷，像锥矢一样锐利，打起仗来，像雷鸣电闪一般，威力无比，大军后撤，犹如疾风骤雨，神速异常，即使有敌国入侵，也不可能越泰山，穿济水，横渡渤海，深入腹地。齐国都城临淄有七万户人家，我暗中估计一下，每户不少于三个男子，一共有三七二十一万兵员，不需征伐远县的兵丁，只聚集临淄的士卒，便有二十一万人之众。凭借大王的贤明和齐国的强盛，天下诸侯，谁敢与您对抗，如今您却要卑躬屈膝，向西方侍奉秦国，我暗暗为大王感到羞愧、耻辱。"

"至于韩、魏两国，他们畏惧秦国，是因为和秦国接壤的缘故。如果秦军进犯他们，他们出兵抵抗，不到十天，胜败成亡便立见分晓。如果韩、魏之军能战胜秦国，那么自己的兵力也会损失一半，无法再防守四面的边境，如果被秦军打败，那就会因战败而亡国。这就是韩、魏难与秦国交战而轻易便向秦国臣服的原因。如果秦国向齐国发动进攻，那情形就不同了。秦兵出动，越境攻齐，背后由韩、魏威胁后路，而阳晋又是必经之路，通过亢父天险时，战车不能并行，两马不能通过。一处险要，百人扼守，千军不能通行。如果推行合纵抗秦之策，既没有屈辱侍奉秦国的卑劣名声，又可以得到富国强兵的实利，我希望大王留心我的计策，并认真谋划一番。"

技巧提示

苏秦游说齐宣王，主要立场是齐国与秦国不可共同存在，就像两虎相争不能并存，他采取的步骤是：首先，极其渲染、铺垫之能事，盛赞齐国人力、物力、财力的雄厚，指出齐国在地理条件和军事实力上的优势，劝谏齐宣王没有必要侍奉秦国，而应自立自强；其次，将韩、魏两国同齐国的情形做对比，指出秦攻韩、魏易得手，秦攻齐国，险象丛生，顾虑多，危险大，因此，齐国根本没有必要畏惧秦国，只要采取合纵政策，以自身的优势，再配合韩、赵、魏、楚、燕五国的支援，遏制秦国兼并天下的野心是可能办得到的。齐国推行合纵政策，有百利而无一害，齐王最后接受了苏秦的意见。

苏秦先从客观上分析齐国实力之强盛，清除齐王畏秦的心理，再分析秦犯齐的艰险和不可能性，鼓励齐王抗秦的意志；最后，指出"侍秦"的错误和危害，以及合纵的优势和利益，两相比较，厉害昭然，使齐王欣然采纳了合作的政治、外交政策。

2. 明厉害，游说楚王

苏秦为推行合纵政策，到南方去游说楚国，他对楚威王说："楚国是当今天下的强国，疆域广大，方圆五千里，甲兵百万，战车千乘，军马万匹，粮草充足，可以支持十年，天下诸侯，没有哪一国可以同您争锋、抗衡。秦国认为，对它危害最大的国家，普天之下，莫过于楚国。楚国强大，秦国就弱小，楚国弱小，秦国就强大，楚、秦两国是势不两立的。所以，我为大王考虑，最好的计策便是参加合纵，孤立秦国。如果大王不参加合纵，秦国便会出动两支大军进攻楚国，一支大军从武关进攻，一支大军直捣黔中，这样一来，鄢、郢便会震动，朝夕不保，楚国灭亡在顷刻。我听说，治国当在未乱之前，谋划当在事件未萌发之前。如果大患来临，才忧虑万分，寻找对付的方法，那就来不及补救了。"

接下来，他继续说："大王若能真心听取我的意见，我可以使山东各诸侯国臣服于大王，接受大王的明令指挥，将本国的命运委托给大王，训练好士卒，磨砺好兵器，交付大王使用。秦国，是如同虎狼一样凶恶的国家，它有吞并天下的野心。秦国，是天下人的仇敌，而主张连横的人却想让诸侯割取土地去侍奉秦国，这就是一种献媚仇敌、侍奉仇敌的无耻之人。因此敝国的赵王，派我出使贵国，向您献上愚计，送上合纵之约，请大王抉择。"

技巧提示

苏秦游说楚王，同他游说齐王的目的是一样的，都是合纵政策出力，通过外交谈判，让齐、楚两大国参加合纵盟约，共同抗秦，防止被秦国各个击破，但采取的游说计谋有相当大的差别。游说齐王，主要强调齐国的优势，以及秦攻齐的艰险和不可能性。但楚国同齐国的处境，却大有差别。楚、齐同为大国，但齐、秦隔韩、魏，离秦遥远，而楚、秦连界，常相攻伐、成为世仇。因此苏秦游说楚威王时，一方面盛赞楚国的实力和强大，指出侍秦的不必要和可耻；另一方面，紧紧抓住利害，竭力指出秦、楚"势不两立"，"楚强则秦弱，楚弱则秦强"。尽量渲染秦国的野心无限，凶恶如同虎狼，势必灭楚而后快，断绝了楚王与秦妥协的念头。苏秦的谈判谋略，始终是以"利害"为核心，使楚王为自身的利益考虑，坚定地加入合纵之盟。

17.1.2 张仪"连横击弱"

为了迫使六国屈服于秦国，挫败苏秦的合纵之策，公元前328年的外交家和谋略家张仪作为秦国相国游说并贿赂楚、齐两国的相国，晓以利害，使齐楚两国脱离合纵联盟，投奔秦国，孤立韩魏，竭力倡导并成功地运用了连横击弱的策略，最终使秦国独霸天下。

1. 讲连横，张仪游说楚王

张仪对楚王说："秦国已占据有天下一半的土地，兵力强盛，足以抵挡四方诸侯国的进攻。秦国土地山河环绕，四面都有险阻而牢固的地形。君主威严，且有勇猛的士卒百万，军队不出动则罢，一出动便可以席卷常山天险，折断天下诸侯的脊梁，天下后臣服的诸侯，必先灭亡。"

他还分析："当今天下的强国，不是秦国就是楚国，如果这两个势均力敌的国家交锋开战，那就必然势不两立。如果大王不与秦国连横友好，秦国的大军便会东下。再说那些加入合纵盟约的国家，只不过是纠集一些弱小的国家去进攻最强大的国家。以弱小之国去进攻强大之国，这是导致国家危亡的做法啊。我听说，兵力不如对方，千万不要挑起战端；粮草不如对方，千万不要进行旷日持久的战斗。那些主张合纵计策的人，花言巧语，阿谀奉承，故意吹捧大王的节操品行，只讲合纵之利，不讲合纵之害，结果发生了秦国进攻楚国，楚国丧师失地的祸患。秦国进攻楚国，在三个月内，就可以给楚国造成旦夕危亡的局面。而楚国依赖的诸侯援军，却要在战事爆发半年之后，才能到达。由此可见，楚国所据的优势，是远远不如秦国的。依靠弱小国家的援助，却忘记了强大秦国给楚国造成的战祸，这是我深为大王而担忧的原因。"

"至于秦国已经有十五年没有从函谷关出兵攻打诸侯之国，这是因为它正在进行秘密策划，有吞灭天下的雄心。楚国曾经与秦国结怨交恶，如果两强交战，这就是人们所说的两虎相斗，秦、楚两败俱伤，而韩、魏两国坐山观虎斗，自己的国力一点都没有受到损伤，没有比这种决策更为严重的了。因此，我希望大王再仔细考虑一下楚国今后的计策。"

"秦军东进，进攻卫国的阳晋，一定会关闭、锁住天下诸侯的交通要道，大王发兵击宋，用不了几个月的时间，便能占领宋国。占领宋国之后，再乘胜向东挺进，那么，泗水流域的十二个诸侯小国，就全部归大王所有了。现在，秦、楚两国的国境相邻，土地相连，从地理形势上看，本来就是亲密友好的邻邦。如果大王真心采纳我的计策，我就请求秦国的太子到楚国作人质，楚国的太子到秦国作人质。让秦王的女儿入楚宫，做从事洒扫工作的贱妾，敝国秦王派我作为使者向大王进献书信，等待大王做出决定。"

自苏秦游说楚威王成功之后，楚国一直推行合纵政策，成为秦国东进的一大障碍。张仪不畏艰难，深入险不可测的楚国，摇唇鼓舌，巧言力辩终于说动了楚王，一改合纵而为连横。

技巧提示

张仪采用的游说谋略，仍是以"利害"二字为核心，要楚怀王从楚国的利害出发，抛弃合纵，推行连横。张仪先言合纵之害，他竭力宣扬秦国在地形、经济、军事、内政等方面的优势，以秦、楚对抗交兵给楚国造成的危害，告诫楚王，抗秦对楚国有百害而无一利；紧接着，张仪又大讲楚秦连横，亲密友好之利，楚国亲近秦国，互不侵犯，秦攻韩魏，楚国可乘机向东方扩张。借秦国之力，收渔人之利，化仇敌为盟友，弃弱小之盟国，结强秦之欢心，何乐而不为？张仪的谋略是抓住楚王贪利避害的心理，以合纵抗秦之害威胁楚王，又以连横亲秦之利引诱楚王，以苏秦之不可信告诫楚王，使利害得失，泾渭分明，让楚王心悦诚服地采纳了他的连横之计，最终落入其圈套而至死不悟，导致楚国一蹶不振。

2.陈利弊，张仪出使魏国

说服齐楚两国之后，张仪又赶到魏国，劝说魏国也屈服于秦国，好让其他国家一起效仿。但是秦魏两国的谈判由于魏王采用了强硬的态度，拒绝秦国的要求而破裂。张仪于是密令秦国向魏发起进攻。公元前318年，魏、韩、赵、燕四国联合齐楚一并向秦国发起进攻。但是由于齐国和楚国被秦国拉拢，导致出师不利。四国军队在函谷关遭到秦军的还击，损失沉重。秦军又乘胜，大败韩军，斩首八万，威震各国。

在这种情况下，张仪又乘机找到魏王开展谈判，劝导魏王向秦国妥协。张仪威胁魏王，六国合纵联盟根本不能成功，亲兄弟同父母尚且因争夺财产而相互残杀，六国怎么可能靠苏秦的几句话就长久联合起来呢。如果魏国不向秦国屈服，一旦秦军出兵，魏国就危在旦夕。由于魏王年幼无知，面对联军的惨败，韩军的覆灭之势，经不住张仪的威吓，便背弃了合纵联盟。此后，张仪继续游说六国推行连横击弱的策略，离间六国合纵之约，威逼六国争相割地贿赂秦国。由于各国纷纷向秦国示好请和，苏秦苦心经营起来的合纵抗强策略被完全瓦解，六国中无论是实力最强大的齐国，还是相对弱小的韩、魏等国，都没有足够的实力与秦国抗衡。而秦国对六国的要求也越来越苛刻，不时索取金银珠宝，或土地牛羊等，使得六国的实力一天天微弱下去，最后没有一个国家能够抵挡得住秦国大军的进攻，终于被秦国逐个吞并。

<small>资料来源：黄德昌.舌辩纵横：中国古代谈判谋略[M].成都：西南财经大学出版社，1999.</small>

讨论练习：请站在苏秦和张仪的角度分析各自做法的必要性。

17.2 经典案例二：周恩来的谈判艺术——以抗美援朝战争停战谈判为例

当朝鲜战争的战火烧到鸭绿江边，中国的国家主权和安全受到了威胁和挑战，迫使中国政府和人民出兵朝鲜，进行抗美援朝战争。抗美援朝战争的胜利来之不易，不仅有战场上的直接较量，还有十分困难的停战谈判斗争。作为主持日常工作的中央军委副主席、国务院总理和外交部部长，周恩来不仅承担了大量具体的任务，还在整个过程中展现出了他高超的谈判技巧。第一，在谈判时机的选择上，周恩来根据战场上的情况做出冷静清晰的判断；第二，在讨论谈判人选时，周恩来选择了经验丰富的李克农，并给予了原则、策略和具体操作方面的指导；第三，在谈判过程中，周恩来把原则性和灵活性结合起来，对于坚持、让步、僵持、变通的策略运用的匠心独具，并且注意协调与苏联和朝鲜两方的关系，最终促成了停战协定的签署。

包括毛泽东和周恩来在内的中国领导人，根据战争的各种可能结果做出了决策。周恩来分析说，中国出兵抗美援朝的军事战略目标就是让"外国军队必须退出朝鲜"，同时强调"我们并不愿意战争扩大"，而是争取和平。"敌人要战争，我们偏要迫它和平""假如敌人知难而退，就可以在联合国内或联合国外谈判解决问题"。周恩来认为，停战谈判是可以结束这场战争并给朝鲜人民带来和平的。

朝鲜战争确实以停战谈判的方式结束。从 1950 年 12 月 31 日到 1951 年 6 月初，经过五轮战斗，战场上双方的军事力量几乎持平，战线基本稳定。反复的战斗使所谓的"联合国军"认识到，他们不可能再打到鸭绿江边，而且他们被推到了"三八线"以南，在任何将战线向北推进的尝试中，他们都必须付出沉重的代价。同时，毛泽东、周恩来等中国领导人也意识到，虽然中朝军队取得了一定的胜利，但也暴露出了志愿军在后勤保障、军事装备和空中力量等方面的弱点。当时，战场上的力量势均力敌，双方都很难立即击败对方结束战争。

那么战争往何处去？停战谈判成为双方的共同选择。经过几次非正式接触和摸底，马拉松式的谈判开始了。也许双方都没有想到，这场谈判会持续两年多的时间。谁应该作为自己的助手来领导和协调这场谈判？毛泽东选择了周恩来。这不仅由于周恩来当时是中央军委副主席、国务院总理和外交部部长，更重要的是周恩来具有丰富的谈判经验和杰出的外交才能，特别是在处理西安事变和解放战争后期国共的历次谈判中的表现，使他在党内赢得了一致的认可，也在国际上被称为"红色外交家"。周恩来一收到电报，就立即返回北京，开始准备谈判事宜。

毛泽东和周恩来都知道这场谈判的困难，美方"不肯承认军事失败、不愿平等协商、不顾最起码的国际法原则的狂暴态度"是可以想象的。周恩来对停战谈判有自己的原则和想法，即"要在公平合理的基础上求得朝鲜问题的第一步解决""先从结束朝鲜战争并保证能实现朝鲜境内的停火与休战入手""如果朝鲜战争真结束了，那么我们便可进一步提出有关各方举行和平解决远东问题的谈判，当然这将是一个长期的斗争，但是和平的主动权将更加掌握在我们手中"。

17.2.1 谈判人员的选择

尽管没有硝烟，但谈判桌同样是一个激烈的战场，需要一个能够驾驭全局的战场指挥员。周恩来想到的第一个人是李克农。周恩来知道，李克农长期从事谈判工作，有着西安事变和国共谈判的经验，有严谨的工作作风和快速的临场应变能力。后来，事实证明这个选择是正确的。毛泽东和周恩来任命李克农为第一线的指挥员，乔冠华为其助手，共赴朝鲜。在去谈判之前，周恩来对他们做了一次全面的工作指示，周恩来告诉他们"行于所当行，止于所不可不止"，要注意把握好行和止的时机和分寸。这是一种叮嘱，也是周恩来对这场谈判的一种指导原则。

所谓当行则行，就是面对美方的无理要求及其不断地挑衅和破坏，要给予坚决和果断的回击和斗争，因为单纯的让步，只会让对方得寸进尺；所谓当止则止，就是要善于根据当前客观形势的变化和需要，在坚持原则的同时，灵活做出适当的让步，推动停战谈判的进一步发展，这不仅是基于新中国需要建立一个和平环境的迫切需要，也是基于对双方综合实力的清晰认识。

17.2.2 谈判策略和技巧对取得谈判成果至关重要

指挥官选定以后，周恩来还以非常具体和详细的方式给予谈判小组技术领导。他密切关注谈判过程，指导团队在谈判前如何预测和应对、谈判后如何总结以及可以做哪些改进。

1. 精湛的谈判艺术

对于停战谈判，周恩来的指导思想是在原则问题上不能让步，在非原则问题上表现出适当的灵活性。但是在一些问题的处理上，也要懂得策略，有时候僵持是为了达到更好的效果。何时坚持、何时退让、怎么退让、如何转弯以及如何利用其他外部因素无一不在考验着谈判者的综合判断和应变能力。谈判的具体过程需要大量博弈，坚持还是让步，要掌握好适当的火候。周恩来正是通过解决这些问题向我们展示了他高超的谈判艺术。

2. 坚持是一种态度，让步是基于客观现实的一种清醒认识

谈判从一开始就遇到了困难。第一个要解决的问题是谈判议程，也是遇到的第一个焦点问题。在首次正式会谈中，朝中代表团提出了停战三原则，包括"在尽可能短的时间内撤退一切外国军队"。然而，美国方面不同意将外国军队完全撤出朝鲜的问题列入议程，认为谈判只讨论朝鲜境内的军事问题，无权讨论撤兵问题。第一个重大分歧就这样出现了。正如毛泽东所说，"各国派兵到朝鲜是来作战的，不是来旅行的"，既然讨论停战，那么讨论撤兵就是理所当然的。因此，在这个问题上必须坚持我们的立场和原则。1951年7月17日，周恩来代表毛泽东给李克农等人发了一封电报，要求他们"应采坚持的方针和态度，尤其对一切外国军队撤出朝鲜问题应再三说明，这是保证在朝鲜不再发生敌对行为的必要条件"。

1951年7月19日和24日，美国国务卿和国防部长相继发表声明，拒绝从朝鲜撤出所有外国军队的建议。毛泽东和周恩来清楚地知道美国不会轻易从朝鲜撤军，那么我们为什么一再坚持？因为这是一个原则问题，在原则性问题上的坚持，是一种态度。

3. 坚持原则性的同时不能放弃灵活性

适时的让步和妥协可以向世界展示中国和朝鲜人民对和平的希望和诉求。为了打破僵局，使谈判能够进行下去，7月23日，周恩来为毛泽东起草致李克农的电报，指示"我们同意不将讨论撤退外国军队问题列入此次会议的议程之内"，以便尽快实现朝鲜停战，实现世界对和平的渴望，使各国的参战人员能够尽早回家团聚。

那么，为什么在坚持之后主动做出了让步？这是因为毛泽东、周恩来等人非常清楚战场上的情况，鉴于军事力量的差距，"我们的武装力量在今天只能将敌人赶出朝鲜，却不能将敌人赶出韩国。战争拖久了，可以给敌人以更大消耗，但亦将给我们在财政上以很大危机，而国防建设亦将难于增长。假设再拖半年至八个月，即可将敌人赶出韩国，我们仍愿付出这个含有危机的代价，但现在我们看不出这种可能"。在这种情况下，"与其将来为撤兵问题而进行难以得到结果的长期战争，不如不以撤兵为停战谈判必须立即解决的条件""保留对此问题的回旋余地"。毛泽东和周恩来指示谈判小组放弃以从"三八线"撤军作为停战谈判的先决条件，将朝鲜撤军问题留待停战后讨论，并建议在谈判议程中增加第五项有关停战的其他问题。也就是说，在放弃了原来所坚持内容的同时提出了其他的解决方式。事实证明，朝中在这个方面的让步和妥协既"揭露了美国

是不愿意促进和平事业的"，又为停战谈判开启了大门，还向世界人民表达了中国和朝鲜人民和平谈判的诚意。

17.2.3 在坚持原则中适度变通，是一种策略和智慧

建立军事分界线和非军事区往往是停止敌对行动的一个基本条件。周恩来针对美方的不合理要求和真实企图做出了分析，并对谈判工作提出了进一步的指示和要求。7月28日，周恩来在给李克农的电报中表明："必须坚持以'三八线'为军事分界线的主张，并以坚定不移的态度，驳回其无理要求，才能打破敌人以为我可以一让再让的错觉。"同时，他指示我方谈判人员进行适当的调整，以揭露美国假和谈、真备战的阴谋。无论敌人的意图如何，周恩来认为，坚持按照程序要求首先解决军事分界线问题，哪怕出现僵局，对我们来说也是有利的。

8月10日，在周恩来的指示下，中朝代表团反驳了美国的"海空优势补偿"理论，指出由于对方无理拒绝以"三八线"为边界线导致了谈判中止。会议结束后，美方立即发表公报，称中朝方面"坚决拒绝讨论乔埃的全部提议"。当时的"联合国军"代表团首席谈判代表乔埃此前曾表示，他完全愿意讨论改变停火区的可能性，但并没有就划定边界线提出任何具体可行的建议。周恩来认为，乔埃的提议是一个阴谋。美方试图给人们一种这样的印象："联合国军"已经对现有战线划分分界线有了建议和可能的调整，但中朝方面却拒绝任何的讨论。周恩来迅速代表毛泽东起草了一份电报，指示我方谈判代表一方面要揭露对方的阴谋，另一方面要针对美国的松动做出相应调整，既然对方已经放弃了不切实际的尝试，那么我们就可以"尽量说明我方是在照顾对方某些可以考虑的主张，而驳斥对方不能被接受的主张"，以确保谈判的正常进行。

在中朝方面的反复坚持和斗争下，谈判持续推进。在周恩来的领导下，谈判小组决定顺水推舟促进谈判，并在给中央政府的电报中提出了将双方的实际接触线作为军事分界线的设想。8月17日，周恩来致电金日成、彭德怀和李克农，针对在谈判中我方拟采取的步骤，明确提出可以不以"三八线"为界："如果在'三八线'南北附近依地形及军事形势画一条线……名字就叫军事分界线"，而不再提"三八线"，非军事区也以同样的方式进行管理，这样一来，敌人在这条线既没有前进也没有后退。如果从政治意义上理解，这条军事分界线不是"三八线"，但从地理位置上看，它仍然在"三八线"的南北附近，因为双方在南北地区保持大致相等，对未来从政治上解决朝鲜问题不会产生负面影响；从军事角度看，军事分界线和非军事区在双方协调后可以结合起来，对方可以撤到其预定的防线，我们也没有必要撤到临津江以西的"三八线"。对方没有理由拒绝这样一个"体面的方案"了。

从主动提出并坚持以"三八线"为军事分界线，到迫使对方"转弯"，再利用新形势促进谈判的继续进行，即使分界线由"三八线"变为实际接触线，但中朝方面也在谈

判中占据了有利地位。这与周恩来要求代表团在谈判中既要坚持原则又要适当灵活变通的战略策略密不可分。

17.2.4 在有些问题上不能让步，要有准备破裂的决心

1951年12月，停战谈判进入了关于解决战俘问题的阶段。这不应该是最难的部分，但它在谈判过程中却是困难重重。美方态度强硬，不肯做任何让步，甚至违反日内瓦公约，主张所谓的"一对一遣返"和"自愿遣返"的原则。即使在中朝方面做出妥协和让步之后，美方仍然没有给予积极的回应，反而试图通过强行"甄别"战俘的阴谋来破坏中朝的团结。1952年6月下旬，美方单方面将2.7万多名朝鲜人民军战俘视为平民，并移交给韩国政府。

在毛泽东、周恩来看来，只有不怕破裂的决心才能迫使对方做出让步，绝不能在不公平、不合理的条件下接受停战谈判的任何协议。只有当我们做好接受和平和准备战争的两手准备时，我们才能争取主动权，立于不败之地。周恩来亲自准备了中朝代表团在会议上的发言提纲，以驳斥美国的提议，指出对方遣返战俘的计划"是不能被接受的"，是"欺骗全世界渴望朝鲜停战的人民，并借此逃避你方拖延谈判的责任"，周恩来再次重申了全部遣返双方战俘的提案。然而，美方根本无视中朝方面的要求，继续单方面宣布无限期休会，停战谈判再次中断。

随着战场上形势的变化，美国开始在遣返战俘问题上做出让步。1953年2月22日，"联合国军"总司令克拉克向中朝方面发出信函，提出交换伤病战俘。周恩来建议，"谈判双方应保证在停战后立即遣返其所收容的一切坚持遣返的战俘，而将其余的战俘移交中立国，以保证对他们遣返问题的公正解决"。周恩来的声明得到了世界各国爱好和平的人民的拥护，甚至被称为"展现出自1952年4月以来解决朝鲜战争最光明的希望"。停战谈判随后恢复，并经过一段时间的谈判后最终签署了停战协议。

17.2.5 成竹在胸的谈判策略和高超的外交谈判艺术

周恩来与毛泽东对谈判内容都有过认真交流，电报在发出前都经过了毛泽东的审阅，大部分电报都是一字不改或只改了个别文字就发出了，只有极少数电报被毛泽东做了部分修改或增加了重要内容。周恩来的电报稿大多是一气呵成，这表明了他在停战谈判的指导思想和战略策略方面是非常有信心的，也表现了他在外交谈判中的高超艺术。

在过去的一个世纪里，中国的综合国力、国际地位以及所处的国际环境都发生了重大变化。我们如何看待60多年前用两年多时间结束朝鲜战争的这场停战谈判呢？也许一些人认为，我们在谈判桌上最终并没有完胜。但任何脱离时代现实的评估都是虚妄和不公平的。美国作为当时世界头号超级大国，能够坐下来签署其第一份没有胜利的停战协议，还是在实力对比悬殊的情况下，这本身对我们来说就是一个来之不易的胜利。而在这个过程中，如何构思和处理坚持与妥协、原则与战略之间的关系，是对指挥官和谈

判者的持续考验。重温和体会毛泽东、周恩来等人指导抗美援朝战争停战谈判的历史，以及蕴含在其中的智慧和方法，可以为我们今天正确处理外交活动中面临的各种问题提供有益的借鉴和启迪。

资料来源：唐蕊.略论周恩来的谈判艺术：以抗美援朝战争停战谈判为例[J].党的文献，2018（8）：59-65.

讨论练习：请谈谈在抗美援朝战争停战谈判中周恩来所使用的谈判策略。

_____
_____
_____
_____
_____
_____
_____

扫码阅读
参考答案

参 考 文 献

[1] 杜海玲，许彩霞.商务谈判实务 [M]. 3 版.北京：清华大学出版社，2019.
[2] 滕凤英，冯文静.商务谈判实务 [M].北京：北京理工大学出版社有限责任公司，2020.
[3] 徐文，谷泓，陈洁.商务谈判 [M]. 3 版.北京：中国人民大学出版社，2018.
[4] 车红莉.商务谈判实务 [M].北京：化学工业出版社，2019.
[5] 邓红霞.商务谈判实务 [M].北京：电子工业出版社，2019.
[6] 韩乐江，王心泉.商务谈判 [M].北京：北京邮电大学出版社，2011.
[7] 李逾男，杨学艳.商务谈判与沟通 [M].北京：北京理工大学出版社，2012.
[8] 李建民.国际商务谈判案例 [M].北京：经济科学出版社，2016.
[9] 李晓明.商务谈判与礼仪 [M].北京：经济管理出版社，2020.
[10] 聂元昆.商务谈判学 [M]. 2 版.北京：高等教育出版社，2016.
[11] 张国良.商务谈判与沟通 [M].北京：机械工业出版社，2021.
[12] 汤秀莲.国际商务谈判 [M].北京：清华大学出版社，2009.
[13] 王倩，杨晓敏.现代商务谈判 [M].苏州：苏州大学出版社，2019.
[14] 潘肖珏，谢承志.商务谈判与沟通技巧 [M]. 2 版.上海：复旦大学出版社，2006.
[15] 朱春燕，陈俊红，孙林岩.商务谈判案例 [M].北京：清华大学出版社，2011.
[16] 林晓华，王俊超.商务谈判理论与实务 [M].北京：人民邮电出版社，2016.
[17] 刘园.国际商务谈判 [M]. 3 版.北京：中国人民大学出版社，2015.
[18] 李爽.商务谈判 [M].北京：人民邮电出版社，2017.
[19] 苏琳.国际商务谈判实训导学：双语版 [M].北京：北京理工大学出版社有限责任公司，2017.
[20] 列维奇，巴里，桑德斯.商务谈判：第 8 版 [M].王健，等译.北京：中国人民大学出版社，2021.
[21] 阮崇晓.波斯猫泄露天机 [J].小读者之友，2020（12）：41.
[22] 门峰.日本在乌拉圭回合农业谈判中的对策及给我们的思考 [J].日本研究，2002（1）：37-42.
[23] LOPEZ-FRESNO P，SAVOLAINEN T. Role of trust in integrative negotiations[J]. Electronic

journal of knowledge management, 2018, 16（1）：13-22.

[24] 黄怡 . "一带一路"视野下国际茶博会商务谈判口译策略研究 [J]. 福建茶叶，2018（4）：1.

[25] 列维奇，桑德斯，巴里 . 国际商务谈判 [M]. 方萍，谭敏，译校 . 北京：中国人民大学出版社，2008.

[26] 陈佩华 . 沃尔玛在中国 [M]. 刘建洲，鲍磊，等译 . 上海：复旦大学出版社有限公司，2016.

[27] 黄德昌 . 舌辩纵横：中国古代谈判谋略 [M]. 成都：西南财经大学出版社，1999.

[28] 徐晓 . 深入学习宣传贯彻党的二十大精神　奋力推动新时代青年志愿者事业高质量发展 [J]. 中国青年，2023（6）：68-71.

[29] 张祥 . 国际商务谈判：原则、方法、艺术 [M]. 北京：社会科学文献出版社，2014.

[30] 闫秀荣，张立华 . 现代社交礼仪 [M]. 2 版 . 北京：人民邮电出版社，2015.

[31] 大力推动信息技术产业高质量发展　开创工业和信息化发展新局面：工信部信息技术发展司 2022 年工作新思路 [J]. 信息技术与信息化，2022（1）：1-1.

[32] 潘肖珏，谢承志 . 商务谈判与沟通技巧 [M]. 2 版 . 上海：复旦大学出版社，2006.

[33] 陈芳 . 国际商务谈判与礼仪 [M]. 合肥：安徽大学出版社，2020.

[34] 安冬风 . 论文化差异对国际商务谈判的影响 [J]. 商场现代化，2006（2）.

[35] 杨小川 . 商务谈判与推销技巧实训教程 [M]. 成都：西南财经大学出版社，2015.

[36] 杨丽 . 商务礼仪 [M]. 北京：清华大学出版社，2010.

[37] 耿燕 . 商务礼仪 [M]. 北京：清华大学出版社，2013.

[38] 任宪宝 . 实用礼仪大全 [M]. 北京：中国商业出版社，2014.

[39] 威尔博 . 跨文化谈判攻略：跨国谈判入门指导手册 [M]. 裴辉儒，宋伟，译 . 北京：化学工业出版社，2012.

[40] SINGH S K, MARINOVA D, SINGH J. Business-to-business e-negotiations and influence tactics[J]. Journal of marketing，2020，84(2)：47-68.

[41] BARGIELA-CHIAPPINI F, HARRIS S. The languages of business: an international perspective[M]. Edinburgh: Edinburgh University Press，2020.

[42] 姚小远，朱国定，康善招 . 商务谈判学 [M]. 上海：华东理工大学出版社，2009.

[43] 彭庆武 . 新编商务谈判 [M]. 上海：上海财经大学出版社，2016.

[44] 林力，解永秋 . 模拟商务谈判案例教程：第二集 [M]. 北京：中国轻工业出版社，2015.

[45] 邓有佐 . 商务谈判实训 [M]. 成都：电子科技大学出版社，2007.

[46] 秦若冰 . 推进多双边关税谈判　开拓互利共赢新局面 [J]. 中国财政，2021（24）：21-23.

[47] 张琰 . 超市零售业分析：以苏果超市为例 [J]. 现代商贸工业，2012（19）：70-71.

[48] 宾敏，刘建高 . 商务谈判原理与实务 [M]. 北京：北京邮电大学出版社，2015.

[49] 何占华，王娟 . 新编商务谈判 [M]. 南昌：江西高校出版社，2017.

[50] 张伟 . 5G 助力讲好中国故事 [N]. 中国高新技术产业导报，2022-08-15（1）.

[51] 李红梅 . 医保谈判的背后是人民至上 . [N]. 人民日报 . 2021-01-14（5）.

[52] 胡若瑾 . 大宗商品期货交易与中国经济安全 [J]. 武汉金融，2010（4）：28-29.

[53] 赵建波，吕铁. 中国企业如何从"逆向并购"到"逆向吸收"[J]. 经济管理，2016（7）：35-47.

[54] 孔祥智. 贯彻落实好新时代党的"三农"政策[J]. 红旗文稿，2022（9）：37-39.

[55] 柴茂."一带一路"视域下国际商务谈判中礼貌原则的应用[J]. 北京化工大学学报（社会科学版），2017（4）：7.

[56] 谷业凯. 让创新的动能更澎湃[N]. 人民日报，2022-11-18（7）.

[57] 唐蕊. 略论周恩来的谈判艺术：以抗美援朝战争停战谈判为例[J] 党的文献，2018（3）：59-65.